Réussir l'écrit et l'oral d'économie aux concours des grandes écoles de commerce

1re et 2e années

Ouvrage sous la direction de **Claude-Danièle Échaudemaison**

Serge Bosc
Agrégé de sciences économiques et sociales
Enseignant en sociologie à l'université de Paris-VIII

Alain Combes
Agrégé de sciences économiques et sociales
Professeur en classe préparatoire au lycée Ampère de Lyon

Claude-Danièle Échaudemaison
Agrégée de sciences économiques et sociales
Enseignante à l'IUFM de Créteil

Rodolphe Greggio
Docteur en sciences de gestion et agrégé de géographie
Professeur en classe préparatoire au lycée Carnot de Paris

Bruno Marcel
Agrégé de sciences économiques et sociales
Professeur en classe préparatoire au lycée Carnot de Paris

Lucien Orio
Agrégé de sciences économiques et sociales
Professeur en classe préparatoire au lycée Montaigne de Bordeaux

Nathan

Chez le même éditeur :
L'Économie aux concours des grandes écoles (4e édition mise à jour)
Sous la direction de C.-D. Échaudemaison.
S. Bosc, A. Combes, A.-M. Gronier, B. Marcel, L. Orio et J.-J. Quilès

Édition : Séverine Martineau
Conception graphique intérieure : Dany Mourain
Conception graphique de couverture : Évelyn Audureau
Mise en page : CGI
Fabrication : Françoise Leroy

ISBN : 179695-6

Sommaire

Comprendre les épreuves d'analyse économique et historique des sociétés contemporaines (AEHSC) 7

Thème 1 – Révolution industrielle et développement économique au XXe siècle 13

L'essentiel 13

Sujets d'écrit corrigés

– La révolution industrielle au XIXe siècle : un ou plusieurs modèles ? 16

– Organisation de l'entreprise et mutations du capitalisme au XIXe siècle. 18

Sujets d'oral corrigés

– Institutions et croissance économique au XIXe siècle. (ESCP 2004) 20

– Peut-on parler d'un retard économique français au XIXe siècle ? (ESCP 2004) ... 22

– Les classiques et la terre. (ESCP 2001) 23

– Le rôle de l'État dans le développement capitaliste au XIXe siècle. 25

Thème 2 – Croissance et évolution économiques 27

L'essentiel 27

Sujets d'écrit corrigés

– Comment expliquer la disparité des taux de croissance entre les États-Unis et l'Europe depuis le début des années 1980 ? 31

– Pourquoi la croissance ? La croissance pourquoi ? (ESSEC 1999) 35

Sujets d'oral corrigés

– Croissance et inégalités. (ESCP 2004) 38

– Le rôle des externalités dans la croissance économique. (ESCP 2004) 40

Thème 3 – Crises, cycles et fluctuations 43

L'essentiel 43

Sujets d'écrit corrigés

– Les rythmes de l'innovation expliquent-ils fondamentalement les rythmes de l'économie ? (ESCP 2003) 48

– En quoi les crises économiques et financières majeures marquent-elles une étape dans le développement économique et social ? [*On se placera dans une double perspective : historique, depuis le début du XIXe siècle, et économique.*] (HEC 2002) 51

Sujets d'oral corrigés

– Croissance équilibrée, croissance déséquilibrée (ESCP 2003) 55

– Existe-t-il des crises du capitalisme ? (ESCP 2005) 56

Thème 4 – Le financement de l'économie 59

L'essentiel 59

Sujets d'écrit corrigés

– Peut-il exister une croissance sans épargne ? (ÉCRICOME, 1998) 61

– En vous aidant de l'analyse économique et historique, étudiez l'efficacité des modes de financement des économies de pays avancés. (HEC 2005) 66

Sujets d'oral corrigés

– Le rôle des banques dans l'industrialisation au XIXe siècle. (ESCP 2002) 69

– À quoi sert la monnaie ? (ESCP 2003) 71

Thème 5 – Le rôle de l'État 73

L'essentiel 73

Sujets d'écrit corrigés

– Préserver la concurrence : un facteur de régulation du capitalisme ? (ÉCRICOME 2004) 76

– Les rôles respectifs de l'État et du marché dans la répartition et la redistribution des revenus dans les pays industrialisés depuis la fin du XIXe siècle. (HEC 2001) 79

Sujets d'oral corrigés

– Quels sont les arguments théoriques en faveur des privatisations ? (ESCP 2004) 83

– L'État-providence (HEC 2005) 86

Thème 6 – Mondialisation et régionalisation des économies 89

L'essentiel 89

Sujets d'écrit corrigés

– La mondialisation économique est-elle irréversible ? (HEC 2003) 92

– Le libre-échange, tel qu'il est conçu par le GATT, est-il un facteur de croissance depuis 1947 ? (ÉCRICOME 2004) 96

Sujets d'oral corrigés

– Quel est le rôle de l'OMC dans la régulation des échanges internationaux ? (ESCP 2003) 99

– Comment les échanges internationaux peuvent-ils être expliqués par les théories traditionnelles du commerce international ? (ESCP 2003) 101

Thème 7 – Monnaie et finances internationales 103

L'essentiel 103

Sujets d'écrit corrigés

– L'euro : un aboutissement ou une étape ? (ÉCRICOME 2001) 107

– Analysez l'évolution du SMI, des accords de Bretton Woods au flottement des monnaies. (ESSEC 2002) 110

Sujets d'oral corrigés

– Livre sterling et dollar de la fin de la Première Guerre mondiale à la fin du système de Bretton Woods. (ESCP 2002) 113

– De quoi dépend le taux de change ? (ESCP 2004) 115

Thème 8 – Capitalisme et firmes 117

L'essentiel 117

Sujets d'écrit corrigés

– Le rôle de la concentration des entreprises dans le développement économique depuis le milieu du XIXe siècle. (HEC 2000) 121

– L'entrepreneur dans l'invention et le développement du capitalisme. (ÉCRICOME 1999) ... 124

Sujets d'oral corrigés

– Qui dirige l'entreprise ? (ESCP 2004) ... 126

– Quel est le rôle des PME dans le développement économique ? (ESCP 2000) .. 128

Thème 9 – Les déséquilibres intérieurs : inflation et chômage ... 131

L'essentiel ... 131

Sujets d'écrit corrigés

– Alors que pendant les quarante années qui ont suivi la guerre la plupart des pays capitalistes industriels ont connu de forts taux d'inflation, à l'heure actuelle la déflation paraît de nouveau possible. Comment expliquez-vous cette évolution ? (ÉCRICOME 1999) ... 135

– La déréglementation des marchés du travail a-t-elle des effets sur l'emploi ? (ÉCRICOME 2005) ... 137

Sujets d'oral corrigés

– Inflation et chômage. (HEC 2003) ... 141

– Chômage naturel et politique de l'emploi. (ESCP 2004) ... 143

Thème 10 – Politique macroéconomique en économie ouverte ... 145

L'essentiel ... 145

Sujets d'écrit corrigés

– À la lumière de l'expérience historique, pensez-vous que l'équilibre budgétaire doive être un objectif des politiques économiques ? (ÉCRICOME 2002) 148

– Les controverses relatives au mixage des politiques conjoncturelles dans les pays de la zone euro depuis les années 1980. (ESCP 2003) ... 152

Sujets d'oral corrigés

– Les chocs asymétriques fragilisent-ils une union monétaire ? (ESCP 2003) ... 155

– À quoi sert le Pacte de stabilité et de croissance ? (ESCP 2003) ... 158

Thème 11 – Stratification et changement social ... 161

L'essentiel ... 161

Sujets d'écrit corrigés

– Mobilité sociale et croissance en France depuis 1945. (ÉCRICOME, 2001) ... 165

– Les transformations du salariat dans le second XXe siècle remettent-elles en cause l'analyse marxiste des classes sociales ? ... 169

Sujets d'oral corrigés

– Les cadres forment-ils un groupe social homogène ? (ESCP 2003) ... 173

– Les ouvriers dans la société française au XIXe siècle. (ESCP 2002) ... 175

Thème 12 - Démographie et organisation du travail ... 177

L'essentiel ... 177

Sujets d'écrit corrigés

– Les changements démographiques conditionnent-ils le changement social ? [*Vous appuierez principalement vos idées sur des exemples tirés de l'histoire économique et sociale de la France depuis 1945.*] (ESCP 2002) ... 180

– Organisation du travail et transformation du capitalisme au XXe siècle. 183

Sujets d'oral corrigés

– Le vieillissement démographique est-il un handicap pour la croissance économique des pays européens ? (ESCP) 186

– Le rôle des migrations internationales dans le développement économique. (ESCP) 188

Thème 13 – Enjeux et stratégies de développement 191

L'essentiel 191

Sujets d'écrit corrigés

– La croissance des pays en développement nuit-elle à la prospérité des pays industrialisés ? (ESSEC 2004) 194

– Pour favoriser le développement, faut-il plus ou moins d'État ? (ÉCRICOME 2001) 197

Sujets d'oral corrigés

– L'endettement dans les pays en développement. (HEC 2005) 201

– Peut-on parler d'un modèle de développement asiatique ? (ESCP 2004) 203

L'actualité des grands auteurs 205

– Émile Durkheim 205

– École de Chicago 206

– Milton Friedman 208

– Fiedrich Hayek 209

– John Maynard Keynes 210

– Thomas Malthus 212

– Alfred Marshall 213

– Karl Marx 214

– Vilfredo Pareto 215

– David Ricardo 217

– Joseph Schumpeter 218

– Adam Smith 219

– Max Weber 221

Index des principaux auteurs cités dans l'ouvrage 223

Comprendre les épreuves d'analyse économique et historique des sociétés contemporaines (AEHSC)

Comment réussir aux concours des grandes écoles de commerce la dissertation « d'histoire et d'analyse économique des sociétés contemporaines », puis comment passer avec succès l'épreuve d'admissibilité à l'oral des deux écoles qui proposent une épreuve dans cette discipline ? Les remarques abondantes des jurys tant en ce qui concerne l'écrit que l'oral concernent aussi bien des problèmes de forme que de fond. Chaque année les rapports établis par les Écoles regrettent, pour la dissertation, « le style négligé, parfois l'orthographe fantaisiste, l'absence – ou la maladresse – du plan, l'insuffisance – ou la mauvaise utilisation – des connaissances. En ce qui concerne l'épreuve orale, les remarques soulignent des problèmes « de contenu, de plan, de connaissances mais également de présentation de l'exposé, d'élocution, d'utilisation du tableau, d'attitude face aux membres du jury ». Or ces reproches peuvent être évités en utilisant convenablement les connaissances acquises au long des deux années de classe préparatoire qui permettent un entraînement régulier : à l'épreuve écrite de dissertation par la pratique des devoirs sur table et des concours blancs ; à l'épreuve orale par la pratique des « colles ».

L'esprit de l'épreuve

L'épreuve écrite d'analyse économique et historique des sociétés contemporaines de l'ESSEC est choisie par plus de 900 candidats chaque année. Cet effectif est relativement stable. Le programme de cette épreuve est à la fois pluridisciplinaire et thématique. Le sujet choisi par la direction de l'ESSEC n'est jamais un sujet de cours stricto sensu mais un sujet de réflexion qui nécessite, de la part des candidats, de mobiliser à la fois des connaissances historiques et les outils analytiques qui figurent dans l'ensemble du programme.

La réunion du jury permet d'établir des critères de notation compte tenu des attentes. Parmi celles-ci, et quel que soit le sujet, sont privilégiés : la réflexion et la construction d'une problématique, la définition des termes importants du sujet, l'illustration des arguments proposés par des exemples pertinents, la qualité de la structuration de l'exposé et de la forme, les enchaînements des idées et les transitions...

La moyenne de cette épreuve s'établit à 9,50. On peut constater que la proportion des candidats ayant obtenu une note supérieure à 14 sur 20 est largement supérieure à celle des candidats dont la note est inférieure à 5 sur 20. Il n'est pas rare que de très bonnes notes soient accordées à des copies répondant aux critères collégialement définis par le jury. Celui-ci tient également compte de la difficulté relative du sujet proposé ainsi que des contraintes imposées par l'organisation de cette épreuve : 4 heures et copie limitée à 10 pages. Globalement, les résultats sont satisfaisants.

Conformément à l'esprit de cette épreuve, l'analyse reste privilégiée. Sur le plan de la forme, on note cependant trop souvent des accumulations de citations inopinées ou invérifiables... qui ne permettent pas de suppléer l'absence de réflexion et d'analyse. Un effort également doit être porté sur la conclusion qui ne fait pas l'objet d'une grande attention et reste en général très banale et peu intéressante.

M.S. Becuwe, Président de l'épreuve d'AEHSC au concours d'entrée à l'ESSEC.

Cet ouvrage se propose de vous donner – ou de vous rappeler – par thème du programme officiel, les connaissances centrales, les outils, les références théoriques nécessaires pour rédiger une dissertation ou pour construire un exposé d'épreuve orale.
Il vous fournit pour chaque thème des plans de corrigés de dissertation et d'exposé oral.

I. La place des épreuves d'AEHSC au concours de quelques Grandes Écoles de Commerce (voie économique)

A. Quels types d'épreuves en AEHSC ?

– HEC et l'ESSEC ont leur sujet spécifique, une dissertation, qui n'est utilisée par aucune autre école.
– Le sujet de l'ESCP, une dissertation, est aussi utilisé notamment par l'EML, l'EDHEC, AUDENCIA (Nantes), l'ESC de Lille ou de Grenoble, INT management, Saint-Cyr, le CERAM et l'ESCEM (Tours et Poitiers).
– Les écoles du groupe ÉCRICOME (Rouen, Reims, Nancy, Toulouse, Bordeaux, Marseille) ont une dissertation commune avec deux sujets au choix.
– Les autres écoles de commerce comme Montpellier, Amiens etc. ont une épreuve commune qui comporte au choix deux sujets de mini-dissertation de deux pages et des questions.

B. Les coefficients

ÉCOLES	HEC	ESSEC	ESCP	LYON	REIMS	EDHEC	NANTES	MONTPELLIER	ESCEM
ÉTUDE DE TEXTES	3	3	3	3	3	3	3	6	3
LANGUE VIVANTE 1	4	4	5	5	4	5	5	4	6
LANGUE VIVANTE 2	2	2	3	3	3	3	4	6	6
MATH 1re épreuve	4	4	4	4	5	8	7	7	6
MATH 2e épreuve	4	4	3	2					
DISSERTATION/CULTURE	6	6	5	5	5	5	5	3	3
ANALYSE ÉCONOMIQUE	**7**	**7**	**7**	**8**	**5**	**6**	**6**	**4**	**6**
TOTAL ÉCRIT	30	30	30	30	25	30	30	30	30
ENTRETIEN	6	10	12	9	7	20	8	20	12
LANGUE VIVANTE 1	4	6	6	3	4	6	4	6	4
LANGUE VIVANTE 2	3	4	4	3	4	4	3	4	4
MATHÉMATIQUES	7								
ANALYSE ÉCONOMIQUE	**9**		**8**						
CULTURE/LOGIQUE	7	10							
TOTAL ORAL	36	30	30	15	15	30	15	30	20
TOTAL GÉNÉRAL	66	60	60	45	40	60	45	60	50

Il apparaît qu'**à l'écrit**, le poids de la dissertation d'AEHSC varie selon les Écoles mais son coefficient élevé en fait un atout décisif pour l'admissibilité dans l'ensemble des concours : plus de 20 % du total des points et ce pourcentage atteint même 26,6 % à HEC. **À l'oral**, pour l'admission à l'ESCP, l'épreuve d'AEHSC représente plus de 26 % du total des points des épreuves orales et à HEC 25 %.

II. Ressemblances et dissemblances des épreuves écrite et orale

La façon de présenter l'épreuve écrite et l'épreuve orale d'AEHSC est différente pour des raisons évidentes de forme et de durée des épreuves.

A. Les spécificités de l'écrit

À l'écrit il s'agit d'une dissertation en 4 heures, ou pour quelques ESC (voir plus haut) toujours en 4 heures, d'une mini-dissertation suivie de questions ; il faut souligner que cette dissertation n'est pas accompagnée, comme à l'épreuve du Baccalauréat ES, d'un dossier documentaire.

B. Les spécificités de l'oral

À l'oral il s'agit d'un exposé dont les formes diffèrent un peu à l'ESCP et à HEC :
– à l'ESCP un seul sujet est proposé au candidat ; le temps de préparation est de 30 minutes sans pouvoir consulter de documents ; l'interrogation dure 30 minutes ; le candidat doit faire un exposé en 15 minutes, puis il est questionné pendant 15 minutes par le jury ;
– à HEC deux sujets au choix sont proposés au candidat ; le temps de préparation est de 30 minutes sans pouvoir consulter de documents ; l'interrogation dure 30 minutes ; le candidat doit traiter le sujet choisi en 10 minutes (attention le jury est très strict sur la durée de l'exposé et il lui arrive d'interrompre le candidat qui dépasse le temps imparti) puis il doit répondre aux questions du jury.

C. Les ressemblances entre l'écrit et l'oral

Il existe des similitudes entre les deux épreuves, d'une part le programme officiel est valable pour les deux épreuves et d'autre part il est nécessaire de faire un plan, de structurer tant la copie que l'exposé.
– **Sur le plan scientifique**, il faut comprendre qu'il s'agit d'utiliser un même stock de connaissances qui ont été acquises pendant les deux années de préparation. Cet ouvrage propose un abrégé par chapitre des connaissances centrales classées sous trois rubriques ; par exemple dans le chapitre concernant « le financement de l'économie » :
• **les faits**, des éléments factuels, de la création de la Banque d'Angleterre en 1694 à la naissance de l'euro le 1er janvier 1999 ;
• **les outils**, des mécanismes, par exemple, les fonctions de la monnaie, le marché monétaire, l'économie d'endettement, etc. ;
• **les références théoriques**, de la théorie quantitative de la monnaie au théorème Modigliani-Miller.
Attention ! à la fin de l'ouvrage, un chapitre est entièrement consacré à une sélection de grands auteurs ; il ne faut pas oublier de s'y référer.
– **Sur le plan de l'organisation de la copie ou de l'exposé**, il faut, parmi les connaissances acquises sur le thème, sélectionner celles qui entrent dans le champ du sujet puis les organiser, trouver une ligne directrice, une problématique et un plan. Par exemple, toutes les connaissances relatives au financement de l'économie ne se retrouvent pas dans un sujet tel que « Peut-il exister une croissance sans épargne ? » (voir corrigé p. 61) ou dans un sujet d'oral tel que « À quoi sert la monnaie ? » (voir corrigé p. 71).

III. Rappel préalable : la dissertation ou l'exposé sont des exercices normés dont les règles ne s'improvisent pas

Il s'agit de réaliser une démonstration qu'il faut introduire, argumenter et conclure.

Chacune de ces phases doit être construite de façon quasi normalisée.
– L'introduction présente trois points, une accroche, une analyse des termes du sujet, une annonce de plan.
– Le développement comporte deux ou trois parties, c'est la formulation du sujet et la problématique choisie qui mène au choix du nombre des parties. Ces parties doivent être elles-mêmes organisées en sous-parties qui explicitent en deux ou trois points l'idée directrice de la partie. Il faut remarquer qu'un plan en quatre parties est généralement un plan en deux parties mal organisé.
– La conclusion propose deux points, une synthèse du développement et une ouverture au-delà du thème.

Une dissertation c'est formellement une introduction, deux ou trois parties qui se divisent en deux ou trois sous-parties et une conclusion.

Il est important de bien avoir assimilé ces règles normatives pour ne pas perdre de temps lors de l'épreuve ; les problèmes scientifiques sont omniprésents et centraux d'où la nécessité d'avoir des réactions rapides et normalisées pour la construction formelle de la dissertation ou de l'exposé.

IV. La nécessité d'organiser sa réflexion : construire un plan

Une remarque essentielle : **un plan est indispensable pour réussir une copie ou un exposé mais un plan, même simple, est acceptable s'il permet de répondre au sujet et s'il n'est pas seulement formel**.

Les correcteurs ou les interrogateurs à l'oral sont conscients de la durée de l'épreuve et en tiennent compte.

À l'oral, le temps de préparation court, de 30 minutes, justifie des plans simples.

À l'écrit, la durée de 4 heures permet des plans plus élaborés mais, eu égard à la longueur de la copie préconisée, en moyenne 8 à 12 pages selon les concours, ce qui demande du temps de rédaction, il faut éviter les plans compliqués que l'on ne pourra maîtriser et il existe des plans types qui satisfont les correcteurs.

Ce qui est lourdement sanctionné c'est le plan qui ne permet pas de répondre au sujet ; dans l'exemple cité, « Peut-il exister une croissance sans épargne ? », un plan « I. L'épargne ; II. La croissance » est inadmissible mais, malheureusement, ce genre de construction se trouve dans des copies.

Et, bien évidemment, l'absence totale de plan et le simple alignement de connaissances sont un handicap difficilement surmontable.

V. Des plans au cœur de la réussite

A. L'INTITULÉ DU SUJET DÉTERMINE LA PROBLÉMATIQUE

Il est opportun de réfléchir sur trois types d'intitulés.

1. Les intitulés sans problématique

Un premier type est rare, notamment à l'écrit, les intitulés sans problématique sans fil conducteur : par exemple, à l'oral de l'ESCP « La transition démographique », « Le franc de 1914 à 2001 », « Les ouvriers dans la société française au XIXe siècle ».

Proches d'une question de cours, ils demandent de choisir soit de faire un inventaire soit de prendre un angle d'analyse particulier ; le premier choix risque de mener à un plan catalogue ; le second permet une analyse plus fine ; le sujet « Les ouvriers dans la société française au XIXe siècle » (voir corrigé p. 175) peut avoir comme fil conducteur : « la présence de groupes divers d'ouvriers durant le XIXe siècle permet-elle l'émergence d'une classe ouvrière ? »

2. Les intitulés à problématique implicite

Les intitulés à problématique implicite sont plus nombreux à l'écrit et à l'oral : ce sont des sujets qui juxtaposent deux éléments, par exemple : « Organisation du travail et transformation du capitalisme au XXe siècle. »

Dans ce type de sujet, il s'agit de relier les deux éléments du sujet et non de traiter les éléments l'un après l'autre.

Ce sujet (voir corrigé p. 183) peut avoir comme problématique : « Dans quelle mesure l'OST a-t-elle été un vecteur de transformation du capitalisme ? » ; le sujet d'oral ESCP « Les femmes et le marché du travail en France depuis 1945 » peut avoir comme problématique : « Dans quelle mesure la présence des femmes sur le marché du travail depuis 1945 a-t-elle modifié le marché du travail ? »

Attention, dans ce type de sujet il ne faut pas oublier que les deux éléments interagissent. Dans ces deux exemples : « Si l'OST a modifié le capitalisme, les transformations du capitalisme ont remis en cause l'OST » et « Si la présence des femmes sur le marché du travail a modifié le marché du travail, le marché du travail n'a pas entièrement modifié le modèle féminin traditionnel. »

3. Les intitulés à problématique explicite

Les intitulés à problématique explicite sont nombreux à l'écrit et à l'oral. Ils se présentent sous la forme d'une interrogation.

Par exemple : « Les changements démographiques conditionnent-ils le changement social ? » (ESCP) ; « La déréglementation des marchés du travail a-t-elle des effets sur l'emploi ? » (ÉCRICOME 2005).

Ce type de sujet entraîne généralement une discussion et une opposition théorique.

B. Quel plan choisir ?

Le meilleur des plans est celui qui résulte de l'analyse fine du sujet et de la problématique choisie. En principe un plan est unique et correspond à une démarche intellectuelle spécifique et personnelle. Dans la réalité il existe des types de plans qui permettent de réaliser des développements très solides et qu'il ne faut pas hésiter à utiliser.

Ainsi il existe de nombreux types de plans, un sujet donné et une problématique déterminée peuvent d'ailleurs être développés selon plusieurs plans. Il est difficile d'être exhaustif et il importe de présenter les plans les plus efficaces, étant entendu que tout plan logique est généralement accepté par les jurys.

Les plans les plus utilisés sont généralement : 1. les plans dialectiques ou semi-dialectiques ; 2. les plans analytiques ; 3. les plans chronologiques et géographiques.

1. Les plans dialectiques ou semi-dialectiques

– **Le plan dialectique** comporte trois parties : thèse, antithèse, synthèse.

La thèse formule un ou des arguments, l'antithèse les réfute et la synthèse ne doit pas se contenter de synthétiser les deux parties mais en reprendre des éléments et élargir le champ en fournissant d'autres éléments d'analyse.

Pour le sujet « Pour favoriser le développement faut-il plus ou moins d'État ? » (ÉCRICOME 2001), le corrigé est de ce type « I. Le temps de l'économie du développement : le plus d'état condition nécessaire et suffisante ; II. Le temps des experts et du moins d'État ; III. Une nouvelle synthèse pour le XXIe siècle » (Voir ce corrigé p. 197).

Ce plan, très utilisé en philosophie, l'est moins en AEHSC malgré ses qualités.

– **Le plan semi-dialectique**

Ce plan ne comporte que deux parties qui ne s'opposent pas fondamentalement ; c'est un plan du type « oui… mais… » ou « non… mais… » il ne faut pas oublier de présenter les arguments les plus forts dans la seconde partie.

Par exemple pour le sujet « Les transformations du salariat dans le second XXe siècle remettent-elles en cause l'analyse marxiste des classes sociales » (voir corrigé p. 169), le plan proposé « I. Le développement du salariat qui s'accompagne de ruptures d'avec la société bourgeoise du XIXe siècle…, II. … N'invalide pas pour autant l'analyse de Marx » est de ce type ; tout comme le sujet « Le rôle de la concentration des entreprises dans le développement économique depuis le milieu du XIXe siècle » voir le corrigé p. 121.

Même traitement pour le sujet « L'entrepreneur dans l'invention et le développement du capitalisme » (ÉCRICOME 1998, voir corrigé p. 124) ou pour des sujets d'oral tels que « Peut-on parler d'un modèle de développement asiatique » (ESCP 2004, voir corrigé p. 203).

2. Les plans analytiques

Ils décomposent le sujet en éléments et permettent de les recenser en « constat - causes - conséquences », « théories - pratiques - résultats », selon « la nature des éléments politiques - économiques - sociaux » au niveau « national - international » en « différences - ressemblances », etc.

Un type particulier est spécialement intéressant qui permet de confronter les faits à la théorie… ou la théorie aux faits. Par exemple le sujet d'oral « Comment les échanges internationaux peuvent-ils être expliqués par les théories traditionnelles du commerce international ? » (ESCP 2003) est typique (voir le corrigé p. 101) : « I. Le modèle ricardien une référence incontournable ; II. Des hypothèses et des résultats largement invalidés par la réalité des échanges ». Mais ce va-et-vient entre faits et théories est toujours utile même si l'intitulé est moins explicite que dans ce sujet.

3. Les plans chronologiques et géographiques

– **Les plans chronologiques.** Ces plans ne doivent être utilisés que lorsque le sujet permet de montrer de grandes ruptures, sinon ils occultent des analyses conceptuelles au profit de développements factuels.

Ce type de plan peut être « habillé ». Pour le sujet « Le libre-échange tel qu'il est conçu par le GATT n'est-il un facteur de croissance depuis 1947 ? » (ÉCRICOME 2004), en fait le plan à choisir est chronologique mais les ruptures peuvent être envisagées sous un angle plus économique (voir corrigé p. 96) : « I. Le GATT ou le mercantilisme éclairé ; II. La crise et la création de l'OMC changent la donne. »

– **Les plans géographiques.** Ils doivent être rares et ne peuvent correspondre qu'à des comparaisons de grandes zones, et encore… !

Ainsi il faut bien comprendre que, dans cette épreuve, la réussite est dans l'organisation du sujet mais bien évidemment qu'il n'y a pas d'organisation sans connaissances à organiser ! C'est donc la maîtrise des connaissances qui est centrale. Il faut savoir utiliser les faits (l'histoire économique des deux derniers siècles) pour montrer l'intérêt et les limites des analyses théoriques mais que les faits ne suffisent pas à l'argumentation. L'aller-retour entre les faits et les théories est également au cœur d'une bonne dissertation.

1

RÉVOLUTION INDUSTRIELLE ET DÉVELOPPEMENT ÉCONOMIQUE AU XIXe SIÈCLE

L'essentiel

Les faits

CROISSANCE ÉCONOMIQUE

	Croissance annuelle du PIB (en %)					Croissance annuelle du PIB/hab (en %)				
	GB	Fra	All	E-U	Japon	GB	Fra	All	E-U	Japon
1820-1870	2,0	1,3	2,0	4,2	0,4	1,2	0,8	0,7	1,5	0,1
1870-1913	1,9	1,6	2,8	3,9	2,4	1,0	1,3	1,6	1,8	1,4

DÉMOGRAPHIE

	Population (en millions)					Taux d'urbanisation (en %)				
	GB	Fra	All	E-U	Japon	GB	Fra	All	E-U	Japon
1800	20	29	25	5	26	27	19	nd	10	–
1850	30	36	36	23	28	48	26	30	15	–
1900	42	38	56	76	46	78	41	57	46	–

RÉPARTITION DE LA POPULATION ACTIVE PAR SECTEURS

	Grande-Bretagne			France			Allemagne			États-Unis		
	I^{e}	IIe	IIIe	I^{e}	IIe	IIIe	I^{e}	IIe	IIIe	I^{e}	IIe	IIIe
1800	35	30	35	65	20	15	80	–	–	80	–	–
1850	22	43	35	56	26	18	65	–	–	65	15	20
1900	9	46	45	41	32	27	27	50	23	35	32	33

INDUSTRIE LOURDE ET TRANSPORTS

	Production de houille (Mt)				Production d'acier (Mt)				Réseau ferré (milliers de km)			
	G-B	F	All	E-U	G-B	F	All	E-U	G-B	F	All	E-U
1800	10	1	1	–	–	–	–	–	–	–	–	–
1850	49	5	7	7	1	0,3	0,2	–	10	3	6	15
1913	290	40	190	510	9	3,6	17	32	38	50	61	457

INNOVATIONS DANS LE TEXTILE : navette volante (Kay, 1733), spinning jenny (Hargreaves, 1765), waterframe (Highs, 1767), mule jenny (Crompton, 1779), métier à tisser mécanique (Cartwright, 1785).

INNOVATIONS DANS L'ÉNERGIE : cokéfaction de la houille (Darby, 1709), machine à vapeur (Watt, 1769), hydroélectricité (Bergès, 1869).

INNOVATIONS DANS LA MÉTALLURGIE : puddlage de la fonte (Cort, 1784), convertisseur (Bessemer, 1855).

Les outils

RÉVOLUTION INDUSTRIELLE : désigne soit une vague technologique (première à la fin du XVIIIe siècle, deuxième aux alentours de 1880-1900, troisième révolution industrielle vers la fin du XXe siècle), soit la profonde transformation technique, économique, sociale et culturelle des sociétés occidentales au XIXe siècle.

BRANCHE MOTRICE : définie par trois critères : un poids significatif dans la production nationale, un fort taux de croissance (supérieur à la moyenne de l'économie), des interdépendances substantielles avec d'autres branches ou secteurs (effets de synergie).

PROTO-INDUSTRIALISATION : situation de l'industrie avant la révolution industrielle, caractérisée par une forte symbiose avec l'agriculture et le monde rural. Plusieurs modalités sont possibles : 1. ***domestic system*** (***Verlag System*** en Allemagne) : production au sein du groupe familial, qui possède l'outil de production, tandis que le donneur d'ordre (marchand-manufacturier) n'apporte que la matière première et achète le produit fini ; 2. ***putting-out system*** : variante dans les secteurs à débouché géographique vaste et non local, ainsi le coton ; 3. **manufacture** : unités de production plus vastes et bénéficiant le plus souvent de privilèges accordés par le pouvoir pour des produits spécifiques à haute valeur ajoutée (armes, verre, tapisseries, etc.).

***FACTORY SYSTEM* :** production au sein d'usines, caractéristique de la révolution industrielle.

INVENTION : découverte scientifique ou technique ; **innovation** : son exploitation économique ; **R & D** (recherche et développement) : ensemble du processus qui va de la **recherche fondamentale (**source de découverte fondamentale) à la **recherche appliquée** (source d'invention) et au **développement** (premier stade de l'innovation, cette dernière se poursuivant en aval dans les étapes de la production et de la diffusion). L'innovation peut être analysée à travers deux optiques générales : 1. point de vue de la stratégie de la firme : innovation au sens large (typologie des **5 types d'innovation selon Schumpeter** : produit, procédé, marché, matière première, organisation) ; 2. optique macroéconomique : l'innovation joue directement sur les facteurs de production ou sur la production en elle-même (innovation de produit, procédé, matière première pour l'essentiel) et donc incarne le progrès technique, tandis que certaines innovations (ex : nouveau marché, nouvelle comptabilité) ne sont que des facteurs facilitant le progrès technique et les gains de productivité, et non des facteurs directs.

Les références théoriques

ROSTOW (*Les Étapes de la croissance économique*, 1960) : dans tous les pays la croissance s'effectue à travers cinq étapes : société traditionnelle, conditions préalables au démarrage, décollage ou *take off*, maturité, consommation de masse. Les caractères du ***take-off***, étape cruciale entre toutes et qui fait entrer l'économie dans la phase de croissance moderne, sont notamment la rapidité du phénomène, le passage de l'investissement à 10 % du PIB au moins et la présence de branches motrices, le tout dans un cadre institutionnel favorable. L'universalité du modèle de Rostow, si elle lui permet, par sa simplicité, de connaître un grand succès, est critiquée, ainsi par **Kuznets** (*Croissance et structure économique*, 1965) qui remet notamment en cause l'existence du *take-off*.

Douglass C. North (*L'Essor du monde occidental*, 1973) : avant que de découler de facteurs de production quantifiables, le décollage économique est subordonné au contexte juridique, notamment à l'attribution claire aux individus de la propriété des ressources productives, naturelles ou non – rôle en particulier de la privatisation de la terre en Grande-Bretagne et aux Pays-Bas à partir du XVIIe siècle (théorie des droits de propriété).

Gerschenkron (*Economic backwardness in historical perspective*, 1962) : les pays des deuxième et troisième générations (*late comers*) doivent, pour rattraper ceux de la première génération – fin XVIIIe-début XIXe siècles – (*first movers*), miser sur des stratégies spécifiques (rôle des grandes entreprises, des branches à forts gains de productivité, de l'État).

Braudel (*Civilisation matérielle, économie et capitalisme*, 1979) : on peut distinguer trois étapes dans le développement économique des sociétés : la sphère de la « vie matérielle » (troc, économie de subsistance), celle des échanges locaux (milliers de micro-marchés et réelle concurrence), enfin celle des **économies monde** (ensembles géographiques plus ou moins vastes avec un centre et une périphérie, avec hiérarchisation et spécialisation des tâches), marquée par le développement encore plus important du domaine monétaire et financier, ainsi que par la réduction de la concurrence au profit de la concentration (l'étape du véritable « ordre marchand », le règne des capitalistes), laquelle pervertit la logique de marché.

Polanyi (*La Grande Transformation*, 1944) : il considère, au contraire, que le marché, loin d'être « naturel » et consubstantiel à la société, est une institution qui se « désencastre » progressivement de la société traditionnelle, dominée quant à elle par deux autres principes, ceux de la réciprocité (cueillette, chasse) et de la redistribution (qui requiert une organisation plus évoluée), et où le système économique est immergé dans le social. Ce n'est qu'entre 1830 et 1930 que le marché s'autonomise et devient le principe dominant (mais non exclusif) de l'échange. La crise de 1929 marque le début d'un ré-encastrement de l'économie, qu'il appelle la « grande transformation ».

Weber (*L'Éthique protestante et l'esprit du capitalisme*, 1905) : le capitalisme est marqué par le développement d'une organisation rationnelle des activités productives en vue de la maximisation de la richesse, notamment grâce à l'influence de l'éthique protestante qui, à ses origines du moins, voit dans l'ardeur au travail et la réussite un signe d'élection divine et de promesse de salut.

Les questions micro/macro

- Loi des débouchés.
- Théorie de la valeur.
- Équilibre du marché en concurrence pure et parfaite.
- Représentation du progrès technique dans la fonction de production.

Sujets d'écrit

Si, depuis quelques années, les sujets d'écrit concernant exclusivement le XIXe siècle se font rares, cette période se prête néanmoins à l'exercice de la dissertation. Voici quelques sujets possibles.

1. Les interactions entre agriculture et industrie au XIXe siècle.
2. La révolution industrielle au XIXe siècle : un ou plusieurs modèles ?
3. Organisation de l'entreprise et mutations du capitalisme au XIXe siècle

Corrigé du sujet 2

La révolution industrielle au XIXe siècle : un ou plusieurs modèles ?

Introduction

La vision traditionnelle de l'histoire économique du XIXe siècle voudrait que l'Angleterre, premier pays à s'être engagé dans le processus de révolution industrielle, ait en quelque sorte tracé un sentier que les pays suiveurs auraient été obligés d'emprunter pour connaître à leur tour le développement économique. Et il est vrai que des usines de textile aux mines de charbon, des milliers de kilomètres de chemins de fer aux grandes agglomérations ouvrières, autant de traits caractéristiques de la révolution industrielle anglaise, l'ensemble des pays concernés par la croissance économique au XIXe siècle accumulent les similitudes. Pour autant, on peut se demander, à l'instar de l'historiographie la plus récente, si, au-delà de l'apparente uniformité des trajectoires, ne se cache pas une certaine voire une grande diversité des expériences nationales, permettant d'évoquer une pluralité de modèles de développement.

I. La révolution industrielle anglaise, *one best way* à suivre pour les autres pays, aussi bien dans les conditions que dans les étapes

A. Les conditions indispensables du développement

Révolution agricole, révolution démographique, révolution des transports ou bien encore des techniques sont différentes facettes, et des étapes indispensables, qui ont modifié le paysage social et économique de la Grande-Bretagne de la révolution industrielle, propulsant ce pays à la place de leader mondial qu'elle conservera jusqu'aux dernières décennies du siècle. Ainsi, par exemple, pas de révolution industrielle sans révolution agricole : la modernisation de l'agriculture fournit en effet à l'industrie les facteurs de production dont cette dernière a besoin (paysans rejetés des campagnes par le mouvement des enclosures, matières premières à transformer), tout en se révélant un débouché essentiel pour ses produits (outillage, engrais). Selon Bairoch, la révolution industrielle est la résultante de l'interaction, au sein d'une séquence précise, de ces différents phénomènes. Les pays qui ne les connaîtraient pas (absence de révolution agricole ou de transition démographique par exemple) ne peuvent pas y accéder.

B. Les différentes étapes de la croissance économique

Tous les mécanismes évoqués permettent au pays de sortir de l'équilibre de stagnation des sociétés traditionnelles préindustrielles et d'entamer un processus de croissance. Pour Rostow, une telle trajectoire s'effectue de façon uniforme à travers plusieurs stades chronologiquement distincts, parmi lesquels on distinguera celui du décollage ou *take-off*, au cours duquel la croissance devient la fonction normale de l'économie.

II. Des voies nationales de développement, tant dans les facteurs que dans les rythmes ou l'articulation des étapes

A. Des facteurs de développement spécifiques

En réalité, les pays suiveurs ont connu des séquences d'enchaînements qui se distinguent de celles de la Grande-Bretagne. À la croissance maritime, ils ont parfois opposé la croissance continentale ; à la croissance fondée sur les matières premières minières (charbon, fer), celle par l'agriculture ; à la croissance en dépit de (ou grâce à) l'émigration, celle par l'immigration ; à la croissance par le commerce lointain et les relations avec les colonies, la croissance autocentrée. De fait, chaque pays utilise au mieux les facteurs de production effectivement présents sur son territoire : Gerschenkron souligne ainsi que les pays des deuxième et troisième générations vont employer des moyens spécifiques pour assurer leur développement.

B. Des rythmes de croissance et des étapes parfois différents

Ainsi, à la croissance avec *take-off* de l'Angleterre s'oppose le schéma français d'une croissance sans *take-off*, ou bien celui de l'Allemagne où l'on observe une double accélération. Mais on peut aussi opposer les cadences de croissance plutôt faibles (France) aux rythmes explosifs de certains pays des deuxième et troisième vagues (Allemagne, États-Unis), que la Grande-Bretagne elle-même est loin d'avoir connus. Au ralentissement de l'Angleterre de la fin du siècle, s'oppose en revanche le fort dynamisme, un peu inattendu, de la France de la Belle Époque.

Conclusion

L'hypothèse de la *one best way* et de la similitude des modèles de croissance correspond au discours théorique d'une certaine époque, les années 1950 et 1960, au cours de laquelle, confrontés au contraste entre l'exceptionnelle prospérité des PDEM d'un côté et le sous-développement des colonies et ex-colonies de l'autre, le tout dans un contexte de guerre froide et de confrontation avec le marxisme, certains auteurs, notamment à la suite de Rostow, ont pu croire que la recette magique pour la croissance avait été trouvée, et que les pays en retard n'avaient qu'à copier les leçons, généralement d'essence libérale, des nations les plus avancées. Or les historiens et économistes actuels ont largement démontré la diversité des trajectoires possibles.

Corrigé du sujet 3

Organisation de l'entreprise et mutations du capitalisme au XIXe siècle.

Introduction

Bien que les siècles précédents aient déjà vu la mise en place de structures parfois complexes destinées à la production et à l'échange de biens ou de services, c'est au XIXe siècle qu'apparaît l'entreprise au sens moderne du terme : enrichissement de la diversité juridique, élargissement des branches couvertes, accroissement de la taille surtout, avec notamment le passage d'un capitalisme de petites unités à un capitalisme dominé par de grandes voire très grandes organisations. Si cette nouvelle donne entrepreneuriale va jouer un rôle essentiel dans l'évolution du système capitaliste tout au long du siècle, ne peut-on pas pour autant affirmer que cette dernière n'est pas sans rétroagir sur l'entreprise, à des degrés d'ailleurs divers suivant les pays ?

I. L'organisation de l'entreprise, juridique et technique, contribue à dessiner les contours du système capitaliste qui se met progressivement en place au XIXe siècle

A. La diversification des statuts juridiques des entreprises contribue à un plus grand dynamisme du tissu productif

Au début du siècle, la domination des sociétés de personnes (par exemple les sociétés en commandite simple), dont le capital est divisé en parts (non librement cessibles) et dont les participants au capital sont responsables de manière illimitée (autrement dit sur la totalité de leurs biens), est préjudiciable à la prise de risque, à la fondation d'entreprises et donc en définitive à l'accumulation et à la croissance capitalistes. Au cours de la deuxième partie du siècle, la facilitation de l'accès au statut de société de capitaux, notamment celui de société anonyme (capital divisé en actions, librement cessibles, et responsabilité limitée aux apports), stimule d'autant la prise de risque, l'initiative et l'accumulation. Les secteurs les plus capitalistiques, ceux à plus haute intensité d'investissement et qui représentent à la fois les risques les plus importants et le cœur de la croissance économique, en bénéficient en premier lieu.

B. La progressive concentration des entreprises permet d'exploiter de plus en plus la logique des rendements croissants et marque les premiers pas d'une régulation monopolistique

Le début du XIXe siècle est dominé par les petites structures, ne dépassant pas les quelques dizaines voire centaines de salariés tout au plus : il s'agit d'un capitalisme atomistique, adapté aux activités de l'époque (technologie rudimentaire, faible poids de l'investissement, gains de productivité limités, recours à l'externalisation dans le cas du *putting-out system*). Plus on avance dans la deuxième révolution industrielle, plus la concentration des entreprises (croissance interne et externe, concentration horizontale ou bien verticale) permet de développer les économies d'échelle et donc contribue à l'élévation des taux de croissance économique de cette deuxième moitié du siècle. L'apparition d'une classe de managers professionnels est d'ailleurs propice à une telle logique d'exploitation de l'effet de taille, au détriment éventuellement de la logique de l'innovation chère à l'entrepreneur-innovateur, selon la thèse de Schumpeter. La concentration contribue aussi à une certaine rigidité des prix (en parallèle avec le développement des syndicats, dont l'implantation est elle-même facilitée par la constitution des grands groupes industriels de l'époque), caractéristique des prémisses d'une régulation monopolistique qui tend à se dessiner sous la régulation concurrentielle encore globalement dominante.

II. En retour, les mutations du système capitaliste influencent l'organisation de l'entreprise, de façon différente selon les pays

A. L'entrée dans un régime de croissance intensive impose la concentration des entreprises et le choix de solutions juridiques et organisationnelles plus adaptées

La complexification technologique et la logique croissante des économies d'échelle conduisent à la mise en place de nouvelles structures telles que la société anonyme, la structure multidivisionnelle ou le trust dirigées par des managers professionnels. Les contraintes sociales propres à la deuxième révolution industrielle (grandes concentrations urbaines et industrielles) et l'enrichissement graduel des nations rendent nécessaire et possible l'apparition d'un embryon d'État providence : celui-ci est organisé en Allemagne sur une base d'entreprise, une entreprise qui doit de plus en plus tenir compte de la présence de syndicats ouvriers. L'enrichissement des pays et le développement des systèmes financiers élargissent les possibilités de financement des entreprises (fonds propres ou fonds d'emprunt), et poussent ces dernières à s'organiser en conséquence (respect des conditions pour être cotées sur le marché boursier). Enfin, l'ouverture des frontières et la mondialisation de la fin du siècle permettent l'apparition des premières multinationales.

B. Mais ces mutations sont inégales et par conséquent les profils nationaux des entreprises restent extrêmement contrastés

À côté des pays ayant profondément transformé leur tissu industriel, d'autres, à l'image de la France, restent dominés par la logique de l'artisanat et de la petite entreprise traditionnelle. De même, certaines branches sont davantage concernées par les transformations organisationnelles que d'autres, notamment en fonction de l'importance de la logique innovatrice : ainsi les vieux secteurs de la première révolution industrielle en Angleterre – textile, charbon – ont eu beaucoup de mal à se moderniser et, fragmentés à l'excès, se retrouvent fragilisés à la fin du siècle. Par ailleurs, les politiques des États ne sont pas forcément comparables : à côté des pays où la concentration se fait sous la bénédiction voire la direction des autorités publiques (Allemagne, Japon), il y en a d'autres où ces dernières s'opposent vigoureusement aux concentrations trop caractérisées et donc empêchent, du moins partiellement, le maintien systématique de monopoles ou d'oligopoles (antitrust américain).

Conclusion

La théorie dominante du XIXe siècle, attachée à la fiction de la concurrence pure et parfaite où l'entreprise reste un point abstrait en situation de *price taker*, est dans l'ensemble débordée par les faits : les entreprises voient bien souvent leur taille s'accroître, elles deviennent *price maker*. Dès lors le capitalisme, de concurrentiel, tend à devenir monopolistique dans son évolution au cours du XXe siècle.

Sujets d'oral

1. Institutions et croissance économique au XIXe siècle. (ESCP 2004)
2. Peut-on parler d'un retard économique français au XIXe siècle ? (ESCP 2004)
3. La notion de Révolution industrielle est-elle pertinente ? (ESCP 2003)
4. Y a-t-il un modèle unique de transition démographique au XIXe siècle ? (ESCP 2003)
5. En quoi les innovations ont-elles été déterminantes dans le déclenchement de la révolution industrielle ? (ESCP 2001)
6. Le rôle du secteur des transports dans les transformations économiques du XIXe siècle. (ESCP 2001)
7. Les classiques et la terre. (ESCP 2001)
8. Quelles sont les interactions entre la révolution agricole et la révolution industrielle au XIXe siècle ? (ESCP 2000)
9. Le rôle de l'État dans le développement capitaliste au xixe siècle.
10. Les modes de financement de l'industrialisation au XIXe siècle.

Corrigé du sujet 1

Institutions et croissance économique au XIXe siècle. (ESCP 2004)

Introduction

En économie, le XIXe siècle reste le plus souvent associé au triomphe du libéralisme : concurrence pure et parfaite, libre entreprise, régulation concurrentielle et retrait de l'État semblent être les maîtres mots, et il est vrai que le courant classique, de Smith à Mill en passant par Ricardo, ainsi que le néoclassique sont passés par là et ont parfois occulté les autres traditions de pensée. Pour autant, on ne peut pas dire que la révolution industrielle et la croissance des pays occidentaux se sont faites dans un cadre abstrait dépourvu de toute épaisseur sociale ou organisationnelle. Si les institutions, autrement dit l'ensemble des règles, valeurs et comportements, qui s'incarnent dans des organisations qui à leur tour structurent la société et l'économie, ont bien évidemment joué un rôle essentiel dans l'accumulation des facteurs de production et dans leur exploitation, ce rôle a pu être, selon les cas, celui d'un accélérateur ou d'un frein.

I. Les institutions au cœur de la révolution industrielle

A. Les institutions des pays de la première vague

La structure familiale (Emmanuel Todd et la famille nucléaire avec fratrie inégalitaire en Grande-Bretagne), la mentalité religieuse (Weber et le protestantisme), le cadre juridique d'ensemble (Douglass North et les droits de propriété précocement développés en Angleterre et aux Pays-Bas) sont certaines parmi les explications les plus pertinentes au décollage des *first movers*.

B. Les institutions des pays des vagues successives

État, armée (impact du nationalisme dans le développement de l'industrie lourde), école (alphabétisation indispensable pour la deuxième révolution industrielle), grande entreprise (et syndicats) sont des institutions indispensables au rattrapage économique des *late comers*.

II. Mais les institutions ont pu jouer aussi un rôle de freinage

A. La croissance économique a rendu nécessaire la suppression d'institutions héritées, obstacles à l'accumulation capitaliste

La suppression des corporations et des monopoles hérités de l'époque mercantiliste (lois Le Chapelier et décret d'Allarde en France) permet de libérer les initiatives, tandis que l'exode rural et l'émigration autorisent la prise de distance par rapport aux cadres traditionnels (Églises, famille) parfois étouffants.

B. Les institutions ont pu aussi se retourner contre la croissance économique

L'État, éventuellement influencé par les différents lobbies en son sein, a parfois piloté des politiques préjudiciables à la compétitivité du pays (ainsi le protectionnisme agricole en France), ou a suscité une opposition sociale et politique fragilisant la croissance (Russie). Schumpeter n'a pas manqué d'exprimer ses craintes quant à l'affaiblissement de la dynamique de l'innovation au sein des grandes entreprises, montrant par là-même les limites de la société anonyme.

Conclusion

Si les institutions jouent un rôle d'encadrement indispensable à la croissance, tant au XIXe siècle qu'au cours des autres périodes de l'histoire, bien d'autres éléments doivent évidemment être convoqués pour expliquer cette croissance (notamment les facteurs de production), mais leur mobilisation demeure, en dernière instance, soumise à des logiques organisationnelles et institutionnelles.

Corrigé du sujet 2

Peut-on parler d'un retard économique français au XIXe siècle ? (ESCP 2004)

Introduction

En 1789, la situation économique soutient aisément la comparaison avec celle de la Grande-Bretagne. Or le XIXe siècle va se révéler à maints égards moins favorable à la croissance française qu'à celle de nombre de ses voisins. Le décollage économique de la France va prendre du retard par rapport à celui de l'Angleterre, tandis que certains pays partis plus tard réalisent un rattrapage voire un dépassement spectaculaire, de sorte qu'à la veille de la Première Guerre mondiale la France a globalement reculé en termes de puissance. Le cas français est-il donc sans appel ? En réalité, les langueurs de la croissance économique française, aussi incontestables soient-elles, ne sauraient occulter les éléments de dynamisme et d'originalité.

I. Les lenteurs de la trajectoire économique française

A. Un retard au démarrage par rapport à l'Angleterre

La période 1793-1815, en particulier, représente un enlisement économique, de sorte que la France rate sans doute l'opportunité d'un *take-off* (épuisement dans les guerres, rôle du Code civil par exemple avec l'abolition de la liberté de tester et ses conséquences en termes de démographie atone – la France passe du premier au quatrième rang en Europe occidentale – et de retard agricole, même si la propriété paysanne est très développée dès l'Ancien régime).

B. Un retard à l'arrivée par rapport aux pays de la deuxième ou troisième vague

L'absence de *take-off* et la croissance lente du pays conduisent ce dernier à être dépassé par certains poursuivants, l'Allemagne et les États-Unis notamment. À la fin du siècle, la France continue encore de se caractériser, plus que ses voisins, par l'importance de l'agriculture, d'un protectionnisme défensif, d'une structure productive éclatée, bref par une mentalité traditionnelle peu tournée vers la modernité industrielle.

II. La France, entre dynamisme et originalité économique

A. Une croissance somme toute dynamique

L'écart en termes de niveau de vie par habitant, dès le départ inférieur de 30 % par rapport à l'Angleterre, n'augmente pas au cours du siècle, même s'il est vrai que la performance française doit être relativisée, puisque la croissance démographique a été de ce côté-ci de la Manche nettement plus limitée. Les résultats économiques sont tout à fait respectables au cours de certaines périodes (de la fin de la Monarchie de Juillet à la fin du Second Empire, puis entre 1896 et 1914). La contribution de la France à l'innovation n'est pas négligeable, tant au cours de la première révolution industrielle (métier à tisser Jacquard) que – surtout – de la seconde, lorsque le pays assoit sa prééminence dans certaines branches d'avenir (hydroélectricité, aluminium, aéronautique, automobile), sans pour autant sacrifier ses points forts traditionnels (luxe).

B. Un rôle international non démenti

Le poids économique de la France dans le concert des nations reste des plus considérables : le franc français est la deuxième devise internationale derrière la livre et les capitaux français détiennent des positions enviables dans de nombreux pays (bien au-delà de l'empire colonial), aidés en cela par des réseaux bancaires de premier ordre.

Conclusion

La définition de la France proposée par François Caron, « un grand pays industriel faiblement industrialisé », résume bien l'ambiguïté de la situation du pays au XIXe siècle. De fait, après avoir longtemps souligné le retard hexagonal, notamment par rapport à la Grande-Bretagne, les historiens ont tendance à le relativiser, au profit d'une analyse davantage centrée sur les spécificités de la trajectoire suivie.

Corrigé du sujet 7

Les classiques et la terre. (ESCP 2001)

Introduction

À la différence des physiocrates, les classiques ne font pas de la terre le seul secteur créateur de richesse. Toutefois, confrontés à une économie encore très largement agricole, ils vont être conduits à lui accorder une place importante dans leurs analyses. Plaçant au cœur de celles-ci les questions de croissance et de répartition, ils vont démontrer de quelle manière sont déterminés les revenus du secteur agricole et tout particulièrement la rente foncière (le loyer de la terre) qui lui est spécifique. Ces analyses, que l'on doit à Malthus et surtout à Ricardo, conduisent les classiques à mettre en évidence le rôle de frein à la croissance de l'agriculture et l'intérêt du libre-échange pour y échapper. Ainsi l'analyse de l'agriculture par les classiques met en évidence les spécificités de la rente, à terme facteur de blocage de la croissance, auquel le libre-échange permet cependant de remédier.

I. L'analyse de l'agriculture, où interviennent trois groupes d'acteurs économiques, met en évidence les spécificités de la rente

A. Un secteur à rendements décroissants où interviennent trois groupes d'acteurs économiques

La loi des rendements décroissants signifie que la productivité de la terre est décroissante : plus la production augmente plus les terres peu fertiles (donc nécessitant davantage d'heures de travail à production égale) sont mises en culture. Sur ces terres, trois catégories d'acteurs interviennent : le propriétaire foncier, le fermier capitaliste propriétaire des machines et des outils et qui avance les salaires, l'ouvrier agricole salarié enfin.

B. La logique de constitution de la rente

Le revenu des ouvriers agricoles est le même que celui des autres ouvriers et tend donc à être égal au salaire de subsistance. Le profit des fermiers capitalistes dans un système concurrentiel où règne la libre circulation des capitaux est le même que dans l'industrie et c'est ce qui reste une fois les salaires et la rente payés. La rente, quant à elle, va être déterminée par la terre marginale, autrement dit par celle de moins bonne qualité mise en culture. Le prix du blé (et donc le salaire de subsistance) étant fixé par la quantité de travail nécessaire à la production sur cette terre marginale, cette dernière ne dégage pas de rente. Sur les autres terres, plus productives, une rente peut être prélevée à côté du salaire et du profit, ce dernier constituant le revenu résiduel.

II. La rente agricole se révèle à terme être un facteur de blocage de la croissance, auquel le libre-échange permet de remédier

A. Loi de Malthus et blocage de la croissance

La croissance démographique, selon la logique de la loi de population de Malthus, conduit à mettre en culture des terres de moins en moins fertiles. De ce fait, le salaire de subsistance augmente (en termes de valeur-travail et non de quantité de blé à la disposition des ouvriers) ainsi que la rente. Par conséquent le taux de profit dans l'agriculture et, du fait de la concurrence, dans l'ensemble de l'économie, baisse. À terme, salaire et rente accaparent toute la production, bloquant l'accumulation et aboutissant à un état stationnaire où la croissance devient nulle.

B. Une croissance déverrouillée par le libre-échange

Le progrès technique permet de reculer un temps cette échéance mais les rendements décroissants finissent par s'imposer. En revanche, acheter du blé à l'étranger permet de bénéficier de terres de meilleure qualité dans les pays où celles-ci sont encore relativement abondantes. Il faut donc jouer la carte du libre-échange car les pays les plus développés (Grande-Bretagne) bénéficient d'avantages comparatifs dans le domaine industriel.

Conclusion

L'analyse classique de la terre, en sous-estimant les possibilités du progrès technique dans l'agriculture, n'a pas été confirmée par les faits : la révolution agricole est passée par là. De plus, l'appel de Ricardo à plus de liberté dans les échanges sera entendu et, en 1846, la Grande-Bretagne abolit les *corn laws*. Il n'empêche que, en développant le raisonnement à la marge, l'analyse classique de la terre annonce les approches néoclassiques.

Corrigé du sujet 9

Le rôle de l'État dans le développement capitaliste au XIXe siècle.

Introduction

Le XIXe siècle est généralement considéré comme celui du libéralisme et du retrait de l'État de l'économie. Pourtant, voir cet État comme un élément superflu de l'analyse de la croissance de l'époque est sans doute erroné : certes, son action a été plus ou moins visible, plus ou moins directe, mais elle n'en est pas moins effective en ce siècle de révolution industrielle.

I. Un État en recul au siècle du libéralisme économique

A. Un rôle relativement secondaire

Qu'il s'agisse de prélèvements obligatoires ou de dépenses publiques, le poids de l'État est incontestablement plus faible au XIXe siècle qu'au siècle suivant. De plus, sa fonction de commandement de l'économie paraît nettement plus réduite qu'au cours de la longue période précédente dominée par des politiques mercantilistes accordant au souverain un rôle central dans le domaine productif, monétaire ou bien dans celui des échanges internationaux. L'État est réduit à un rôle d'État gendarme.

B. Une pensée économique qui confirme le retrait de l'État et l'y incite

Les écoles classique puis néoclassique dominent l'économie politique du XIXe siècle. Elles déconsidèrent les idées mercantilistes sur les échanges (théorie du libre-échange chez Smith et Ricardo), la monnaie (théorie quantitativiste, qui vise à dénoncer le pouvoir du prince dans la création monétaire, forcément inflationniste) ou bien la production (la valeur-travail s'oppose à la conception de la richesse en tant qu'accumulation monétaire, que l'État est à même de piloter).

II. Une intervention de l'État beaucoup plus affirmée que ne le laisse penser la vision conventionnelle du XIXe siècle

A. Un rôle essentiel de l'État dans le rattrapage économique

Si le cas de la Grande-Bretagne peut en effet être considéré comme archétypique d'une économie reposant avant tout sur l'initiative privée, celui des nations suiveuses est largement différent, notamment pour les pays des deuxième et troisième vagues, où l'État joue un rôle essentiel en termes d'allocation de ressources (investissement), de stabilisation de la conjoncture et de redistribution (premières assurances sociales).

B. Un rôle indispensable à l'encadrement des forces du marché

L'État joue aussi, dès le XIXe siècle, un rôle d'organisateur du marché, qu'il s'agisse de le défendre (garantie du libre-échange intérieur puis avec l'étranger, politique antitrust) ou bien de le limiter (politique commerciale protectionniste). Des pays comme l'Angleterre ou les États-Unis, traditionnellement considérés parmi les plus libéraux et les plus hostiles à l'action économique des pouvoirs publics, connaissent une longue tradition d'intervention publique dès le XIXe siècle (mesures libre-échangistes ou protectionnistes, politique d'unification territoriale et politique antitrust aux États-Unis).

Conclusion

Il ne faut pas oublier que la théorie économique du XIXe siècle est bien plus riche que le simple courant classique et néoclassique prônant le désengagement – relatif d'ailleurs – de l'État (certains auteurs libéraux comme Smith ou Walras ont insisté sur la nécessité de son intervention). Il existe notamment toute une tradition institutionnaliste soulignant le rôle des spécificités des situations nationales et la nécessité, dans certains cas, de l'intervention publique. Pour autant, il est évident que cette dernière est demeurée fort réduite par rapport à celle du siècle suivant qui va voir le développement de l'État-providence.

CROISSANCE ET ÉVOLUTION ÉCONOMIQUES 2

L'essentiel

Les faits

La croissance économique est définie comme l'augmentation à long terme d'un indicateur synthétique, le revenu par habitant. Depuis deux siècles, le trend général de la croissance est d'environ 2,5 %.

ENTRE 1870 ET 1913 le taux de croissance moyen du PIB par tête, des grands pays industriels d'aujourd'hui est d'environ 1, 2 % par an.

LA PÉRIODE 1913-1950, connaît un taux de 1,2 % mais sa signification est très limitée du fait de la présence de deux conflits mondiaux.

DE 1950 À 1973, c'est « l'Ère des miracles » économiques, thème qui fleurit dans les années 1960 ou les taux de croissance sont élevés en Europe et au Japon, et s'inscrivent dans le cadre d'économies administrées ou fordistes : 3, 8 % en moyenne pour le revenu par tête, mais des taux très élevés pour le Japon (8 %) et pour la France (5 %).

DE 1973 À LA FIN DES ANNÉES 1980, les taux de croissance ralentissent, 2, 1 % en moyenne. Les économies du centre sont conduites à restaurer les équilibres macroéconomiques et mettre en place des nouvelles régulations faisant plus appel aux marchés et à la libéralisation. Les économies connaissent des phases de reprises mais aussi des chocs exogènes brutaux et répétés (énergétiques, taux de change, taux d'intérêt, instabilité financière).

ENFIN DEPUIS LES ANNÉES 1990, la problématique du « mystère » de la croissance se substitue à celui du « miracle ». Comment retrouver une croissance durable et forte ? Le débat porte sur l'émergence d'une nouvelle phase de croissance économique, désignée par « la Nouvelle Économie », qui fait appel à la diffusion des nouvelles technologies de l'information et de la communication (NTIC) et de la déréglementation des marchés (du travail, des produits). L'écart entre les États-Unis et l'Europe se creuse à nouveau. De nouvelles puissances apparaissent, la Chine et l'Inde qui connaissent des taux de croissance élevés.

Les outils

L'ANALYSE DE LA CROISSANCE PEUT : **d'abord s'intéresser au « comment ? »**, c'est-à-dire la recherche des facteurs qui décomposent le taux global de croissance en éléments de base : rôle de la demande interne qui mobilise les effets multiplicateur et accélérateur, rôle de l'offre (capitaux productifs accumulés, population active, ressources naturelles), la spécialisation et l'insertion dans la division internationale du travail (avantages absolus et comparatifs) des nations. Ces approches sont matérialisées par l'utilisation des fonctions macroéconomiques de production de type Cobb-Douglas.

La part explicative du progrès technique (ou productivité globale des facteurs ou résidu de Solow) prend de plus en plus d'importance : la croissance semble dépendre *moins* de l'accroissement quantitatif des facteurs physiques et *de plus en plus* de facteurs immatériels, de la connaissance, de l'organisation.

Déterminer la part qui revient à chacun des facteurs car le taux de croissance ne répond pas au « pourquoi ? » de la croissance. Il faut constater que les investissements, les innovations, sont la manifestation d'incitations et d'institutions, de comportements qui sont les véritables causes de la croissance. La réflexion sur la croissance s'oriente ainsi vers d'autres approches.

Chez **Marx**, en héritier du modèle classique (Smith et Ricardo), c'est l'essence même du capitalisme de rechercher l'accumulation ; le capitaliste investit pour faire des profits qui seront à la base de la recherche d'autres sources de profit (A-M-A'). Mais la condition pour que cette recherche puisse s'exprimer, est que le cadre juridique et politique soit adéquat, que les « superstructures » soient en phase ou ne soient pas un obstacle au développement de l'« infrastructure » économique : c'est la thèse du matérialisme historique

Chez **Schumpeter**, la clé de l'évolution économique (terme préféré à la croissance) est l'innovation, la destruction créatrice, et l'entrepreneur innovateur est le personnage clé. Ses motivations extra-économiques sont la raison essentielle de la dynamique à long terme. L'économie d'innovation s'oppose à l'économie circulaire qui ne fait que se reproduire à l'identique. L'innovation et son introducteur, l'entrepreneur, brisent cette circularité. Le capitalisme libéral est selon Schumpeter le système qui conduit l'innovation à son plus haut degré.

D. North insiste sur le rôle des institutions dans la croissance et la révolution industrielle qu'il définit comme une accélération du rythme des innovations : la politique construit l'économie à travers le droit qui garantit les droits de propriété (notamment sur l'innovation par les brevets), réduit les coûts de transaction. La clé est donc l'État contractuel (libéral ou non) qui réduit l'incertitude, diminue le taux de préférence pour le présent et favorise les innovations au lieu de les bloquer comme l'État mercantiliste ou l'État despotique.

Analyser le processus de croissance : « Jusqu'où cela peut-il aller ? » Y a-t-il un terme ou une limite à la croissance ?

La tradition classique pose la question de l'état stationnaire, situation ou le niveau de vie par tête ne progresse plus. Les raisons en sont variées. Arrêt des progrès de rendements, car la division du travail est arrivée à son terme au niveau international, chez Smith. Baisse du taux de profit lié à la progression de la population et à la décroissance des rendements des terres supplémentaires chez Ricardo. L'état stationnaire est craint, sauf chez J. S. Mill, on cherche à le repousser par le développement du commerce international. Les limites de la croissance sont dans la recherche de la croissance elle-même : plus on investit pour chercher de nouveaux profits, plus le taux de profit et l'incitation à investir future baisseront. Marx radicalise cette approche par la baisse tendancielle du taux de profit. Le destin du capitalisme est la crise finale, car son essence même est l'accumulation du capital.

Schumpeter dans *Capitalisme, socialisme et démocratie* (1942) estime que l'innovation et le capitalisme sont menacés non par les contradictions économiques du capitalisme mais par des facteurs sociaux hostiles au capitalisme (embourgeoisement des élites, hostilité des intellectuels, massification de la politique...), par le triomphe de *l'Homo œconomicus* : trop de calcul rationnel, trop de bureaucratisation des firmes tuent l'esprit d'innovation, analyse semblable aux « esprits animaux » de Keynes.

Ces interrogations réapparaissent depuis les travaux du Club de Rome puis avec l'apparition du concept de développement durable. La croissance de la population, comme le pensait Malthus, n'est plus la seule menace, mais aussi les modes de vie qui prélèvent sur les ressources naturelles renouvelables et non renouvelables et dégradent l'environnement comme cadre de vie mais aussi dans les « services économiques rendus gratuitement par la nature ». Deux variantes du développement durable sont en présence. La « soutenabilité faible » pense que le capital technique, dans un cadre d'économie de marché, peut apporter des solutions au problème naturel, tandis que la « forte » estime qu'il existe un seuil de capital naturel critique au-dessous duquel les besoins des générations futures sont compromis. On observe une radicalisation avec le concept de décroissance, proposé par N. Georgescu-Roegen opposé au développement durable.

POUR QUELLES FINALITÉS ? Il faut se poser la question de la finalité de la croissance. Certes la croissance par les ressources qu'elle génère, permet la solution de nombreux problèmes : financement du budget de l'État et des régimes sociaux, baisse des prélèvements, retour au plein-emploi et donc possibilité d'une plus grande cohésion sociale et d'une stabilité politique. Mais la croissance effrénée est un problème (cf. développement durable). Dans le domaine social, il faut arriver à combiner les trois sphères : l'économique, la société, l'environnement. La relation entre l'économique et le social doit être équitable, l'environnement et la société être dans une relation vivable, et l'économique et l'environnement dans une relation durable. Les trois débouchent sur la recherche de nouveaux indicateurs économiques et sociaux au-delà du PIB par tête : IDH, biens premiers, etc.

Références théoriques

ROBERT SOLOW, économiste américain, qui participe à la synthèse néoclassique de Keynes avec Hansen et Samuelson. Ses travaux sur la croissance sont symbolisés par ce que l'on peut appeler ses deux paradoxes. Le premier, d'ordre théorique, en 1954 : « *Théorie de la croissance économique* », où le progrès technique est puissant mais non expliqué (théorie de la croissance exogène). Le second, plus empirique, qui dit que : « Les ordinateurs sont partout sauf dans les statistiques de la productivité. »

* La fonction Cobb-Douglas s'écrit Y = f (A, K, L) où Y est la production, K, le capital physique, L le facteur travail en nombre de personnes ou en nombre d'heures travaillées. Plus analytiquement elle s'écrit par le produit $Y = A\,L^{0,3}\,K^{0,7}$, où $K^{0,3}L^{0,7}$ est la combinaison technique des facteurs de production et A l'efficacité de la combinaison productive. On voit que $A = Y/K^{0,3}L^{0,7}$ et donc que c'est une productivité globale

La théorie de la croissance endogène fondée par P. Romer, économiste américain en 1986. Elle veut expliquer d'où vient le progrès technique et penser les rendements croissants dans le cadre néoclassique. Cela réhabilite l'action de l'État à travers la production d'externalités positives (recherche, éducation et capital humain, etc.).

Les externalités négatives et positives. Les externalités négatives telles que la pollution, le bruit, l'encombrement, etc. font que le bien-être de certains est affecté négativement par le bien-être des autres.
D. North (prix Nobel en 1993), économiste et historien américain, théoricien de la « Nouvelle Histoire économique » développe le thème des externalités positives. La clé de la croissance réside dans les institutions juridiques et politiques, qui constituent « la main invisible des institutions ». Les innovations ont un rendement social et un rendement privé. Le premier bénéficie à tous (externalité positive), le second est le revenu de l'innovateur. Il faut concilier les deux pour favoriser les innovations d'où les brevets d'invention.

L'École de la régulation s'efforce de montrer qu'une croissance forte est obtenue grâce à une bonne cohérence entre les différentes variables qui constituent le système économique. Quand la cohérence est perdue, le régime de croissance entre dans une grande crise, qui est le prélude à un nouveau régime de croissance : le régime de croissance concurrentiel du XIXe siècle connaît une grande crise dans les années 1920-1930, puis un nouveau régime, l'économie administrée entre 1945 et 1975 connaît à son tour une grande crise prélude à la mise en place du régime néoconcurrentiel.

Les paradigmes technologiques, ou système techno-industriel (STI), décrivent la part croissante des investissements immatériels par rapport aux matériels et la part croissante des NTIC. Il permet de dessiner l'opposition entre la nouvelle économie et l'ancienne, fordiste.

Les transformations des systèmes techno-industriels des Trente Glorieuses à nos jours

Système techno-industriel	Trente Glorieuses	Le nouveau STI
Technologies dominantes	Électricité, mécanisation, chimie	Information et communication, connaissance
Organisation du travail	Taylorienne	Qualité, flexibilité, mobilité
Accumulation du capital	Matériel	Immatériel et connaissance
Production	Produits standardisés de masse	Segmentation et différenciation

John Rawls, dans *Théorie de la justice* (1971), récuse la priorité de l'efficacité sur l'équité. Selon le principe de différence, que les inégalités économiques et sociales sont admissibles à condition qu'elles bénéficient aux plus défavorisés dans une situation de juste égalité des chances entre les individus. L'équité ne doit pas être subordonnée à l'efficacité ou à la recherche de la croissance.

LES BIENS PREMIERS sont définis par J. Rawls comme ceux qui permettent aux citoyens de mener à bien leur vie. Ils comprennent : les droits et libertés de base, l'emploi et ses caractéristiques, la richesse et le revenu, la participation à la vie politique et sociale, les bases sociales du respect de soi-même, etc. Ils sont complexes et non plus un indicateur numérique simple comme le PIB/hab. **Amartya Sen** se pose la question des capabilités, le problème de transformer le bien premier en possibilité d'action de l'individu : par exemple l'efficacité du diplôme pour l'emploi et l'insertion sociale.

Les questions micro/macro

- Les déterminants de l'épargne
- La décision d'investissement
- La productivité des facteurs de production
- Le modèle de Solow

Sujets d'écrit

1. Comment expliquer la disparité des taux de croissance entre les États-Unis et l'Europe depuis le début des années 1980 ?

2. Peut-il exister une croissance sans épargne ? (ÉCRICOME 1998)

3. Pourquoi la croissance ? La croissance pourquoi ? (ESSEC 1999)

Corrigé du sujet 1

Comment expliquer la disparité des taux de croissance entre les États-Unis et l'Europe depuis le début des années 1980 ?

Introduction

Durant la décennie 1990, les écarts de performances économiques des États-Unis et de l'Europe se sont aggravés après une phase antérieure de rattrapage européen. Au-delà de ces différences quantitatives, c'est l'apparition d'une nouvelle vague de croissance qualitativement différente, la « Nouvelle Économie » qui combine l'introduction des nouvelles technologies de la communication et de l'information (NTIC) et la libéralisation des marchés des produits et du travail. C'est donc l'introduction d'un nouveau paradigme technologique qui est postulé, et le retard européen a tendance à s'interpréter comme un retard dans l'introduction des technologies, lui-même renvoyant à la libération des marchés permettant une diffusion plus facile. En quelque sorte, l'écart ou le retard traduirait le degré de libéralisation des deux zones principales de l'économie mondiale. Nous retrouvons ici une double filiation : d'une part, celle de Smith, qui interprète la richesse des nations et leur hiérarchie comme le résultat des progrès de productivité et d'autre part, un renouvellement du modèle de Rostow, l'Europe étant en retard par rapport au modèle américain, la « Nouvelle Économie » succédant à la phase de la consommation de masse. Cependant, si les éléments liés à l'introduction des nouvelles technologies paraissent fondamentaux, d'autres éléments permettent de relativiser l'importance de ce facteur. Pour discuter ces questions, il faut dans une première partie examiner la thèse de la « Nouvelle Économie », pour dans un second temps limiter les interprétations en termes de retard.

I. La fin de la convergence Europe-États-Unis : un retour à Rostow ?

A. De la convergence à la divergence...

Durant les Trente Glorieuses, les économies européennes avaient tendance à converger voire à rattraper les niveaux de performance américains. Les taux de croissance des principaux pays s'établissent autour de 5 à 6 % contre à peu près la moitié de l'autre côté de l'Atlantique, les niveaux de productivité du travail, de PIB par tête avaient tendance à se rapprocher des États-Unis. Les Européens bénéficiaient alors de plusieurs effets de rattrapage, de reconstruction. Les États-Unis faisaient bénéficier les Européens des ressources du pays leader : avance technologique, modèles de production et de consommation, banquier du monde. Les Européens semblent obéir au modèle de Gerschenkron : le retard permet un rattrapage rapide.

Ces indicateurs de convergence sont désormais des indicateurs de divergence. Les écarts se creusent à nouveau. Alors que les progrès de productivité du travail stagnaient aux États-Unis dans les années 1980 et qu'ils progressaient au rythme de 2,1 % en Europe, c'est la tendance inverse que l'on observe désormais. Les mêmes observations pourraient être menées pour la productivité globale des facteurs. Enfin la situation de l'emploi paraît très contrastée : alors que le chômage de masse semble s'installer dans les grands pays européens, les États-Unis connaissent une situation de plein-emploi.

B. La fin du paradoxe de Solow pour les États-Unis

On sait que selon Rostow, le pays en avance bénéficie de conditions préalables favorables par rapport aux suiveurs. Aux cinq étapes, on peut ajouter une sixième : la « Nouvelle Économie » ou nouveau paradigme technologique qui succède à la société de consommation de masse. Deux aspects peuvent être soulignés ici : le modèle séquentiel qui décrit le nouveau paradigme et les données empiriques qui permettent de l'illustrer.

Le modèle séquentiel montre que la croissance économique dépend des progrès de productivité eux-mêmes conditionnés par l'introduction des NTIC tant dans la production que dans la gestion. L'introduction de ces nouvelles technologies, facteur essentiel qui explique la croissance, dépend à son tour du degré de libération ou de déréglementation des marchés et des modes d'organisation. Le nouveau paradigme technologique fait plus appel à la réactivité, la rapidité d'adaptation, la recherche de la qualité, caractéristiques qui semblent s'opposer à celles de l'économie administrée du modèle fordiste : les nouvelles technologies ont de puissants effets de débouchés, de productivité, mais nécessitent une réorganisation. Les indicateurs montrent de manière écrasante les écarts entre l'Europe et les États-Unis : dépenses en TIC dans le PIB et dans les investissements, dépenses en R & D, domaine dans lequel les dépenses américaines sont supérieures à celles de l'Europe et du Japon réunis !

Ainsi cette expérience américaine semble dire que la précondition au retour à la croissance est la libéralisation et la déréglementation des marchés, de l'organisation des entreprises et des États. L'Union européenne s'est ralliée à ce point de vue dans l'adoption de la stratégie de Lisbonne (2000) visant à faire de l'Europe une zone de haute compétitivité assurant une croissance potentielle élevée, grâce à la connaissance et à l'introduction de nouvelles technologies et la promotion de la recherche. Dans quelle mesure ce diagnostic est-il exact ?

II. Les atténuations du diagnostic néolibéral

A. L'observation montre qu'il n'existe pas qu'une seule configuration correspondant au modèle américain

R. Boyer dans son livre *La Croissance, début de siècle* nuance fortement le diagnostic vu dans la partie précédente. D'une part si la première partie de l'analyse, le rôle fondamental des nouvelles technologies est souligné et accepté, d'autre part la précondition de la libéralisation de l'ensemble de l'économie est plus discutée. Il n'existe pas un capitalisme mais des capitalismes.

Trois configurations émergent. D'une part, le modèle coopératif, qui est celui des pays sociaux démocrates mettant en œuvre un bon niveau d'éducation, une importante socialisation institutionnalisée. D'autre part, les pays anglo-saxons qui obéissent plus à une logique marchande, et dans laquelle la déréglementation et la concurrence sur les marchés sont très intenses conduisant à une baisse des prix pour les entreprises et les consommateurs. Enfin un troisième modèle est constitué par des pays qui, bien qu'ils n'aient pas ou peu connu le modèle fordiste, sont dans une phase de rattrapage accéléré.

Il n'y a donc pas un modèle linéaire unique qui serait le modèle américain mais des configurations. Le nouveau modèle de croissance ne nécessite pas la déréglementation du marché du travail et des produits. Seul le second paraît une condition nécessaire. De même, l'utilisation et l'introduction des nouvelles technologies sont plus importantes que leur seule production et leur effet de débouché. Toutefois, les comparaisons internationales entre pays doivent prendre en compte les dimensions de taille (population par exemple), les degrés d'ouverture, de spécialisation à l'échelle internationale, et de domination.

B. Les effets de domination et d'attraction américaines

Dans le dynamisme et sa traduction en termes de taux de croissance, la nouvelle économie de la croissance joue un rôle décisif, mais qui paraît renforcer les effets de domination exercée par la puissance américaine. Les rendements croissants qui caractérisent la croissance sont bien illustrés par l'approche de Paul Romer, théoricien de la croissance endogène. Dans cette optique, il s'agit d'expliquer le progrès technique et surtout de rendre compte de la non-convergence des économies. **En effet, la théorie néoclassique standard**, comme le modèle de Solow, affirme que dans un monde où les capitaux, les hommes et les techniques circulent, il devrait y avoir une convergence et un rattrapage des pays les plus développés par ceux qui le sont moins. Le processus de rattrapage et de convergence entre l'Europe et les États-Unis observé durant les Trente Glorieuses aurait dû ainsi se poursuivre. Or les États-Unis captent une part importante des capitaux de l'espace mondial et bénéficient aussi d'une immigration massive, notamment de personnes qualifiées et diplômés venant particulièrement d'Europe. D'une part, l'endettement extérieur des États-Unis augmente mais s'endettant dans leur propre monnaie, ils ne sont pas soumis à une contrainte de solvabilité globale, d'autre part, ils captent une partie importante des investissements du reste du monde dans les domaines de la formation et de l'éducation.

C. Les difficultés intrinsèques de la zone euro

Le dynamisme de l'économie américaine fait contraste avec l'atonie et le chômage élevé européen. L'écart peut s'expliquer aussi par des difficultés liées au projet européen lui-même.

D'une part, les politiques économiques menées dans le cadre de la zone euro, ont privilégié la stabilité monétaire comme condition de la croissance. D'où la mise en place d'institutions et de règles strictes dans ce cadre : indépendance de la Banque centrale européenne assez absolue avec un objectif unique de stabilité des prix, et Pacte de stabilité visant à juguler les déficits publics dans un premier temps, à revenir à l'équilibre puis à baisser le niveau des dépenses publiques de manière à baisser également les taux d'imposition sur les revenus et sur le capital. Cette politique promeut la concurrence, mais est contrastée par rapport aux pratiques américaines de politiques monétaires et budgétaires qui se sont montrées très souples et peu soumises aux dogmes monétaristes comme en Europe. Il s'ensuit que les politiques européennes ont une tendance déflationniste qui a conduit au sacrifice des investissements publics, notamment dans les domaines de la recherche et de l'éducation pour tenter de respecter les clauses de déficits publics.

D'autre part, la construction européenne connaît un problème d'action collective de par les difficultés liées à la fois à l'élargissement et à l'approfondissement. L'Europe n'est pas une zone monétaire optimale au sens de Mundell : les capitaux circulent, mais la mobilité des travailleurs est faible. De plus, la rivalité très forte y domine notamment sous la forme de la concurrence fiscale. Enfin, contrairement aux États-Unis, il n'y a pas un budget « fédéral » important susceptible de financer d'importantes dépenses communes ou d'assurer une régulation économique d'ensemble.

Conclusion

La disparité des taux de croissance entre les États-Unis et l'Europe depuis la fin des années 1980 est incontestablement liée au degré d'engagement différent des deux zones dans la nouvelle économie de la connaissance. Cependant, les raisons de ce diagnostic divergent quant à l'importance du degré de libéralisation des marchés et la similitude de situation structurelle des deux espaces.

Corrigé du sujet 3

Pourquoi la croissance ? La croissance pourquoi ? (ESSEC 1999)

Introduction

La réflexion sur la croissance économique débute en 1776 avec la publication du livre d'Adam Smith *Recherches sur la nature et les causes de la richesse des nations*. Cet ouvrage fondateur ouvre un programme de recherche encore inachevé, à savoir d'où viennent la croissance et la richesse, mais aussi pourquoi certains pays sont-ils riches et d'autres pas. Dans cette optique qui est la recherche d'un « pourquoi » de la croissance, des stades intermédiaires de réflexion semblent nécessaires, à savoir les moyens et les conditions. Mais la réponse à cette question du « pourquoi » est encore aujourd'hui incomplète, assez tôt on voit aussi se dessiner des interrogations sur la finalité même du processus : la croissance pourquoi ? John Stuart Mill, est le premier d'une lignée de penseurs qui va estimer qu'au-delà d'un certain seuil de richesse par tête, il vaut mieux que la croissance s'arrête pour laisser la place à des préoccupations plus élevées. Keynes souhaitait un avènement définitif du plein-emploi, qui conduirait les hommes à se préoccuper avant tout de questions artistiques et spirituelles. Marx lui-même ne voyait-il pas dans l'avènement futur du communisme une solution aux problèmes de l'humanité ? Aujourd'hui, la croissance pour la croissance est contestée, mais en même temps, on souhaite plus de croissance dans l'espoir de résoudre des problèmes de pauvreté, d'emploi, de financement des systèmes sociaux, voire même pour assurer la cohésion sociale. C'est cette ambivalence face à la croissance, à la fois désirée et crainte, que tente de surmonter le concept de développement durable.
On peut ainsi voir dans une première partie quels sont les fondements de la croissance, ou la croissance comme problème, et dans la seconde partie, jusqu'où la croissance peut être appréhendée comme solution.

I. La croissance économique comme problème explicatif (pourquoi la croissance ?)

A. Expliquer le « comment » de la croissance : les variables clés

Il y a un consensus chez les économistes pour dire que la croissance économique à long terme dépend de l'accumulation du capital. Plus précisément, Nicholas Kaldor a proposé comme fait stylisé l'observation empirique suivante : sur le long terme, le rythme de l'accroissement du produit par tête et le rythme de croissance du capital productif par tête sont similaires : le coefficient de capital, ou son inverse, la productivité du capital sont stables sur le long terme.
Cette relation très agrégée doit être cependant précisée, avec la question des rendements croissants.
a. Dans un premier temps, on constate au cours du temps que la croissance devient de plus en plus intensive. La part du volume des facteurs (capital, travail) diminue au profit de l'efficacité globale de la combinaison technique, ou produc-

tivité globale des facteurs. Pour croître il ne suffit pas d'accroître le volume des facteurs, il faut aussi se préoccuper de l'efficacité. Adam Smith a fourni une réponse : la clé de la richesse passe par la division et la spécialisation du travail. À l'intérieur des entreprises (la manufacture d'épingles), mais aussi entre branches, entre régions, entre nations. Le volume doit passer aussi par la multiplication des stades intermédiaires. Cette multiplication nécessite aussi, un accroissement des tâches de gestion, d'information, de coordination. Le travail indirect prend le pas sur le direct, ainsi que le « détour » de production. Nous voyons ainsi une filiation se dessiner de Smith aux théories de la croissance endogène d'aujourd'hui.

b. Dans un second temps, l'histoire économique, par l'intermédiaire des cycles longs, montre qu'aucun processus ne connaît une croissance indéfinie. L'Histoire apparaît soit comme une succession de cycles Kondratiev (Schumpeter), soit comme une succession de régimes de croissance (R. Boyer) soit enfin, et de manière non exhaustive, comme une succession de paradigmes technologiques ou de systèmes techno-industriels. Chacun de ces modèles connaît lui aussi un rendement décroissant. Mais chacun a été lié a des Innovations et des grappes d'innovation : innovations technologiques (produits, procédés), innovations de gestion (des firmes), innovations institutionnelles, juridiques etc.

B. Pourquoi les innovations fondamentales sont-elles possibles ?

a. Le premier niveau de réponse fut fourni par Schumpeter faisant de l'Entrepreneur innovateur, le démiurge qui rompt la circularité de l'économie grâce à la destruction créatrice. Mais Schumpeter avait trop tendance à sous estimer d'autres facteurs essentiels : le rôle des institutions sociales, le rôle du pays leader qui détermine la « frontière technologique », les politiques économiques.

b. Aussi un deuxième niveau de réponse est nécessaire. Qu'est-ce qui rend possible selon l'expression de D. Landes « l'invention de l'innovation » ? La réponse nous est fournie entre autres par l'École néo-institutionnelle et notamment D. North. Les facteurs de production et les progrès de productivité ne sont pas la cause de la croissance, mais la manifestation d'un processus beaucoup plus profond, qui réside dans les institutions qui facilitent la propension à innover dans une société.

Toute innovation présente un rendement social pour l'ensemble de l'économie, une externalité positive, mais doit présenter aussi un rendement privé pour l'innovateur lui-même sous forme de gain. La première révolution à la base est donc la définition de droits de propriété matérialisés par des brevets d'invention au début du XVIIIe siècle en Grande-Bretagne. Ceci n'est qu'une face du problème. L'État contractuel réduit l'incertitude et les coûts de transaction des agents. Cet État contractuel peut être libéral, mais on peut en voir des manifestations dans la Chine d'aujourd'hui qui dans le cadre de sa recherche de croissance réforme les différentes facettes de son droit économique. À la « main invisible » de Smith se substitue « la main invisible des institutions ».

II. La croissance économique comme dilemme (la croissance pourquoi ?)

A. Les solutions aux problèmes contemporains peuvent-ils venir d'un retour de la croissance ?

Dans le cadre de l'Europe aujourd'hui on constate que la croissance, ou plutôt la recherche d'un taux durable de l'ordre de 2,5-3 %, est perçue comme la solution aux difficultés. Jusqu'à quel point cette optique est-elle valable ?

a. Quelques problèmes fondamentaux dont on recherche la solution dans plus de croissance

Le taux de chômage. On sait qu'il faut un taux de croissance supérieur au taux de croissance de la productivité du travail pour assurer l'absorption de l'augmentation de la population active. De plus on considère que le taux de chômage persistant est une cause ou un facteur des problèmes de l'intégration et de la cohésion sociale. La période 1997-2000 qui a vu en France une création nette de 1,5 million d'emplois et une diminution du nombre de chômeurs de l'ordre de 1 million est considérée comme emblématique.

Dégager des ressources supplémentaires pour les finances publiques : pour assurer la soutenabilité de la dette et le financement des systèmes sociaux (santé, retraites) la croissance fournirait le « lubrifiant » en termes de recettes supplémentaires.

b. Mais la croissance suffira-t-elle ?

Les économies et les sociétés occidentales sont soumises à des défis totalement inédits, comme le vieillissement de la population. Le surcroît de croissance suffit-il à faire face au problème de la pyramide des âges ? En partie seulement, car comme pour les finances publiques en général, le surcroît de croissance peut assurer une solution à des problèmes de crises financières, mais pas nécessairement à des problèmes d'efficacité ou de légitimité pour reprendre le triptyque de Pierre Rosanvallon. Ce dernier aspect est crucial, car c'est la question des prélèvements obligatoires, du degré de socialisation des économies qui est posé depuis une trentaine d'années.

B. Mais cet espoir se heurte à d'autres agendas : les limites de la croissance à long terme

a. De la publication du rapport du Club de Rome en 1972 aux conférences actuelles sur le climat, ou au protocole de Kyoto, l'agenda des organisations s'est considérablement modifié. De solution, la croissance est devenue un problème. Peut-on poursuivre la croissance telle quelle avec ses gaspillages, ses effets sur l'environnement, le climat et l'épuisement des ressources naturelles ? Ces dilemmes posent plusieurs problèmes. Soit des problèmes de coopération internationale pour défendre les biens publics mondiaux, mais il y a le risque du chacun pour soi, débouchant sur un équilibre de Nash. Soit on considère que les pays ne se trouvent pas dans une étape identique de croissance et on demande aux plus avancés de faire plus de sacrifices pour permettre aux moins avancés d'obtenir un niveau de production et de revenu acceptable. Mais ces considérations se heurtent à des problèmes de projection. Des pays très peuplés comme la Chine ou l'Inde peuvent-ils atteindre des niveaux de vie comme ceux des pays développés sans dommages irréversibles pour la planète ?

b. Le développement peut-il constituer une solution à ces dilemmes ?

D'un côté on voit la thèse du développement durable, qui considère que la satisfaction des besoins de la génération présente ne doit pas compromettre celle des besoins des générations futures. Mais cette définition ne résout aucun problème, puisqu'il y a d'un côté les partisans de la soutenabilité faible qui estiment que les technologies et les mécanismes de prix devraient permettre des solutions grâce aux effets de substitution, et de l'autre les partisans de soutenabilité forte qui estiment qu'il existe des seuils critiques de ressources naturelles en deçà desquels la dégradation est irréversible. À l'opposé des solutions de marchés, se profilent des solutions plus autoritaires.

Conclusion

Mais même ces thèses du développement, comme conciliation entre croissance présente et croissance future, peuvent être remises en cause comme dans les thèses qui prônent la décroissance. La question « la croissance pourquoi ? » doit dans ce cas être entendue comme le rejet de son principe même.

Sujets d'oral

1. Croissance et inégalités (ESCP 2004).
2. Le rôle des externalités dans la croissance économique (ESCP 2004).
3. La croissance a-t-elle une fin ? (ESCP 2003)
4. Croissance équilibrée, croissance déséquilibrée (ESCP 2003).
5. Peut-il y avoir croissance sans épargne ?

Corrigé du sujet 1

Croissance et inégalités (ESCP 2004)

Introduction

La croissance est destruction créatrice, productrice d'écarts, d'inégalités. La réflexion économique se pose dès lors des questions à ce propos. Quel est le degré acceptable d'inégalités, sont elles ou non favorables à la croissance, celle ci finit elle par corriger le problème ? Ou faut-il accepter une limitation de la croissance ?

I. Une relation complexe entre croissance et inégalités

A. L'expérience historique des pays capitalistes

a. Sur le long terme, les deux siècles écoulés, la courbe de **Kuznets** montre deux phases : un accroissement du coefficient de Gini dans un premier temps, puis une réduction de celui-ci : la croissance à long terme semble être source de réduction des inégalités.
b. Cependant ces trente dernières années on assiste à une augmentation des inégalités, mais aussi au-delà des simples indicateurs quantitatifs, de la pauvreté, de la précarisation, de la désaffiliation (R. Castel).

B. Loin d'être un phénomène naturel, le phénomène obéit aux régulations du modèle de croissance capitaliste

a. Les phases du capitalisme concurrentiel du XIXe siècle et néoconcurrentiel d'aujourd'hui font des inégalités une source de croissance. L'économique d'abord, le social suivra : l'accumulation du capital nécessite une épargne concentrée et des incitations fiscales favorables.
b. La phase du capitalisme administré, dans la période keynésienne de l'État-providence triomphant, insiste au contraire sur le rôle positif du social et de la réduction des inégalités qui stimulent la demande.

2. La question essentielle du lien entre efficacité et équité

A. La position du « efficacité ou équité ? »

a. La tradition néoclassique, avec l'optimum de Pareto et les thèses de la productivité marginale ont prétendu résoudre le dilemme qui conduit à choisir entre équité et efficacité. Dans un modèle concurrentiel, l'optimum est atteint si chacun reçoit une rémunération correspondant à sa contribution. Ainsi, la justice commutative est assurée avec l'efficacité.
b. D'un autre côté J. Rawls refuse de subordonner la justice à l'efficacité et à la recherche de la croissance : les inégalités ne sont acceptables que si elles sont en faveur des plus défavorisés mais elles doivent respecter l'égalité des chances et le principe de liberté.

B. De la croissance au développement

a. La réduction des inégalités, non seulement de revenus, mais aussi d'accès à l'ensemble des Biens premiers est une manifestation du développement, dont la croissance est une condition, mais une condition discutée, notamment dans le cadre du Développement durable.
b. Les inégalités peuvent ainsi être étendues dans d'autres directions : équité entre générations, recherche du bien-être de la génération présente ne devant pas compromettre celui des générations futures, équité des relations Nord-Sud.

Conclusion

La relation entre croissance et inégalités est complexe car multidimensionnelle et évolutive dans les définitions. mais il semble qu'après une phase où la réduction des inégalités fut prioritaire, on s'oriente vers une tolérance plus grande au nom de l'efficacité.

Corrigé du sujet 2

Le rôle des externalités dans la croissance économique (ESCP 2004)

Introduction

Les externalités sont l'expression des conséquences de la vie économique et sociale, de l'interaction entre les hommes. D'une certaine manière la croissance est une externalité positive qui produit des externalités négatives. Jusqu'à quel point ces deux types d'externalités sont-ils compatibles ?

I. Les externalités positives à la base de la croissance

A. Les bases de la croissance économique

a. Chez Adam Smith et ses successeurs, la division du travail diminue le coût de production de chacun qui fait bénéficier ses partenaires de ses gains dans l'échange. Le système multilatéral conduit ainsi à l'existence de rendements croissants. L'ouverture économique est une autre manière d'augmenter les rendements.
b. La théorie de la croissance endogène a éclairé le rôle du progrès technique par le jeu des externalités : rôle des dépenses publiques d'infrastructures qui augmentent la productivité des agents du secteur privé, rôle de la connaissance et des dépenses de recherche qui produisent des biens qui ont rapidement le statut de bien collectif.

B. La manifestation des externalités conditionnées par les institutions

a. Les progrès de productivité proviennent des innovations, des investissements dans la recherche. Mais le problème est de faire coïncider le rendement social des innovations et le rendement privé de l'innovateur, comme facteur d'incitation.
b. D. North insiste à ce propos sur le rôle du droit et des brevets d'invention dans la genèse et l'efficacité des innovations. « L'État contractuel » réduit l'incertitude, les coûts de transaction et garantit les droits de propriété. Il peut être aussi bien libéral, que socialiste comme le montre la mise en place d'un système juridique en Chine.

II. Cependant, il y a aussi des externalités négatives qui menacent la croissance

A. Les externalités négatives

Elles se traduisent par la pollution, le bruit, l'encombrement qui non seulement diminuent le bien être des individus mais peuvent nuire aux conditions de la croissance future. En ce sens on n'est pas dans une situation Pareto optimale.
a. Dans un premier temps on peut choisir la solution de l'internalisation des externalités suivant les solutions de Pigou : réglementation, taxes, etc. mais les critiques de la réglementation étatique insistent sur les pertes de productivité dues à des « excès de réglementation ».

b. Dans un deuxième temps on peut insister sur le fait qu'il n'y a pas de solution sans coûts (R. Coase). L'essentiel est de trouver des solutions qui minimisent le coût social total, tout en ne pénalisant pas l'activité économique. La mercantilisation des droits (marchés des permis d'émission) est une solution possible qui peut se coupler avec une réglementation d'ensemble comme dans le protocole de Kyoto.

B. La répartition des externalités négatives

a. La croissance suppose des réformes institutionnelles, des remises en cause des techniques, des positions des différents groupes. Selon Pareto, il devrait être impossible d'améliorer la situation d'un individu ou d'un groupe si cela se traduit par la détérioration de la situation d'un autre. Ce principe protecteur des droits des individus est même temps très conservateur et fige les situations acquises qui peuvent être elles aussi source d'externalités négatives.

b. Aussi les réformes institutionnelles qui sont au centre de l'analyse de D. North supposent-elles un mécanisme de **compensation** qui permette aux perdants (ceux qui subissent une externalité négative) de recevoir de ceux qui bénéficient de l'externalité positive.

Conclusion

Le glissement des préoccupations de la croissance vers le développement semble donner la priorité à la lutte contre les externalités négatives. Mais toute solution est coûteuse, et la charge de cette priorité entre groupes sociaux et nations est un enjeu fondamental.

3 CRISES, CYCLES ET FLUCTUATIONS

L'essentiel

Les faits

Les économies capitalistes et industrielles sont marquées depuis deux siècles par des cycles, des crises, des fluctuations et des déséquilibres.

AU XIXe SIÈCLE ET JUSQU'EN 1940 (cycles majeurs ou cycles d'affaires) on observe ces **cycles d'affaires** (*Business cycles*) ou cycles **Juglar** qui ont une périodicité de 8-12 ans. Ces cycles sont marqués par des phases bien précises : **prospérité, crise, dépression, reprise**. Au cours du XIXe siècle les cycles Juglar se succèdent avec régularité : douze crises économiques se succèdent entre 1815 et 1914. Après la Première Guerre mondiale, le Juglar le plus célèbre sera le dernier : 1921-1934 avec la phase de crise en 1929-31.

- Ces cycles d'affaires vont selon John Hicks connaître au XIXe siècle **deux phases**. De 1820 à 1870 ce sera la période « **jevonnienne** » (du nom de Stanley Jevons) marquée par une intensité assez forte, puis une phase **de « cycles faibles »** entre 1870 et 1914, où la Grande-Bretagne de part sa maturité et sa domination réussit à atténuer l'intensité de ses crises.
- **Parallèlement à ces cycles Juglar ou majeurs**, on distingue des cycles plus courts ou Kitchin qui ont une périodicité de 3-4 ans et qui sont plus liés à des mouvements de stocks.

DEPUIS 1945 (expansion et ralentissement ; cycles de croissance)

- Dans la phase des **Trente Glorieuses**, les cycles disparaissent, remplacés par des **phases d'accélération et de ralentissement de la croissance**. Les taux d'ouverture des économies sont faibles, les systèmes financiers sont administrés et peu actifs, les États-Unis assurent une régulation d'ensemble. Les politiques actives keynésiennes de **socialisation** et de régulation de la conjoncture expliquent cette particularité des Trente Glorieuses.
- Après la période de stagflation 1975-1983, les cycles réapparaissent mais sous la forme de **cycles de croissance.** La production ne baisse qu'exceptionnellement, ainsi que les prix qui ne connaissent qu'un faible taux d'inflation. Deux cycles se sont manifestés notamment en Europe et particulièrement en France : 1986-1994 avec un sommet en 1989 et 1997-2001 avec un sommet en 2000. En valeur absolue ils ont la même périodicité mais se manifestent simplement par des variations du taux de croissance.

Les cycles longs ou Kondratiev

Les cycles longs ou Kondratiev sont d'abord des cycles de prix, auxquels on rattache des cycles de production. Ces cycles longs de production sont marqués par des grappes d'innovations qui bouleversent le système économique et social (« **la destruction créatrice** » selon Schumpeter).

Nom du cycle	Période	Sommet du cycle	Industrie motrice
Révolution industrielle	1785-1845	1815	Industrie textile
Bourgeois libéral	1845- 1890	1865	Chemin de fer
Néomercantiliste	1895-1940	1914	Électricité, chimie, pétrole
Société de consommation	1945-1995	1975	Consommation des ménages
Nouvelle Économie	1995	?	Nouvelles technologies

Les outils

Cycle endogène ou exogène ? L'**endogénéité** suppose que le cycle se nourrit de lui-même, les évolutions de la phase de hausse expliquant la phase de baisse : la cause de la dépression c'est la prospérité antérieure.

En fait on peut décomposer les cycles soit en deux phases (hausse A et baisse B) soit en quatre phases : prospérité, crise, dépression, reprise.

Le cycle est dit exogène, lorsque la crise ou le retournement est dû à un choc extérieur : monétaire, technologique, politique, naturel etc. Cette vision du cycle exogène est défendue par les théoriciens néoclassiques pour lesquels l'état normal d'une économie concurrentielle ne peut être que le plein-emploi, les déséquilibres n'étant que passagers. On parle alors pour ces cycles « exogènes » de **cycles à l'équilibre.** Le choc perturbe la situation d'équilibre optimal des agents, qui vont ainsi modifier soit leur offre (de biens, de travail) soit leur demande, soit leur patrimoine jusqu'à ce qu'ils aient retrouvé un nouvel équilibre. C'est la durée d'adaptation entre l'ancien équilibre et le nouveau qui constituent le cycle exogène. Par opposition les théoriciens hétérodoxes (Marx, Keynes) privilégient l'idée de cycle endogène : pour eux **l'état normal d'une économie capitaliste est celui de déséquilibres.**

Quelques cycles particuliers

Au-delà des cycles généraux dans lesquels toutes les variables sont en phase (hausse rapide de la production, des prix, de l'endettement et des crédits bancaires) on peut noter qu'il existe aussi des cycles particuliers.

Cycles de répartition : le partage de la valeur ajoutée entre profits et salaires. Durant la phase d'accélération de la croissance et des prix, la part des profits dans le revenu national augmente ce qui stimule les décisions d'investissement et l'endettement. Progressivement la hausse des salaires diminue les parts des profits et lors de la phase de dépression, la part des profits s'effondre (le **cycle de Godwin**).

Crises et dépressions

Le terme « crise » renvoie selon les usages à des réalités différentes.

Dans le cadre des **phases des cycles**, la crise suit la prospérité et la récession. C'est un moment précis toujours marqué par un krach boursier ou une crise bancaire. La crise ouvre la voie à la dépression. Sa phase symétrique est la reprise, qui généralement est plus longue et incertaine.

De manière plus **structurale**, la crise représente, la période intermédiaire durant laquelle un système global s'essouffle, tandis que le nouveau système peine à se mettre en place :

- **La dépression** est une situation durable de sous-activité, de chômage massif, qui renvoie au concept de déséquilibre. Historiquement on compte deux grandes dépressions : 1882-1895, 1929-1940. Le Japon connaît une dépression et une déflation financière depuis 1992. La situation de la zone euro avec sa « croissance molle » depuis 1992 peut aussi s'assimiler à une forme de dépression.
- **Le déséquilibre** est une situation d'équilibre stable mais qui n'est pas optimale. Il se caractérise par un **rationnement.** Le cas le plus connu est le déséquilibre de sous-emploi, théorisé par Keynes, un chômage durable sans qu'aucun mécanisme automatique n'intervienne pour le corriger.

  D'une manière plus large le déséquilibre est caractérisé par un désajustement des quantités. Entre producteurs et vendeurs, entre emprunteurs et prêteurs. L'offre et la demande sont inégales, l'ajustement se fait par les quantités du côté le plus faible (l'ajustement est dit du « côté court »).

Fluctuations, volatilité, instabilité

L'expression « fluctuation » désigne les mouvements à la hausse ou à la baisse des variables. Elle est parfois assimilée au terme « cycles ». On peut aussi utiliser les termes de **volatilité et d'instabilité.** Ces deux termes renvoient à des mouvements de plus courte durée, des taux de croissance, des cours (des actions, prix des matières premières, taux de change). L'instabilité des variables peut être un élément important d'incertitude pour les agents économiques. Les phases de libéralisation et de déréglementation des marchés notamment financiers sont marquées par une volatilité accrue.

Références théoriques

La théorie néoclassique postule que dans un monde d'économie de marché parfait, l'état normal est l'équilibre de plein-emploi. Les déséquilibres ne peuvent être que passagers et il existe des mécanismes automatiques de rééquilibre, grâce à la flexibilité des prix et la recherche d'une nouvelle solution optimale par les agents : on parle ici de **cycles à l'équilibre,** le système économique de marché étant par essence équilibré. Cette approche trouve son origine dans la **loi de Say,** puis dans le modèle de Walras, jusqu'à sa synthèse Arrow-Debreu ; pour aboutir aux formes plus contemporaines : nouvelle macroéconomie classique, théorie des cycles réels.

La nouvelle macroéconomie classique (Robert Lucas) : le système de marché est **complet** (chaque bien et service possède un marché y compris à terme) et **efficient** (le système des prix assure l'équilibre offre-demande) et les agents dotés **d'anticipations rationnelles.** La **théorie des cycles réels** (*Real business cycles*) insiste sur les chocs naturels ou technologiques (modification de la productivité, des goûts, etc.), la monnaie étant complètement évacuée des modèles.

LA PENSÉE NÉOCLASSIQUE connaît aussi des formes moins radicales. Le **monétarisme** de M. Friedman, pour qui la monnaie est perturbatrice et non neutre. Il faut donc la neutraliser autant que possible par des règles d'émission monétaire. **Les Autrichiens** (F. Hayek) rompent quant à eux avec les modèles d'équilibre néoclassiques standards : la monnaie n'est pas neutre, l'information marquée par l'ignorance et l'incertitude, le futur résultat des actions actuelles des hommes est contingent. Le déséquilibre est la norme, mais seule une économie de marché peut rééquilibrer en permanence le système.

LA PENSÉE DE KEYNES dans la *Théorie générale* (1936) insiste sur deux points : il existe une possibilité d'équilibre de sous-emploi stable (produit insuffisant et chômage important) dû non pas aux imperfections des marchés mais à l'efficacité marginale du capital faible déterminée par les prévisions et les anticipations des entrepreneurs. Il n'y a pas de mécanisme automatique de sortie de la dépression. Au contraire, une économie livrée au marché pur connaîtrait une sous-optimalité. Seule une politique publique de dépenses faisant jouer le multiplicateur peut à court terme corriger les imperfections du système.

LES KEYNÉSIENS CONTEMPORAINS insistent sur les déséquilibres durables. Cette pensée s'est développée en deux temps. La première, dans les années 1960, la **Théorie du déséquilibre** avec Clower, Leihonhujvud et Malinvaud, montre que si les prix sont rigides et l'information imparfaite, il peut exister des déséquilibres durables et des rationnements (les travailleurs sont rationnés sur le marché des biens, les producteurs font face à une demande de biens insuffisante). Dans les années 1980, **les néo-keynésiens** (Mankiw, Stiglitz) ont expliqué l'existence de ces sous-emplois et rationnements durables : les prix et les salaires sont rigides et il est rationnel qu'ils n'obéissent pas à la logique du marché (salaire d'efficience, coûts de catalogue).

J. A. SCHUMPETER (1883-1950) est le théoricien, des cycles longs ou cycles Kondratiev qu'il a développé d'abord dans la *Théorie de l'évolution économique* (1911) puis dans *Business Cycles* (1939) où il analyse les cycles Kondratiev comme liés à des grandes phases d'innovations en grappes et concentrées sur la phase de reprise du cycle, le personnage essentiel étant l'**entrepreneur innovateur** (innovations de produits, de procédés, de méthodes de gestion, etc.).

LA PENSÉE MARXISTE s'est intéressée à partir de la pensée classique au rôle du profit et du taux de profit. Celui-ci représente la variable clé du système capitaliste comme base de l'accumulation. L'analyse se déploie en deux temps : la tendance à très long terme de la **baisse tendantielle du taux de profit** qui conduit à la chute finale du capitalisme ; la tendance à l'instabilité et au déséquilibre du fait de la décentralisation des décisions et des divergences entre les décisions du secteur des biens de consommation et celles du secteur des biens d'investissement. Dans un modèle de **reproduction élargie**, la production de biens de production et la production de biens de consommation ne progressent pas de manière synchronisée et équilibrée. Apparaissent donc des déséquilibres de crises qui se traduisent par une suraccumulation et une sous-consommation.

QUELQUES MÉCANISMES DE BASE DU RÉEL AU FINANCIER

Le multiplicateur d'investissement : la variation de l'investissement, **ΔI**, induit une variation du revenu **ΔY**, plus que proportionnelle **$\Delta Y = \Delta I/s$**, ou **s** est la propension marginale à épargner. L'effet multiplicateur tend vers une limite. **L'accélérateur** donne l'investissement induit **I_t** dans une période en fonction du coefficient de capital **k** : **$I_t = k(D_t - D_{t-1}) + I_0$.** Le principe de l'accélérateur dit que pour qu'il n'y ait pas de crise, la demande globale D doit progresser à un taux constant ou de plus en plus rapide : l'accélérateur implique une instabilité et des cycles d'investissement qui conditionnent les cycles du PIB.

L'oscillateur de Samuelson combine les deux, accélérateur et multiplicateur. Selon l'importance respective de ***s*** et de ***k***, la conjoncture évolue selon des profils : croissance ralentie mais stable (effet multiplicateur fort, accélérateur faible), croissance exponentielle (effet multiplicateur et accélérateur forts), cycles qui s'amortissent (effet multiplicateur et accélérateur faibles), cycles amplifiés (effet multiplicateur faible et accélérateur fort).

Le modèle **Harrod-Domar** ou modèle du **fil du rasoir** explique les risques soit d'inflation cumulative soit de dépression : l'investissement d'une année génère un effet de capacité qui augmente l'offre **$\Delta Y = I/k$** ; la variation de l'investissement par rapport à la période précédente génère un effet de demande supplémentaire **$\Delta Y = \Delta I/s$** (mécanisme du multiplicateur) ; si l'effet supplément de l'offre est égal à l'effet supplément de demande il y a équilibre. Sinon on peut avoir dépression cumulative (O > D) ou croissance inflationniste (D > O).

Les variables financières interviennent dans le cycle par le **canal monétaire** et le **canal du crédit. En l'absence de rationnement du crédit,** le canal monétaire fait jouer la comparaison du taux de rentabilité anticipé et du taux d'intérêt, comme dans l'effet de levier.

L'effet de levier d'endettement $R_f = R_e + (R_e - i)\lambda$. Le canal du crédit fait intervenir le rationnement quantitatif par les banques, qui peuvent rationner les clients selon les risques ou la richesse nette qu'ils peuvent apporter en garantie à leurs emprunts.

Pour **Irving Fisher en 1933** *(La Théorie de la grande dépression par la déflation et la dette)*, la dépression naît de la conjonction de deux variables : le surendettement et la fermeture du système de crédit. Les agents pour se procurer des liquidités vendent leurs actifs et repoussent leurs achats. Ceci accélère la baisse des prix qui alourdit encore plus la dette.

Cette approche est reprise par **Hyman Minsky**, économiste américain post-keynésien qui théorise la **fragilité financière** et les **risques de système** en distinguant trois types de financement : **prudent** (les recettes doivent couvrir les emprunts à chaque période) **spéculatif** (les recettes doivent couvrir l'endettement dans le long terme) **et ultra-spéculatif** (on s'endette pour payer ses dettes).

Gregory Mankiw, insiste sur la **richesse nette des entreprises** (patrimoine *moins* dettes), comme base d'évaluation des prêts. En période de difficultés (surendettement, hausse des taux d'intérêt), la richesse nette des entreprises diminue (la hausse des taux fait baisser la valeur du patrimoine et les banques peuvent rationner complètement leur crédits (*credit crunch*). Le risque de système est alors la **crise financière** (*financial collapse*). Dans la phase la plus aiguë des crises de déflation financière les préteurs ne veulent plus prêter car ils ont de mauvais bilans et les emprunteurs ne veulent plus emprunter car ils sont surendettés (exemples : années 1930 aux États-Unis, Japon des années 1990).

Les questions micro/macro

- Efficacité des politiques macroéconomiques
- Le modèle IS LM
- L'asymétrie d'information et équilibre de marché

Sujets d'écrit

1. Toute crise économique n'apparaît-elle pas aussi comme une crise de l'analyse économique ? (ESSEC 1998)

2. Les rythmes de l'innovation expliquent-ils fondamentalement les rythmes de l'économie ? (ESCP 2003)

3. En quoi les crises économiques et financières majeures marquent-elles une étape dans le développement économique et social ?
On se placera dans une double perspective : historique, depuis le début du XIXe *siècle, et économique.* (HEC 2002)

Corrigé du sujet 2

Les rythmes de l'innovation expliquent-ils fondamentalement les rythmes de l'économie ? (ESCP 2003)

Introduction

L'expérience depuis deux siècles a fait prendre conscience que l'évolution économique, ses rythmes obéissent à des cycles longs qui se divisent eux-mêmes en cycles plus courts. Le volume et le rythme des investissements et de l'accumulation du capital, matériel mais aussi immatériels, déterminent les taux de croissance sur une longue durée, mais cette évolution n'est pas continue et équilibrée, les cycles et fluctuations montrant une sorte de régularité empirique. Les investissements eux-mêmes ne sont pas une uniquement une question de volume. Si le rythme de la production s'accroît avec l'accroissement du volume du capital lui même, cette évolution ne suffit pas à cerner le phénomène. En effet tout investissement nouveau, dans les procédés, dans les produits, dans les formes d'organisation incorpore des innovations, du progrès technique qui se situent en continuité, mais aussi en rupture avec ce qui précède. De ceci il découle que les rythmes de l'économie sont influencés à la fois par le volume de l'investissement, mais aussi par le progrès technique et les innovations incorporées. Si bien que se demander si les rythmes de l'innovation expliquent *fondamentalement* les rythmes de l'économie, suscite une réponse nuancée qui tourne autour de l'interprétation que l'on peut donner au terme « fondamental ». S'il n'y avait pas d'innovations, mais seulement une croissance en volume du capital, n'y aurait-il pas de rythmes (cycles, crises, inflexions du trend de croissance) ? La réponse est négative puisque les variations du volume induisent des accélérations et des ralentissements, voire des crises économiques sévères. Qu'apportent donc les innovations de plus fondamental dans cet ensemble ?

I. En l'absence d'innovations, la vie économique connaît des rythmes très marqués

A. Sur le long terme, le taux de croissance est déterminé par le taux d'accumulation du capital

a. Dans les modèles classiques et marxiste, le système capitaliste est déterminé par l'accumulation du capital, elle-même conditionnée par le montant et le taux de profit. Le rythme soutenu qui fait passer de la « reproduction simple », l'état stationnaire *initial*, à l'état stationnaire *final* est marqué par une phase intermédiaire de reproduction élargie. Pour Marx, l'élargissement des capacités de production aura une fin à cause de la baisse tendancielle du taux de profit.
b. Les modèles plus récents, post-keynésiens, reprennent en fait la même idée. **Nicholas Kaldor** a signalé l'existence d'un **fait stylisé** remarquable sur le plan empirique : sur le long terme, le taux de croissance du PIB par habitant est quasiment égal au taux d'accumulation du capital par tête (taux de croissance du capital). Ce qui veut dire qu'à long terme la productivité du capital, ou sa formulation inverse le coefficient de capital, sont relativement stable. La forte croissance des Trente Glorieuses s'explique ainsi par un taux d'accumulation du capital élevé, alors que le ralentissement ultérieur est dû lui à un ralentissement de l'accumulation du capital.

B. À plus court terme, il a des rythmes, des cycles et des déséquilibres qui s'expriment

a. Dès le XIXe siècle, Marx avait déjà insisté dans le livre II du *Capital* sur les déséquilibres de la croissance et les crises récurrentes dues à l'accélération de l'accumulation et la décentralisation des décisions : crise de suraccumulation et de sous-consommation. Clément Juglar lui-même dans son analyse du cycle d'affaire a insisté sur cette vérité : s'il y a crise et dépression, c'est qu'il y a eu prospérité auparavant. Le rythme de l'économie ne peut croître de manière continue, donc ici il y a un aspect fondamental, au sens d'inévitable et de nécessaire. Le mécanisme de l'**accélérateur** explique et décrit de manière convaincante cet aspect.
b. Ces phénomènes réels (investissement, consommation) sont relayés par les aspects financiers qui accompagnent mais aussi amplifient les phénomènes réels. Dans la phase de prospérité, le boom s'accompagne d'un crédit abondant, l'effet de levier d'endettement qui permet de répondre aux anticipations des produc-

teurs sans être contraint par une épargne préalable. Mais l'inversion se produit par le surendettement qui après avoir amplifié le processus réel dans le sens de la hausse, l'amplifie aussi sur le plan de la baisse.

c. On voit donc au terme de cette première partie, que même avec des évolutions en simple volume (d'investissement, de crédit bancaire), il y a des rythmes de long terme et de plus court terme qui présentent à la fois une régularité et une prévisibilité. Ainsi on peut dire qu'en ce sens, en l'absence d'innovations il y a des explications fondamentales aux rythmes économiques. Pourtant, l'expérience nous montre l'importance des innovations dans tous les domaines.

II. Les innovations sont le substrat matériel et institutionnel des évolutions quantitatives

A. L'évolution et la croissance économique de long terme ne sont pas continues et régulières.

a. À la suite des travaux initiés par Nicolas Kondratiev puis par Schumpeter, on peut discerner des évolutions cycliques de longue durée liées à des grappes d'innovations fondamentales.

b. Cinq grands cyles de la conjoncture ont été mis en lumière sur le plan empirique même si les interprétations divergent entre les schumpétériens et d'autres approches. Les trois premiers grand cycles sont : le cycle de la révolution industrielle lié à l'industrie textile (le coton) ; le cycle de Bourgeois lié après 1945 à la diffusion du chemin de fer ; le cycle néomercantiliste lié à l'industrialisation rapide de l'Allemagne et des États-Unis qui sont concentrés sur le pétrole, l'électricité. Au XXe siècle les discussions ont été renouvelées à propos de deux nouveaux cycles. L'un qui a couvert la seconde partie du siècle et a été lié à la société de consommation de masse, puis dans l'époque contemporaine par l'émergence d'un nouveau cycle de croissance lié à l'introduction des nouvelles technologies de l'information et la communication. Ce nouveau cycle, s'il était confirmé, devrait couvrir la première moitié du nouveau siècle.

B. Comment les innovations conditionnent-elles ces rythmes ?

a. Les innovations conditionnent les rythmes de l'économie de trois manières. Tout d'abord un **effet de débouché** ou d'extension des marchés. Les produits qui sont à la base d'une nouvelle révolution technologique connaissent l'évolution selon le cycle du produit : apparition, diffusion de masse, ralentissement des débouchés puis stagnation. Chaque produit ne couvre pas nécessairement la totalité de la durée du cycle, il y a des transformations et des innovations internes à l'intérieur du produit : ainsi au téléviseur noir et blanc succède le téléviseur couleur au début des années 1970.

b. Ensuite, un **effet de productivité** puisque les innovations de procédé et d'organisation génèrent une accélération de la productivité du travail notamment et des progrès de la productivité globale des facteurs. Ainsi dans le domaine du travail, se sont succédé, le taylorisme fordien, puis le toyotisme.

c. Enfin un **effet de réorganisation**. À travers les deux effets précédents, ce sont non seulement des mécanismes d'accélération des valeurs nominales qui se manifestent, mais une transformation des structures sociales : transformation des manières de travailler et de produire, de la spécialisation régionale et internationale, des modes de vie (loisirs, mobilité sociale etc.). Ainsi selon les théoriciens on peut assister à une « métamorphose » (G. Mensch) où l'apparition de « Nouveau paradigme technologique » (Freemann et Perez). Les rythmes sont ainsi fortement liés aux innovations : reprise lente et incertaine quand les innovations nouvelles ne prennent pas suffisamment vite le relais des anciennes qui s'essoufflent, ou que les modes de travail et de production ne s'adaptent pas assez rapidement ? Accélération et croissance rapide quand le mouvement est lancé, épuisement final des innovations et des formes sociales qu'elles avaient générées.

Conclusion

L'évolution économique n'est pas un processus continu et linéaire dans la très longue durée. Il y a des phases dans lesquelles se manifestent quantitativement les effets des variations en volume des investissements. Mais ceux-ci renvoient aux cycles d'innovations qui structurent de manière fondamentale les rythmes économiques.

Corrigé du sujet 3

En quoi les crises économiques et financières majeures marquent-elles une étape dans le développement économique et social ?
On se placera dans une double perspective historique, depuis le début du XIXe siècle, et économique. **(HEC 2002)**

Introduction

Depuis le début du XIXe siècle on assiste à la fois à une augmentation du niveau de vie par habitant (PIB par tête) et à la succession de crises économiques, financières et de dépressions. Parmi ces crises, certaines marquent une étape de transformation structurelle des systèmes économiques et sociaux, tandis que d'autres n'apparaissent qu'en tant qu'un ajustement du système. D'où un premier aspect de la réflexion qui pourrait s'énoncer de la manière suivante : **les crises majeures sont-elles nécessaires à la poursuite de la croissance ?** Mais poser le sujet en terme de pure croissance quantitative n'épuise pas cependant le champ de celui-ci puisque le développement économique et social va bien au-delà du simple indicateur quantitatif : pour reprendre l'expression de John Rawls, le développement suppose l'accès du plus grand nombre aux **biens premiers** (revenus, éducation, protection, environnement, participation politique et pouvoir). Ainsi, si la définition de la croissance reste d'une certaine manière inchangée en termes quantitatifs, il y a au contraire une historicité du concept de développement économique et social : passant de la protection sociale au sens traditionnel du terme au XIXe siècle à une conception élargie, comme le montrent les multiples définitions du développement durable ou les nouveaux indicateurs de richesse.

Si l'on peut considérer que la croissance dans un premier temps est une précondition au développement nous pouvons ainsi voir en quoi ces crises sont des étapes majeures nécessaires de sa continuation, pour voir dans un second temps les conceptions changeantes du développement économique et social qui représentent des inflexions importantes dans la conception même de la croissance.

I. La crise majeure comme condition de poursuite de la croissance

A. L'histoire économique depuis deux siècles est scandée par des crises majeures de régulation du système

Plusieurs approches confirment cette analyse.

a. Dans le cadre de la théorie des cycles longs initiée par Joseph Schumpeter, il existe des périodes d'accélération et de ralentissement économique correspondant à la grande diffusion des innovations fondamentales. Successivement, l'industrie textile et la machine à vapeur, les chemins de fer, le pétrole, la chimie et l'électricité, la consommation de masse des ménages et aujourd'hui les nouvelles industries de la communication et de l'information.

b. De manière similaire, on trouve dans la théorie de la régulation issue des travaux de Michel Aglietta et Robert Boyer, l'idée que l'on peut distinguer les petites crises et les **grandes crises** à l'intérieur d'un mode de régulation. Celui-ci signifie que la cohérence de l'ensemble est assurée par la complémentarité des grandes fonctions macroéconomiques (consommation, investissement, système de crédit, dépenses publiques). Ainsi ils distinguent successivement le mode concurrentiel du XIXe siècle et le mode administré de l'après-Seconde Guerre mondiale. La petite crise représente un déséquilibre à l'intérieur du système sans que celui-ci ne soit mis en danger car il possède des mécanismes susceptibles d'assurer le retour à un équilibre. En revanche, la grande crise est une crise du système lui-même qui doit laisser la place à un nouveau.

Ainsi sur le plan historique, depuis deux siècles a-t-on assisté à des périodes dites de grande dépression et de stagnation : de 1880 à 1895, puis les années 1930 et enfin des années 1990 à nos jours tout au moins en Europe.

B. La crise inévitable ?

Chaque phase de prospérité est suivie par une phase de récession (ou ralentissement) ou de stagnation ou dépression. La signification de cette régularité signifie qu'un mode de croissance ne peut pas se perpétuer, qu'il engendre sa propre limite, et doit se renouveler pour continuer son existence. Ceci diffère du modèle marxiste qui voit dans la chute finale du système capitaliste une issue inéluctable compte tenu de la baisse tendancielle du taux de profit. Or si l'on observe les évolutions des taux de profit et de la productivité du capital, on constate que s'il y a effectivement des périodes de baisse qui précèdent la récession et la dépression proprement dite, il y a aussi des restaurations. Ceci s'observe notamment dans la seconde moitié du XXe siècle où ces variables commencent à baisser dès 1965 pour se redresser dans les années 1980. Sur un plus long terme, il y a un parallélisme saisissant entre les cycles de productivité et les cycles économiques.

II. Les transformations du concept de développement comme fondement des crises majeures de la croissance

A. Le concept de développement économique et social s'est élargi au cours des deux siècles de croissance

a. Dans un premier temps, il a correspondu à l'émergence du problème du paupérisme et de la nouvelle question sociale issue de l'industrialisation. Le principe du contrat et de la responsabilité individuelle ont été remis en cause progressivement au cours du XIXe siècle, mais de manière très inégale selon les grands pays industriels. L'Allemagne très en avance avec les lois de Bismarck, la France retardataire. Tous ces éléments vont se développer et converger vers l'État-providence après 1945 en France pour assurer les risques individuels : maladie, vieillesse, emploi pour progressivement connaître des limites liées à la crise économique elle-même, mais aussi à des évolutions plus structurelles comme le vieillissement des populations qui affecte les systèmes de retraite et de santé.
b. Dans un second temps, il y a eu un élargissement du concept de développement économique et social que le sociologue Ronald Ingelhart a désigné sous le nom de **valeurs postmatérialistes**. Aux aspirations de sécurité économique (plein emploi, pouvoir d'achat assuré, protection contre les risques) s'ajoutent désormais des nouvelles liées à la qualité de la vie urbaine et de l'environnement, la recherche de la participation à la vie politique et sociale, la qualité de la vie en général. Cette vision nouvelle apparaît au tournant des années 1970 comme une critique de la société de consommation.
c. Enfin, les thèmes du développement durable à partir de la publication du **Rapport Brundtland en 1987** : il faut développer l'équité entre générations, mais aussi dans les rapports Nord-Sud, en prenant en compte les risques de dégradation de l'environnement et l'épuisement des ressources naturelles.

B. Cet élargissement du concept de développement économique et social conduit à une crise majeure du concept de croissance

a. Le premier aspect, la protection contre les risques individuels remet en cause de la croissance comme priorité à l'économique à tout prix. Non seulement, cela entraîne des tensions sociales fortes comme le développement du mouvement socialiste au XIXe siècle le montre, mais en plus c'est la poursuite même de la croissance qui est en jeu. La protection sociale comme une des nouvelles conditions de la reprise de la croissance : le social est au service de l'économique, selon R. Boyer. Dans les modèles d'évolution de Schumpeter, on observe aussi que les grandes phases d'innovation du XIXe siècle (les chemins de fer, puis l'électricité, la chimie et le pétrole) concernent essentiellement la mise en place d'un équipement industriel de production. La faible protection sociale et les bas salaires déterminent ainsi des capacités d'accumulation, par le sacrifice et l'épargne forcée des ménages. La crise des années 1920-30 marque la fin du processus. Désormais le développement est entendu au sens d'accès aux biens de consommation.
b. Les aspects suivants montrent que les nouvelles exigences du développement prennent en compte les dégâts d'une croissance trop exclusivement marquée par la recherche du quantitatif, dans une conception trop étroite du système économique. L'élévation du niveau de vie et d'éducation génère de nouvelles aspirations, base de la croissance nouvelle, mais aussi une remise en cause de ses fondements actuels, notamment dans le domaine énergétique (pétrole, effet de serre, etc.).

c. La nouvelle phase d'innovation qui se dessine, basée sur les technologies de l'information et de la communication, est plus ambivalente. D'une part, elle semble pouvoir répondre aux inquiétudes liées à une croissance basée sur l'énergétique, mais d'autre part, elle favorise une grande libéralisation et une concurrence des marchés au niveau mondial qui fragilise ou remet en cause les acquis antérieurs du développement économique et social, comme la protection sociale.

Conclusion

On observe une tendance à la croissance à long terme, mais aussi à l'intérieur des phases, des cycles longs qui font apparaître des ruptures et des fondements nouveaux à chaque étape. Mais progressivement le développement économique et social s'est imposé et s'est transformé également. D'une part, il peut apparaître comme une condition de continuation de la croissance, d'autre part, de manière plus autonome, il induit une crise du concept de croissance lui-même. La situation actuelle est plus ambivalente. D'une part, il y a une extension du développement autour des thèses de la soutenabilité qui remettent en cause la croissance trop quantitative, mais d'autre part, il y a une remise en cause des acquis antérieurs du développement économique et social. La tentation est forte dans beaucoup de pays du Nord comme du Sud de donner à nouveau priorité à la croissance économique.

Sujets d'oral

1. La crise des années 1970 : chocs d'offre, chocs de demande ? (ESCP 2004)

2. L'État peut-il être à l'origine des crises ? (ESCP 2003)

3. Croissance équilibrée, croissance déséquilibrée. (ESCP 2003)

4. Existe-t-il des crises du capitalisme ? (ESCP 2005)

5. Comment la nouvelle macroéconomie rend-elle compte des fluctuations économiques ? (ESCP 2001)

Corrigé du sujet 5

Croissance équilibrée, croissance déséquilibrée. (ESCP 2003)

Introduction

Le concept de croissance équilibrée est-il autre chose qu'un oxymore ou un idéal à atteindre ? C'est ce que laissent à penser ses utilisations aussi variées que multiples. Mais le propre de la croissance n'est-il pas au contraire d'être déformation structurelle, destruction de l'ancien par le nouveau ? Selon Schumpeter, il est illusoire de vouloir séparer la croissance des crises comme on sépare les amygdales du reste du corps. Toute croissance est nécessairement déséquilibrée ou conduit à des déséquilibres. Dès lors sur le plan historique, la question qui a progressivement émergé a été de prévenir ou de guérir les déséquilibres et de ne pas se contenter d'un « laisser faire » qui trouve sa solution *ex post* dans une « purge ».

I. La croissance équilibrée : une utopie à définitions variables ?

A. La croissance équilibrée comme sentier régulier d'expansion avec des cycles à l'équilibre

Cette première définition suppose qu'un trend de croissance régulière est possible, et s'inscrit dans la vision néoclassique d'une économie de marché autorégulée, dans laquelle il s'agit de dépolitiser la politique économique (c'est-à-dire la soustraire aux contraintes électorales, inscrire les règles de concurrence dans la durée ou en d'autres termes, les constitutionnaliser).
Cette thèse prend en compte les chocs technologiques exogènes qui déplacent le trend de la croissance : c'est la **théorie des cycles réels.**

B. Du côté keynésien, l'utopie d'une société permanente de plein-emploi

Cette deuxième définition prend en compte le caractère instable et la nature endogène des cycles et des déséquilibres. La croissance équilibrée se définit comme celle qui assure le plein-emploi. Mais cela est l'objet d'une politique très volontariste au prix de déséquilibre dans certains domaines de l'activité : par exemple l'acceptation d'un taux d'inflation élevé.

II. La croissance équilibrée est un oxymore : on ne peut séparer la croissance des crises comme on peut séparer les amygdales du reste du corps (Schumpeter)

A. Historiquement on observe des cycles longs et des cycles courts

– Les cycles longs correspondent aux vagues d'innovations de type Kondratiev.
– Les cycles plus courts de type Juglar (cycles des affaires), après avoir donné l'impression de disparaître durant les Trente Glorieuses, apparaissent nettement sous la forme de cycles de croissance. Par exemple dans le cas de la France on observe un

cycle de croissance 1986 (89) - 1994, puis à nouveau 1997 (2001-2002).
Ces multiples fluctuations qui montrent une grande régularité et une grande prévisibilité ne peuvent être uniquement attribuées à des excès d'organisation,

B. La croissance déséquilibrée, phénomène...

a. ... inévitable : la croissance est basée sur l'innovation, l'investissement et le crédit abondant. Ceci produit des phases d'amplification à la hausse qui lors de l'épuisement des phénomènes se traduisent par le surendettement, la déflation. Comme le dit Juglar : « La cause de la dépression, c'est la prospérité ».
b. Vouloir l'éviter serait aussi renoncer à la croissance. Mais des politiques appropriés peuvent réguler le système, empêcher un trop fort emballement et inversement éviter que le retournement ne conduise à une dépression trop forte, par des politiques contracycliques, ou plus structurellement par le rôle du prêteur en dernier ressort.

Conclusion

La croissance équilibrée est un modèle idéal ou, mieux, un mythe. Toute croissance est tensions, déséquilibres, crises futures. Refuser ces inconvénients, c'est refuser le principe même de la croissance. Une solution intermédiaire réside dans une politique économique efficace.

Corrigé du sujet 6

Existe-t-il des crises du capitalisme ? (ESCP 2005)

Introduction

La dynamique à long terme du capitalisme a toujours retenu l'attention des plus grands théoriciens, au prix de prédictions parfois hasardeuses, comme l'etat stationnaire inévitable des classiques ou la chute de capitalisme selon Marx ou Schumpeter. Au-delà de ces prédictions, s'interroger sur le capitalisme et la crise revient à sérier deux types de questions. Soit parler de capitalisme au singulier ou de capitalismes au pluriel, soit de parler de crise au singulier, comme grande crise ou crise finale, ou de crises au pluriel, comme crise d'un type de capitalisme qui débouche, non sur la fin du capitalisme, mais sur le passage d'un modèle à un autre. Ainsi donc on peut répondre à des questions très proches. Oui à la question « existe-t-il des crises des capitalismes ? ». Non pour l'instant à la question « existe-t-il une crise du capitalisme ? » au sens de crise finale.

I. Le capitalisme depuis son origine connaît des crises inévitables

A. Le capitalisme selon sa définition : Marx (A-M-A' et l'extension du règne de la marchandise) ou Schumpeter (le système qui porte l'innovation au plus au point l'innovation) ne peut que connaître des crises.

– Il est basé sur l'accumulation du capital, le crédit et l'endettement (le banquier selon Schumpeter ouvre la porte de l'innovation).
– Ces phénomènes conduisent inévitablement à des crises périodiques (effet d'accélération, effet de levier).

B. À ces crises récurrentes s'ajoutent des **Grandes crises** (Robert Boyer) qui transforment les modes de régulation du capitalisme. Pour avancer, le capitalisme a besoin de connaître des crises, qui lui permettent de passer d'un mode de régulation à un autre.

II. Mais en dépit des prophéties, il n'y a pas de crise finale du capitalisme

A. Marx en radicalisant la théorie classique, faisait de la baisse du taux de profit la condition première de la chute du capitalisme. On observe certes des phases historiques de baisse du taux de profit et de la productivité du capital, mais celles-ci prennent des aspects cycliques et non pas continus.

B. Schumpeter, lui, prédisait dans *Capitalisme, socialisme et démocratie* (1942), la fin du capitalisme par l'affaiblissement de la fonction d'entrepreneur et de l'incitation à innover. Ces prévisions ont été également démenties par l'Histoire.

Conclusion

La mort du capitalisme a été souvent pronostiquée. Il apparaît qu'à travers des crises majeures, il se transforme pour connaître de nouvelles phases d'épanouissement.

Le financement de l'économie

4

L'essentiel

Les faits

1694 : création de la Banque d'Angleterre, **1800** de la Banque de France, **1913** création du *Federal Reserve System* (avant il n'y a pas de banque centrale aux États-Unis).

1803 : création du franc germinal ; un franc est égal à 290,33 mg d'or pur mais aussi à 4,5 g d'argent (bimétallisme qui durera en fait jusqu'en 1874) ; cette parité durera jusqu'à la guerre de 1914.

1816 : adoption du monométallisme or en Grande-Bretagne ; une livre est égale à 7,322 g d'or pur ; cette parité durera jusqu'en 1931 ; **1871** : création du reichmark.

1844 : *Banking Act* qui donne à la Banque d'Angleterre le monopole de l'émission de billets et traduit le triomphe des thèses du *currency principle* (l'émission de billets est étroitement liée aux réserves d'or), **1848** : monopole de l'émission de billets pour la Banque de France.

1815 (en France, Grande-Bretagne, États-Unis) : la monnaie métallique représente 67 % de la masse monétaire, les billets 26,5 % et les dépôts 6,5 % ; en **1913** les proportions sont : 13 %, 19 % 68 % ; aujourd'hui la monnaie scripturale (les dépôts) représente plus des quatre cinquièmes, 84 % en France.

1826-1850 : naissance des grandes banques de dépôts anglaises (1826 : National and Provincial Bank ; 1834 : Westminster Bank) ; **1850-1870** : création des grandes banques allemandes et françaises (1859 : le CIC ; **1863** : le Crédit Lyonnais) ; **1867** : krach du Crédit mobilier des frères Péreire ; **1878** : krach de l'Union générale.
Après ces événements la France se tourne vers un système spécialisé à l'anglaise.

La fin du XIXe siècle : elle est marquée par l'opposition entre un système allemand où la banque universelle joue un rôle clé dans le financement des entreprises et un système anglais et français où le financement de l'industrie passe par l'autofinancement et le marché financier.

L'entre-deux-guerres : fin de l'étalon-or. La convertibilité avait été suspendue avec la guerre, les années 1920 verront des rétablissements partiels (*gold bullion standard*) : la Grande-Bretagne en 1925, la France en 1928, mais la crise de 1929 entraîne sa disparition définitive.

1945 : nationalisations des banques de dépôts en France et affirmation de la spécialisation bancaire. 1966 début de la déspécialisation en France.1984 nouvelle loi d'organisation bancaire en France qui confirme cette déspécialisation. Paribas est racheté par la BNP et Suez par le Crédit agricole.

ANNÉES 1970 : triomphe de l'économie d'endettement en France.

ANNÉES 1980 : montée d'une économie de marché financier.

1993 : indépendance de la Banque de France dans le cadre de la marche vers l'euro.

1er JANVIER 1999 : naissance de l'euro (les pièces et billets ne se mettent en place que le 1er janvier 2002) et de la Banque centrale européenne ; la Banque de France n'est plus qu'une exécutante de la politique monétaire de la BCE. Et la masse monétaire se calcule au niveau européen.

Les outils

FONCTIONS DE LA MONNAIE : les 3 fonctions d'Aristote : étalon de valeur, intermédiaire des échanges, réserve de valeur mais aussi fonction sociale et politique (cf. Aglietta-Orléan : la monnaie comme facteur de cohésion sociale).

FORMES DE LA MONNAIE : divisionnaire (pièces, pièces d'or sous l'étalon-or), fiduciaire (billets), scripturale (dépôts à vue).

MONOMÉTALLISME-BIMÉTALLISME : convertibilité en un seul (deux) métal précieux.

MASSE MONÉTAIRE : ensemble des moyens de paiement (liquides – monnaie au sens strict ou M1 – ou quasi liquides – monnaie au sens large ou M2/M3) circulant dans l'économie ; agrégat monétaire : mesure concrète de cette masse monétaire, on distingue **M1** (pièces, billets et dépôts à vue), **M2** (M1 + les dépôts à terme à deux ans et les comptes sur livrets), **M3** (M2 + les dépôts en devises, les titres d'OPCVM monétaires et les instruments de marché émis par les banques).

CONTREPARTIES DE LA MASSE MONÉTAIRE : opérations à l'origine de la masse monétaire : crédits à l'économie, sur l'étranger, sur l'État (des États dans le cas de la zone euro).

MONNAIE CENTRALE OU BASE MONÉTAIRE : monnaie émise par la banque centrale sous forme de billets ou de dépôts auprès de la banque centrale, cette monnaie assure les règlements entre les banques et l'unité du système monétaire national.

TAUX D'ESCOMPTE, DE RÉESCOMPTE : le premier est le taux d'intérêt pratiqué par les banques lors de l'achat d'un effet de commerce (reconnaissance de dette) à une entreprise, le second est celui de la banque centrale quand elle rachète un effet de commerce déjà escompté à une banque.

MARCHÉ MONÉTAIRE : c'est le marché de l'argent à court terme ; sur ce marché, il existe un compartiment interbancaire où les banques se procurent la monnaie centrale dont elles ont besoin, et ou la banque centrale intervient (ses taux d'interventions vont fixer les taux du marché). C'est aujourd'hui dans la plupart des pays (cf. zone euro) l'outil central de la politique monétaire.

RÉSERVES OBLIGATOIRES : pourcentage de leurs dépôts que les banques doivent conserver sur leur compte à la banque centrale, celle-ci, en les faisant varier, influence les besoins en liquidité des banques ; c'est un des outils de la politique monétaire.

ENCADREMENT DU CRÉDIT : méthode consistant à imposer aux banques des normes strictes limitant le montant des crédits qu'elles peuvent accorder et donc la monnaie qu'elles peuvent créer. Cette arme a été utilisée en France du milieu des années 1960 au début des années 1980.

MULTIPLICATEUR DE CRÉDIT : analyse de la création monétaire qui considère que les banques créent de la monnaie en fonction de l'importance de leurs réserves en monnaie centrale, la masse monétaire est alors un multiple de la quantité de monnaie centrale (de la base monétaire).

DIVISEUR DE CRÉDIT : dans cette approche, au contraire, on considère que les banques créent d'abord de la monnaie puis se procurent ensuite la monnaie centrale dont elles ont besoin, si le rapport entre la base monétaire et la masse monétaire est le même que précédemment la causalité est inverse. Cette analyse est mieux adaptée à la situation d'économie d'endettement.

FONDS PROPRES DE L'ENTREPRISE : capital social + réserves, n'ont pas besoin d'être remboursés par l'entreprise ; fonds d'emprunt : ensemble des dettes (à rembourser) ; **financement interne** : autofinancement ; **financement externe** : recours à l'emprunt bancaire ou au marché financier (actions – augmentation de capital – ou obligations, pour les seules grandes entreprises) ; les PME non cotées peuvent recourir aux propriétaires ou à leurs relations pour augmenter leur capital.

MARCHÉ FINANCIER : c'est le marché des capitaux à long terme, sur ce marché s'échangent des valeurs mobilières (action : titre de copropriété d'entreprises ; obligation : titre de créances à long terme). Ce marché comporte un compartiment primaire (le marché financier au sens strict) où sont émis de nouvelles valeurs mobilières et un marché secondaire (la bourse) où s'échangent des actions et des obligations déjà émises. Il peut exister des marchés destinés aux valeurs technologiques, comme le NASDAQ américain, ou des compartiements pour les PME comme ALTERNEXT à Paris. Opération au comptant : fixation des conditions, paiement et livraison des titres ont lieu simultanément ; opération à terme : la fixation des conditions (quantité, prix, durée) précède le paiement et la livraison effectifs (trois mois, six mois, etc. ex-opération à règlement mensuel à Paris).

OPCVM : organisme de placement collectif en valeurs mobilières (SICAV + FCP) ; SICAV : société d'investissement à capital variable ; FCP : fond commun de placement (en général plus sélectif qu'une SICAV).

TRANSFORMATION : utilisation par un organisme financier de ressources à court terme pour réaliser des financements à long terme.

OPA (OFFRE PUBLIQUE D'ACHAT) : offre d'une entreprise pour racheter les actions d'une autre entreprise (cotée) en échange de liquidités ; **OPE** (offre publique d'échange) : le paiement de l'entreprise se fait en actions et non en liquidités.

EFFET BALANÇOIRE : le cours des obligations (à taux fixes) varie en sens inverse du taux d'intérêt.

Opération de couverture (*hedging*) : utilisation du marché à terme ou de produits dérivés pour se protéger contre des variations de cours, de change ou de taux d'intérêt ; **opération de spéculation** : exploitation d'une variation anticipée, comportant une prise de risque (contrairement à la couverture) ; **arbitrage** : exploitation d'une distorsion de valeur constatée dans l'espace à un instant donné.

Marchés dérivés : marchés financiers dont les produits (dérivés) servent de support à la gestion du risque (ex. : MATIF : Marché à terme international de France).

Intermédiation : intervention des banques dans le circuit de financement ; cette intermédiation peut être soit de bilan (la banque prête de l'argent qui a été déposé auprès d'elle : c'est la véritable intermédiation) soit de marché (la banque n'intervient qu'en tant que courtier pour mettre simplement en relation sur le marché l'offre et la demande de capital).

Économie d'endettement : c'est une économie dans laquelle le financement des investissements des entreprises se fait principalement par le recours au crédit bancaire (le financement est intermédié) dans cette configuration, les entreprises sont fortement endettées auprès des banques et les banques sont endettées auprès de la banque centrale.

Économie de marché financier : c'est une économie où le financement se fait essentiellement par l'autofinancement ou le recours au marché financier (finance directe).

Les références théoriques

Théorie quantitative de la monnaie et neutralité de la monnaie : la théorie quantitative de la monnaie apparaît dès le XVIe siècle avec J. Bodin qui explique l'inflation par l'augmentation de la monnaie en circulation. Cette théorie est reprise par les classiques et les néoclassiques, la monnaie est exogène (dépendant de la quantité d'or extraite ou des banques centrales) et n'est qu'un intermédiaire des échanges qui n'agit pas sur l'économie réelle, elle détermine le niveau général des prix mais n'intervient ni dans la fixation du niveau de la production ni dans la détermination des prix relatifs qui dépendent des forces réelles.

Théorie keynésienne et monnaie active : Keynes s'oppose aux classiques et au néoclasssiques, si pour lui aussi la monnaie est exogène, elle est active. La monnaie n'est pas seulement un intermédiaire des échanges, elle peut être demandée pour elle-même car les agents ont une préférence pour la liquidité. Keynes introduit une fonction de demande de monnaie qui fait de celle-ci une fonction croissante du revenu national et décroissante du taux d'intérêt. Les variations de la masse monétaire peuvent alors avoir des effets sur l'économie réelle : l'activité et l'emploi.

Monétarisme contemporain : M. Friedman modernise la théorie quantitative de la monnaie en introduisant une fonction de demande de monnaie. À court terme les anticipations adaptatives des ménages conduisent à de l'illusion monétaire et les variations de la masse monétaire peuvent influencer l'activité économique mais ce n'est que transitoire à long terme la théorie quantitative retrouve toute sa validité, c'est par le contrôle de la masse monétaire que l'inflation sera combattue. Dans le cadre de la nouvelle macroéconomie classique, si les agents ont des anticipations rationnelles ces effets à court terme ne jouent pas, on retrouve la théorie quantitative pure (superneutralité de la monnaie) et les banques centrales doivent mener des politiques de règles pour assurer leur crédibilité.

Théorème de Modigliani-Miller (1958) : il montre que si les marchés financiers sont parfaits les modalités de financement des entreprises n'ont aucune importance. La finance comme la monnaie est neutre.

Les questions micro/macro

- La courbe L M
- La monnaie dans l'équilibre néoclassique
- La monnaie chez Keynes
- Le monétarisme
- La théorie quantitative de la monnaie

Sujets d'écrit

1. Peut-il exister une croissance sans épargne ? (ÉCRICOME, 1998)

2. En vous aidant de l'analyse économique et historique, étudiez l'efficacité des modes de financement des économies des pays avancés. (HEC 2005)

Corrigé du sujet 1

Peut-il exister une croissance sans épargne ? (ÉCRICOME 1998)

Introduction

Dans l'ensemble des théories économiques de la croissance, le lien entre croissance et investissement est clairement établi. Et les analyses statistiques montrent que les taux de croissance sont fortement corrélés aux taux d'accumulation du capital sur le long terme. Cet investissement étant, comme les données de la comptabilité nationale nous le montrent, nécessairement égal à l'épargne, il semblerait donc qu'il y ait aussi une liaison très claire entre l'épargne et la croissance Pourtant cette relation est paradoxalement plus controversée car si la croissance a nécessairement besoin d'une épargne doit-elle être un préalable ? Ne peut-elle être en fait le résultat de la croissance elle-même dans une économie monétaire ?

La nécessité d'une épargne préalable est une nécessité apparemment logique la croissance ne pouvant se faire sans sacrifice. Mais dans une économie de crédit ce préalable n'est pas forcément nécessaire et le problème décisif qui est posé est en fait celui du meilleur financement possible de l'investissement.

I. La nécessité d'une épargne préalable ou pas de croissance sans sacrifice

A. Une thèse défendue par nombre d'analyses économiques

a. Chez les classiques, la *Richesse des nations* trouve l'une de ses conditions dans la bonne orientation de la dépense des propriétaires et des capitalistes. La dépense productive plutôt que le luxe, l'investissement plutôt que la consommation d'aujourd'hui. L'épargne est une dépense qui représente un renoncement à la consommation d'aujourd'hui. Il ne peut donc pas y avoir croissance sans épargne, puisqu'épargner c'est investir et ce sont les mêmes personnes qui investissent et qui épargnent : c'est une économie de profit pur ou d'autofinancement.

b. Les néoclassiques soutiennent cette thèse du sacrifice dans le cadre d'une théorie intertemporelle des décisions d'épargne et de consommation. Épargner c'est renoncer à une consommation présente pour une consommation plus élevée dans le futur, donc manifester un taux de préférence pour le présent moins fort. Ici ce ne sont pas forcément les mêmes qui investissent et qui épargnent et la coordination des différentes décisions se règle par le mécanisme des variations du taux d'intérêt réel sur un marché des fonds prétables.

B. Des approches qui permettent de rendre compte des stratégies suivies à certaines époques

a. Dans les phases d'industrialisation, la consommation des ménages salariés a été sacrifiée. Dans le modèle du capitalisme libéral du XIXe siècle, le salaire correspond au coût de la reproduction de la force de travail. La loi d'Engel, et la part importante des dépenses alimentaires dans les coefficients budgétaires l'illustrent parfaitement. Les politiques d'industrialisation des pays asiatiques montrent que cette sous-consommation s'est traduite par une promotion des exportations, qui correspond à une épargne. De même dans les expériences socialistes d'industrialisation, les biens de consommation privés ont été sacrifiés.

b. Après les chocs pétroliers, les politiques se sont orientées vers un nouveau partage de la valeur ajoutée selon l'adage de Schmidt (« les profits d'aujourd'hui font les investissements de demain. »). Les politiques de rigueur salariale visent à freiner la consommation et les importations, et à favoriser les investissements de compétitivité. De même dans la période actuelle de globalisation et de « Nouvelle Économie », les dépenses publiques sont vues comme une source d'improductivité, renouvelant d'un point de vue libéral la problématique des classiques. Ainsi on assiste depuis le début des années 1980 à une montée en puissance des marchés financiers d'actions. Le but est de construire un vaste marché intégré qui détermine à la fois le vrai taux d'intérêt de marché et de permettre le désendettement des entreprises et la montée des fonds propres. Ces orientations s'appuient sur les thèses développées par Friedrich Hayek dès le début des années 1930 dans son livre *Prix et production*.

II. C'est la croissance qui produit l'épargne dont elle a besoin

A. Une thèse hétérodoxe qui met l'accent sur le crédit

a. Il existe dans la pensée économique une tradition hétérodoxe illustrée notamment par Marx, Keynes et Schumpeter qui met l'accent sur le fait que l'une des conditions de fonctionnement du système capitaliste est l'affranchissement de la contrainte de financement monétaire. Si l'on imagine un monde sans système bancaire, le montant de l'investissement serait nécessairement limité par l'épargne accumulée antérieurement (soit par autofinancement par les profits, soit par la capacité de financement des ménages). Le système de crédit ouvre la porte de l'investissement et de l'innovation dont les entrepreneurs ont besoin.

b. La croissance stimulée par l'accumulation du capital crée les revenus qui eux-mêmes sont porteurs de l'épargne future. Celle-ci (qui prend la forme de l'épargne des ménages et des entreprises) est induite, elle est la conséquence de l'investissement.

B. Une thèse en phase avec les situations d'économie d'endettement qui ont des limites

a. Les politiques volontaristes de recherche du plein-emploi et de la croissance, se sont traduites au XXe siècle par la promotion de la monnaie élastique et le rôle nouveau des banques centrales. Le système bancaire finance de manière massive les investissements des entreprises et la consommation des ménages avec des taux d'intérêt réels bas. Le principe de l'effet de levier d'endettement fonctionne pleinement : les taux d'intérêt exigés étant plus bas que la rentabilité des investissements, plus les entreprises s'endettent plus elles sont gagnantes. L'inflation structurelle, liée au surinvestissement alimente le processus de manière positive. L'inflation est un prix à payer pour la croissance soutenue, mais de plus elle a l'avantage de gommer les dettes, de favoriser les emprunteurs aux détriments des prêteurs

Ce modèle d'économie d'endettement bancaire administré explique la progression rapide des investissements et des taux de croissance, mais nécessite aussi un rôle relativement passif de la banque centrale qui doit accepter de refinancer les banques presque automatiquement et perd ainsi le contrôle de la politique monétaire.

b. Ces situations ont connu leurs limites dans la stagflation et le surendettement des firmes et ces difficultés ont contribué au renouveau du succès des approches monétaristes, mettant l'accent sur la stabilité des prix comme condition de la croissance et sur la recherche de financement sain à travers la promotion des marchés financiers.

Conclusion

Peut-il exister une croissance sans épargne ? En termes logiques, la réponse est non, puisque croître c'est investir et qu'il ne peut exister d'investissement sans épargne. Cependant, cet accord sur la logique, masque sur le plan théorique et historique de profondes divergences quant à la nature des relations et quant aux politiques à mener.

Corrigé du sujet 2

En vous aidant de l'analyse économique et historique, étudiez l'efficacité des modes de financement des économies des pays avancés. (HEC 2005)

Introduction

Dans les pays capitalistes développés trois grandes modalités de financement peuvent être distinguées. L'autofinancement où les agents utilisent leurs ressources propres. Le recours à des marchés spécialisés (les marchés financiers) où ceux qui ont des besoins de financement rencontrent ceux qui ont des capacités : le financement est alors direct. Le passage par des intermédiaires financiers (les banques) qui leur accorderont des crédits qu'ils financent en se procurant des ressources auprès des agents à capacité de financement : le financement est alors intermédié.
Dans la pratique, ces trois modalités coexistent mais selon les époques et les pays la place de chacune varie et, à la suite de John R. Hicks, il est d'usage d'opposer deux modèles : l'économie de marché financier, où le financement se fait principalement par recours à l'autofinancement et aux marchés financiers, et l'économie d'endettement où c'est le recours au système bancaire qui est majoritaire. Ces deux modèles sont-ils indifférents ou peut-on dire que l'un est plus efficace que l'autre ? Cette efficacité de chacun des systèmes n'est-elle pas liée à certains contextes ?
Dans un monde où les marchés financiers ne sont pas parfaits les modalités de financement ne sont pas indifférentes et les situations historiques montrent que l'efficacité d'un mode de financement est liée à son adaptation au contexte.

I. Selon le type de marché financier, quelles sont les modalités de financement ?

A. Marchés financiers parfaits et neutralité théorique des modalités de financement

a. Les marchés financiers parfaits sont ceux sur lesquels l'information est parfaite et également partagée entre tous les intervenants qui connaissent donc tous de la même façon toutes les éventualités possibles présentes et futures (absence d'incertitude).
b. Dans ce contexte comme le montre le théorème de Modigliani-Miller (1958) la valeur d'une entreprise est indépendante de son endettement et plus généralement ne dépend pas de la façon dont elle finance ses investissements (action, obligation, emprunt auprès des banques…) Les différentes modalités de financement ont nécessairement les mêmes effets, car autrement il y aurait des arbitrages de la part des agents.

B. Des marchés financiers qui ne sont pas toujours efficients

a. La réalité des marchés financiers est un monde de marché imparfait où l'incertitude est présente et où l'information n'est pas la même pour tous les acteurs (importance des asymétries de l'information sur ces marchés).

b. Rien n'assure que les marchés sont alors efficients et permettent une allocation optimale de l'épargne et une fixation du « vrai » prix des actifs. Risque de choix privilégiant la rentabilité de court terme. Risque de développement d'une « économie casino » (Keynes) où les comportements mimétiques conduisent à des bulles spéculatives qui déforment la valeur des actifs et conduisent à des investissements excessifs (ex. : *railway mania* en Grande-Bretagne au XIXe siècle, *dot com* aux États-Unis dans les années 1990).

C. Une intermédiation qui peut être efficace même si elle n'est pas sans défauts

a. Le recours aux banques permet : de mutualiser les risques et de fournir des crédits à des agents qui seraient exclus du marché ; de mieux adapter les comportements des épargnants et ceux des investisseurs (en rapprochant les durées des uns et des autres par la transformation) ; de mettre en avant des préoccupations de plus long terme dans le cadre de relations suivies avec les entreprises. Fondamentalement, elles réduisent l'incertitude et font moins dépendre l'investissement de la « tyrannie » des épargnants.
b. Mais il peut conduire : à une mauvaise appréciation du risque à des situations de surendettement que la mise en jeu de l'effet de levier peut favoriser ; à des comportements de fuite en avant (la banque accordant de nouveau crédit pour éviter de reconnaître ses pertes) ; à un « capitalisme de coquin (*crony capitalism*) » du fait de relations suivies entre banque et entreprise conduisant à des investissements irrationnels ; au développement d'un financement monétaire source d'inflation.

II. La nécessaire adaptation des modes de financement au contexte historique

A. Des économies de marché financier dans des économies matures à faible besoin d'investissement

a. C'est la situation de la Grande-Bretagne dans la deuxième moitié du XIXe siècle, de la France à la Belle époque, des États-Unis entre 1945 et le début des années 1980. L'épargne est abondante : ces pays ont une capacité de financement qui leur permet de placer à l'étranger.
b. Dans ce contexte, les marchés financiers complètent un autofinancement qui couvre une part essentielle des investissements. Les banques se centrent sur le financement à court terme, les placements de titres et les opérations à l'étranger.

B. Des économies d'endettement dues aux situations de rattrapage dans le cadre de modèle de capitalisme où la régulation par les marchés est fortement encadrée

a. Historiquement, elle se rencontre en Allemagne à la fin du XIXe ou dans certains pays d'Europe et au Japon après 1945 (en particulier en France dans les années 1960-1970. Ces pays ont des forts besoins d'investissement pour combler un retard, l'investissement tend à dépasser l'épargne a priori disponible et les mécanismes de l'économie d'endettement permettent de fournir cette épargne grâce à la transformation mais aussi dans certains cas à l'inflation, un moyen de prélever une épargne forcée.

b. Ce financement se fait dans le cadre de modèles capitalistes où la régulation par les marchés est très largement encadrée par d'autres mécanismes qu'il s'agisse des partenaires sociaux (économie sociale de marché allemande après 1945) ou de l'État (Allemagne Bismarckienne, Japon, France néo-colbertiste d'après 1945).

C. Une économie de marché financier mondialisée qui a permis aux États-Unis de financer leurs déficits et leur croissance

a. Depuis le début des années 1980, le modèle d'économie de marché financier tend à se répandre dans un cadre de liberté des mouvements de capitaux et de retour sur la scène des marchés financiers internationaux.

b. Ce modèle impulsé par les déréglementations américaines a permis à ces derniers de drainer l'épargne du monde pour financer un déficit extérieur révélateur d'une épargne insuffisante. Cette épargne permet ainsi de financer les déficits publics mais aussi l'effort d'investissement et d'innovation qui ont permis à l'économie de retrouver le chemin d'une croissance soutenue. Ainsi le secteur des NTIC a utilisé de façon importante les marchés financiers pour assurer sa croissance. Adapté au cadre néolibéral de cette économie, il n'a pas eu les mêmes effets positifs sur la plupart des pays européens.

Conclusion

Les modalités de financement ne sont sans doute pas neutres ; elles ne semblent pas pour autant déterminantes mais plutôt déterminées par les besoins du contexte économique. Cependant aujourd'hui il faut se demander si la mondialisation n'impose pas un mode unique de financement qui n'est pas forcément adapté à tous les contextes économiques ?

Sujets d'oral

1. Les mutations du système financier en France depuis 1945. (ESCP 2001)

2. Le franc de 1914 à 2001. (ESCP 2002)

3. Le rôle des banques dans l'industrialisation au XIXe siècle. (ESCP 2002)

4. À quoi sert la monnaie ? (ESCP 2003)

5. En quoi le passage d'une monnaie métallique à une monnaie fiduciaire et scripturale constitue-t-il une révolution ? (ESCP 2003)

6. Le financement des investissements en France au XXe siècle. (HEC 2003)

7. Causes et conséquences de la volatilité des marchés boursiers. (ESCP 2004)

8. Banques centrales/banques de second rang au XXe siècle dans les principaux pays industriels. (ESCP 2004)

Corrigé du sujet 3

Le rôle des banques dans l'industrialisation au XIXe siècle. (ESCP 2002)

Introduction

Le XIXe siècle est celui de la révolution industrielle, cette industrialisation nécessite de réaliser des investissements. Pour financer ces investissements plusieurs modalités sont possibles : l'autofinancement, le recours au marché financier ou le financement par l'intermédiaire des banques. Quelle a été la part de chacune de ces différentes modalités au XIXe siècle ? Les banques qui se développent parallèlement à l'industrialisation ont-elles joué un rôle clé dans ce financement ou ont-elles surtout assuré le financement des trésoreries ? Y a-t-il une réponse unique selon les pays et les époques ? Il semble que l'on puisse opposer deux « modèles » le Royaume-Uni où le rôle des banques dans le financement de l'industrialisation a été limité et l'Allemagne où celui-ci a été très important. Ces deux « modèles » peuvent se rencontrer dans certains pays à des époques différentes et l'autofinancement a eu partout un poids considérable, tandis que la fin du siècle a vu se développer le rôle des marchés financiers. Si globalement les autres sources de financement ont été prépondérantes à l'image du modèle anglais, pour certains pays et à certaines époques le rôle des banques a pu être important.

I. Un rôle prépondérant de l'autofinancement et des marchés financiers

A. Un rôle clé de l'autofinancement auquel s'ajoutent en fin de période les apports du marché financier

Le rôle clé de l'autofinancement s'explique par les structures industrielles de la période. Cette situation tient tout d'abord au poids dans les industries du XIXe siècle de PME à caractère familial qui hésitent à s'endetter d'autant plus que dans un contexte de stabilité des prix le coût de l'endettement est élevé. En outre, les investissements sont souvent limités, tout particulièrement en début de période, alors que les profits sont élevés. Ainsi le financement des premières industrialisations (Grande-Bretagne, France) n'a pas nécessité beaucoup de capitaux.
Le développement des compagnies de chemin de fer et des industries de la deuxième révolution industrielle entraînent une plus grande demande de capitaux. Ainsi les marchés financiers après avoir joué un grand rôle dans le financement des chemins de fer prennent une place croissante après 1890 dans le financement des sociétés.

B. L'intermédiation des banques secondaires à l'image du modèle anglais

Le développement des banques est avant tout celui de banques de dépôts spécialisées dans les opérations de crédit à court terme (financement des trésoreries), mais ces dernières n'utilisent pas leur dépôt à court terme pour des financements longs. Ces banques n'interviennent dans le financement des investissements que dans la mesure où elles servent d'intermédiaire en plaçant les titres émis par les entreprises. Les banques d'affaires qui se développent elles aussi et travaillent avec des fonds propres ou à long terme s'intéressent plus aux opérations internationales (financement du commerce mondial, des infrastructures dans les pays neufs) qu'au financement des industries de leur pays d'origine. Ce modèle de spécialisation financière se met en place d'abord en Grande-Bretagne, il se retrouve en France à la fin du siècle.

II. Mais pour certains pays et à certaines époques le rôle des banques a été important

A. Le modèle allemand s'oppose au modèle anglais

Une industrialisation plus tardive contemporaine de la deuxième révolution industrielle qui demande donc beaucoup de capitaux, or ceux-ci sont rares, car il n'y a pas eu comme en Grande-Bretagne une accumulation de richesses du fait de la première révolution industrielle. Il faut donc que les banques mobilisent l'épargne. Ces banques sont universelles et non pas spécialisées comme dans le modèle anglais, elles font donc des opérations à court terme aussi bien qu'à long terme. Elles n'hésiteront pas à recourir à la transformation (c'est-à-dire au financement du long terme avec des dépôts à court terme). Ces banques développeront fortement leurs liens avec les industries en prenant des participations dans les entreprises. Ce modèle avait eu un précurseur en Belgique et il se rencontrera dans un certain nombre de pays de l'Europe continentale, au moins à certaines périodes.

B. Un rôle variable selon les époques bien illustré par l'exemple français

Le développement des chemins de fer (la deuxième révolution industrielle) en nécessitant des capitaux importants conduit bien souvent à une plus grande intervention des banques dans le financement des investissements. La France a ainsi connu, entre 1840 et 1880, un modèle qui s'apparente à celui de l'Allemagne, les banques sont alors très largement mixtes (court et long terme) et s'intéressent de façon importante au financement des chemins de fer et de l'industrie (cf. le rôle de la banque Laffite ou du Crédit mobilier des frères Péreire) mais après l'échec des frères Péreire et le krach de l'Union générale, les banques se désengagent de l'industrie.

Conclusion

Si les banques ne sont donc pas en général un élément essentiel du financement de l'industrialisation, il ne faut pas cependant considérer ce rôle comme négligeable. L'existence d'un appareil bancaire était un élément important dans la poursuite de l'industrialisation, tout particulièrement pour financer les industries lourdes de la deuxième révolution industrielle. Dans les pays d'industrialisation tardive, comme l'Allemagne, les banques ont joué un rôle essentiel car elles ont permis de pallier le manque d'épargne (cf. les analyses de Gerschenkron).

Corrigé du sujet 4

À quoi sert la monnaie ? (ESCP 2003)

Introduction

Depuis Aristote il est d'usage de reconnaître trois grandes fonctions à la monnaie. C'est tout d'abord un étalon qui permet de mesurer la valeur des différents biens et services. C'est ensuite un intermédiaire des échanges qui permet que, dans l'espace géographique où la monnaie circule, les différents biens et services puissent être échangés contre elle, au lieu de s'échanger directement les uns contre les autres. C'est enfin un instrument de réserve de valeur, garder de la monnaie est un moyen de garder une réserve de pouvoir d'achat et donc une forme que peut prendre l'épargne.

Cependant l'importance accordée à ces différentes fonctions varie selon les grands courants économiques et le fait de mettre l'accent sur telle ou telle fonction a des conséquences sur le rôle de la monnaie dans l'économie.

Ainsi dans la vision classique et néoclassique l'accent mis sur le rôle d'intermédiaire des échanges conduit à une monnaie neutre qui n'intervient que dans la fixation du niveau général des prix et pourrait à la limite être un bien privé. Alors qu'avec Keynes et les keynésiens, la monnaie dont le rôle d'instrument de réserve de la valeur est pleinement reconnu est un instrument de politique économique et un bien public.

I. La vision classique et néoclassique d'une monnaie neutre

A. Une analyse dichotomique où la monnaie n'est pas demandée pour elle-même

Le modèle d'équilibre général considère une économie réelle où la fixation de la production, de l'emploi, du taux de salaire réel, du taux d'intérêt réel se fait indépendamment de la quantité de monnaie en circulation.

La monnaie n'intervient que parce qu'elle permet de réaliser les échanges de façon plus pratique que le troc. Elle n'est donc pas demandée pour elle-même mais seulement pour réaliser des échanges, elle revient intégralement dans le circuit l'épargne étant toute placée, ce qui permet la réalisation de la loi des débouchés. (J.-B. Say. Les produits s'échangent contre des produits)

B. Les politiques monétaires n'ont fondamentalement des effets que sur les prix

Le modèle de base est un quantitativisme strict, en partant de l'équation de Fisher : $M \times V = P \times T$ où T dépend des forces réelles et V est une constante dépendant des usages. Toute variation de M se traduit par des variations de prix.

Les monétaristes à la suite de Friedman compliquent l'analyse, la fonction de demande de monnaie est plus complexe et dans un contexte d'illusion monétaire la monnaie peut avoir un certain effet sur l'activité économique à court terme. Mais ce rôle n'est que transitoire et toute hausse de M finit par de l'inflation.

Avec la nouvelle macroéconomie classique, l'hypothèse d'anticipations rationnelles conduit de nouveau à un quantitativisme strict.

C. La monnaie doit être gérée de façon technique et non pas politique

– Règle de croissance de M (Friedman, NMC), indépendance de la banque centrale (NMC).
– À la limite, position d'Hayek en faveur d'une privatisation de la monnaie.

II. Une vision keynésienne d'une monnaie active qui est un bien public

A. Keynes : une rupture avec la dichotomie dans le cadre d'une monnaie qui peut être demandée pour elle-même

Keynes analyse une économie monétaire ou se détermine des grandeurs nominales, cette monnaie est demandée aussi pour être thésaurisée ; les individus ont une préférence pour la liquidité et à côté d'une demande pour motif de transaction et de précaution qui dépend du revenu, il existe une demande pour motif de spéculation qui est fonction du taux d'intérêt.

B. Une monnaie active

Les variations de M agissent sur l'activité économique, car elles déterminent le taux d'intérêt qui lui-même est un facteur déterminant de l'investissement, qui à court terme détermine (via le multiplicateur) la production et donc l'emploi.
Les politiques monétaires sont donc une des armes de la politique économique dont l'efficacité varie en fonction de l'élasticité des investissements au taux d'intérêt et du niveau de celui-ci (cf. IS-LM).

C. La monnaie est alors un bien public

La monnaie ne peut être laissée au seul jeu du marché ni aux mains d'autorité technocratiques, fondamentalement comme le montrent les travaux de M. Aglietta ou A. Orléan, la monnaie est un instrument du lien social.

Conclusion

Si les fonctions de la monnaie font l'unanimité, son rôle est plus discuté. Le débat portant sur les effets des variations de la masse monétaire sur l'activité économique (à court terme), étant entendu cependant qu'un consensus se retrouve pour penser que sur le long terme (la croissance) la monnaie est neutre. Derrière ce débat se retrouve le débat sur le rôle de l'État et du marché et c'est pourquoi après un succès des idées keynésiennes dans les années 1950-1960, le renouveau libéral s'accompagne du retour en force d'analyses concluant à la neutralité de la monnaie, même si dans la pratique les comportements des banques centrales sont plus nuancés.

LE RÔLE DE L'ÉTAT 5

L'essentiel

Les faits

XIXe SIÈCLE : première montée des dépenses publiques et des réglementations économiques et sociales. Leur rôle est décisif dans le démarrage de plusieurs économies « émergentes » (Japon, Russie, etc.).

Intervention accrue à l'occasion des deux conflits mondiaux et de la crise des années 1930 (New Deal, pays totalitaires), sensible accroissement des actions en matière sociale.

1945-1975 : apogée de l'interventionnisme public, sous la forme de nationalisations, de réglementations, de planification, mais surtout de la montée des dépenses sociales, lors de la forte croissance économique. Cependant, de réelles différences de forme et d'ampleur de ces dépenses sociales subsistent entre les PDEM.

ANNÉES 1980 : « années libérales », déréglementation des marchés (du travail, de la finance, des biens et des services), privatisations, mise en sommeil de la planification, abandon partiel des politiques industrielles, remise en cause de la protection sociale et progrès de la fiscalité indirecte aux dépens des impôts directs.

ANNÉES 1990 : réhabilitation partielle de l'État dans la décennie 1990 avec les théories de la croissance endogène et la redécouverte du rôle des externalités positives (liées aux infrastructures, à l'éducation, à la recherche) comme moteurs de la croissance.

DATES ESSENTIELLES DE LA PROTECTION SOCIALE EN FRANCE

1945 : création de la Sécurité sociale

1950 : mise en place du SMIG

1958 : création de l'UNEDIC et des Assedic

1970 : le SMIC remplace le SMIG

1982 : passage de la retraite à 60 ans, aux 39 heures et à la 5e semaine de congés payés

1988 : création du revenu minimum d'insertion (RMI).

1991 : instauration de la contribution sociale généralisée (CSG)

1996 : loi Robien, institution du RDS.

1998 : mise en place du revenu minimum d'activité (RMA) ; la CSG devient le principal prélèvement direct. Passage aux 35 heures.

2000 : création de la couverture médicale universelle (CMU).

2005 : plan de cohésion sociale. Retour aux emplois aidés : les CAE (contrats d'accompagnement dans l'emploi) et les contrats d'avenir destinés aux allocataires de minima sociaux.

Taux de prélèvements obligatoires en France (%) **:** 1977 : 38,7; 1997 : 45,5; 2005 : 43,7.

Revenus issus de la protection sociale en France en 2003 : 465 milliards d'euros. Dont assurance vieillesse : 43 % ; maladie : 29 % ; famille : 8,2 % ; invalidité : 4,8 %.

Recettes fiscales nettes en France en 2004 (loi d'exécution) : 265,7 milliards d'euros, dont TVA nette (121), impôt sur le revenu (53,9), impôt sur les sociétés (38,9).

Dette publique sur PIB en 2004 en France : 1 067 milliards d'euros, soit environ 65 % du PIB (contre 91 milliards en 1980).

Les outils

Administrations publiques : État + collectivités locales + organismes de Sécurité sociale.

Taux de prélèvements obligatoires : (impôts + cotisations sociales) x 100/PIB.

Taux de pression fiscale : (Impôts/PIB) × 100.

Structure des prélèvements obligatoires : part des différents impôts et cotisations sociales dans l'ensemble des prélèvements.

Besoin de financement des administrations publiques : dépenses publiques non couvertes par des recettes.

Loi de finances : distinction entre la loi initiale (votée en t – 1 pour t) et la loi de règlement (recettes et dépenses définitives, constatées à la fin de t).

LOLF : loi organique relative aux finances publiques votée en France en 2001. Réforme de l'ordonnance organique de 1959. Elle modifie les procédures budgétaires en présentant le budget sur la base des grandes missions de l'État (et non plus par ministère et par titre et chapitre), en autorisant des redéploiements internes (au lieu de reconduire les services votés) et en déterminant des objectifs afin d'évaluer des résultats.

Modèle « bismarckien » de protection sociale : la protection est financée grâce aux cotisations professionnelles assises sur les salaires et gérée par des caisses indépendantes de l'État. C'est le travail qui fonde les droits sociaux et la redistribution s'opère surtout au sein du groupe des salariés.

Modèle « beveridgien » : la protection est financée par l'impôt et sa gestion est confiée à un service public. Elle a vocation à couvrir l'ensemble des citoyens car on garantit à tout individu, salarié ou non, le versement de prestations le plus souvent forfaitaires. La redistribution, qui relève de l'assistance, s'opère entre groupes sociaux.

Retraite par répartition : le versement des prestations assure une solidarité intergénérationnelle puisque ce sont les prélèvements des actifs du moment qui sont distribués aux inactifs retraités du moment.

Workfare : les aides sociales versées aux plus pauvres sont subordonnées à la participation à l'activité économique ou à des actions de formation afin d'éviter les incitations à la paresse ou à la dépendance.

Les références théoriques

Analyse classique et néoclassique (Smith, Say et, dans une moindre mesure, Walras) : les activités de l'État sont limitées (État-gendarme : armée, justice, police ; production de biens si le secteur privé est défaillant) aussi bien au niveau des dépenses et des recettes qu'à celui des réglementations : initiatives privées, libre concurrence et lois du marché sont à respecter absolument. Neutralité de la fiscalité et équilibre budgétaire. Nationalisation des monopoles.

Analyse interventionniste : l'État incarne l'intérêt général qui ne se réduit pas à la somme des intérêts individuels. Il doit lutter contre les inégalités (Beveridge), fournir des services collectifs, planifier, voire être producteur, et mener des politiques conjoncturelles (Keynes).

Analyse en termes d'« économie publique » : l'intervention de l'État est conçue comme le moyen de remédier à certaines défaillances du marché. Raisonnement en termes d'externalités (Marshall, Pigou) ou d'indivisibilités (Samuelson).

Analyse régulationniste : de « circonscrit » à « inséré », l'État se charge d'établir des « compromis institutionnalisés » portant sur l'éducation au XIXe siècle et sur la Sécurité sociale en 1945 (André et Delorme).

Analyse du *public choice* (Buchanan et Tullock) : retour à la microéconomie et à la rationalité individuelle afin de contester l'idée que les individus, hommes politiques et fonctionnaires, poursuivent un autre but que la satisfaction de leur intérêt personnel. M. Olson dénonce l'action des lobbies qui ont intérêt à faire triompher des actions publiques contraires à l'intérêt général.

Analyse libérale : s'inspirant de F. Bastiat (1801-1850), voire de A.R. Turgot (1727-1781), et des Autrichiens (E. von Böhm-Bawerk, L. von Mises, F. von Hayek), certains économistes français actuels (R. Garello, P. Salin, P. Simonnot...) dénoncent les spoliations exercées par un État qui empiète toujours davantage sur les libertés individuelles et prélève toujours plus de ressources qu'il utilise mal.

Théories de la croissance endogène : retour aux classiques. Rôle incontournable des infrastructures publiques (Barro), connaissances et éducation conçues comme bien public (Lucas).

Analyse des néokeynésiens (G. Akerlof, O. Blanchard, J. Stiglitz...) : l'État apparaît comme un correcteur du marché, ce dernier présentant le plus souvent des biais affectant le respect des hypothèses de la concurrence pure et parfaite. Les incitations peuvent être affectées par des imperfections de l'information (d'où la sélection adverse ou l'aléa moral).

Les questions micro/macro

- Optimum de Pareto.
- Inefficience du monopole.
- Monopole naturel et rendements croissants.
- Externalités positives et négatives.
- Économies internes, économies d'envergure (ou d'éventail).
- Coûts de transaction, coûts irrécouvrables.
- Sélection adverse, aléa moral
- Courbe de Laffer.

Sujets d'écrit

1. Les rôles respectifs de l'État et du marché dans la répartition et la redistribution des revenus dans les pays industrialisés depuis la fin du XIXe siècle. (HEC 2001)

2. Redistribuer les revenus, est-ce un objectif légitime des gouvernements dans les pays industrialisés développés ? (ESSEC 1997)

3. La protection sociale est-elle un obstacle à la compétitivité d'une nation ? (ESCP 2000)

4. Les dépenses publiques favorisent-elles la croissance économique ? (ESCP 1997)

5. Préserver la concurrence : un facteur de régulation essentiel du capitalisme ? (ÉCRICOME 2004)

6. Contrairement à ce qui est affirmé dans la loi de Wagner (1835-1917), l'extension de l'activité publique (État et collectivités locales) a été stoppée depuis une vingtaine d'années. Quelle analyse en faites-vous ? (ESC 2004)

Corrigé du sujet 5

Préserver la concurrence : un facteur de régulation essentiel du capitalisme ? (ECRICOME 2004)

Introduction

Une fois passée l'euphorie des premiers temps du capitalisme industriel à l'époque où les premiers classiques ne pouvaient qu'envisager la présence de petites entreprises, voilà environ deux siècles que certains craignent que la concurrence porte en elle les germes de son autodestruction et engendre son contraire, le monopole. La notion de concurrence, en tant que processus de sélection pouvant conduire à l'élimination de concurrents au profit des firmes les plus efficaces, apparaît paradoxale (E. Combe). Pourtant, si la concurrence n'est jamais qu'un état provisoire, son élimination inéluctable, du fait de « défaillances du marché » (« market failures »), ne fonde-t-elle pas la nécessité d'une intervention de l'État ? Ou bien, au contraire, le maintien, au moins à l'état latent, de la concurrence associé à l'ouverture croissante des économies invalide-t-il ces craintes en même temps qu'il fonde les politiques de déréglementation ? De manière fondamentale, la concentration, indéniable d'un point de vue économique et financier, est-elle toujours antinomique par rapport à la concurrence ? La première partie présentera la thèse des bienfaits de la concurrence tandis que la seconde montrera que les mutations récentes aboutissent à minorer les faveurs dont elle bénéficie.

I. Les bienfaits de la concurrence parfaite sont à préserver

A. Une concurrence bénie

a. Suivant la « main invisible » (A. Smith, ou B. de Mandeville), la concurrence que se livrent les individus mus par leur intérêt égoïste maximise l'intérêt général (exemple du boucher). On obtient les prix les plus bas, l'équilibre entre l'offre et la demande et une qualité maximale des produits. D'où une allocation optimale des ressources productives et l'annulation des superprofits.
b. Avec A. Marshall, maximisation du surplus des consommateurs qui acquittent un prix inférieur à ce qu'ils étaient prêts à débourser. Cependant, des firmes coalisées pourraient pratiquer un prix plus élevé et s'accaparer une partie du surplus.
c. Chez V. Pareto l'optimum suppose l'égalité des taux marginaux de substitution entre les facteurs pour tous les producteurs, celle des taux marginaux de substitution entre les biens pour tous les consommateurs et celle des taux marginaux de substitution dans la production et la consommation. La concurrence assure que les consommateurs atteignent l'ophélimité maximale.

B. Une concurrence toujours menacée

a. Les différentes concentrations (technique, économique, financière) prennent une grande importance avec la « Grande Dépression » du dernier quart du XIXe siècle. Les cartels allemands tentent de maîtriser les surcapacités de production pour le charbon ou l'acier avec des prix élevés sur le marché intérieur protégé et du dumping sur les marchés extérieurs.
b. Aux États-Unis, Carnegie Steel Company, Standard Oil Trust, Général Electric ou Westinghouse pratiquent temporairement des prix prédateurs (faibles) afin d'éliminer les concurrents puis les augmentent pour engranger des profits de monopole, ce qui nuit au bien-être général.
c. Les oligopoles ont recours à la collusion (prix fixé en commun ou répartition géographique des marchés) ou mettent en place des barrières à l'entrée (J. S. Bain) comme des dépenses publicitaires colossales qui dissuadent les concurrents potentiels de pénétrer le marché.

C. Une concurrence préservée

a. Le *Sherman Act* (juillet 1890) interdit les monopoles et toute forme de collusion aux États-Unis. Démantèlement de trusts (American Tobacco, Standard Oil de Rockfeller, 1911) ; *Clayton Act* (1914), *Robinson-Patman Act* (1936), *Wheeler-Lea Act* (1938)…
b. On légifère plus tardivement en Europe, sauf en Allemagne (imposition de mesures favorables à la concurrence par les Alliés dès 1947). Un Conseil de la concurrence apparaît en France (1986) tandis que des politiques de concurrence sont menées au niveau européen depuis le Traité de Rome (1957).

II. Mutations de la concurrence et nouveau regard porté sur sa protection

A. Monopole et concurrence ne sont pas antinomiques

a. A. Marshall et, surtout, J. Schumpeter critiquent le pur modèle néoclassique qui comporte un nombre d'hypothèses inutiles. J. Schumpeter s'intéresse surtout à la concurrence par l'innovation : la concurrence parfaite peut n'être ni possible, ni souhaitable, ni utile, si les entrepreneurs, lorsqu'ils innovent, se constituent un monopole. La recherche d'un pouvoir de marché stimule les entreprises tout en profitant aux consommateurs (produits nouveaux et moins chers).

b. La théorie des marchés contestables (W. Baumol, Y.C. Lansar, D. Willig) a énoncé qu'il suffit que la concurrence soit potentielle pour que les monopoles soient dépourvus de pouvoir de marché les conduisant à abuser. La concentration n'empêche pas la firme de produire une quantité telle que son coût moyen est minimum et de pratiquer un prix égal au coût marginal. Élément principal de la définition de la contestabilité : la liberté de sortie, c'est-à-dire inexistence de coûts fixes irrécupérables et de pertes liées à une éventuelle cessation d'activité.

c. Après F. Bastiat ou F. Hayek, les libéraux dénoncent l'intervention législative et administrative de l'État pour restaurer la concurrence dont la disparition provient le plus souvent de conditions techniques, et non de manœuvres d'entreprises déjà en place. Les vrais monopoles sont d'ailleurs rares : existence de substituts plus ou moins proches, hormis le monopole, temporaire, du fait d'innovations. On doit tenir compte des frais et des risques occasionnés par la fourniture du bien et du service, les capitaux ayant pu être employés différemment, l'existence du monopole relève de choix passés, en compétition avec d'autres choix. La concurrence subsiste malgré l'absence d'atomicité.

B. Mondialisation, concurrence et concentration

a. Dans le cas du monopole naturel (fonction de production caractérisée par d'importants coûts fixes et des rendements d'échelle croissants), l'efficacité commande qu'une seule firme s'accapare la totalité de la production. On est en présence d'une défaillance de marché *(market failure)* car cette efficacité s'oppose à l'optimum social. Le monopole, pour maximiser son profit, risque de pratiquer un prix supérieur au coût moyen.

b. L'ouverture internationale peut se substituer à l'action des autorités antitrust car les coûts irrécupérables étant déjà supportés par des firmes étrangères, la concurrence, potentielle ou effective, accroît sa pression. Une suppression unilatérale des tarifs douaniers et des obstacles non tarifaires s'avère pertinente, l'extension des marchés favorisant croissance des échanges et du produit.

c. Les accords du GATT (division par dix environ des droits de douane sur les produits industriels de 1947 à 1993) intensifient la concurrence et exposent les marchés protégés. Une redéfinition de l'étendue du « marché pertinent » (des produits et/ou services considérés comme interchangeables ou substituables par le consommateur, en raison des caractéristiques des produits, de leur prix et de leur usage habituel) s'impose. Les libéraux dénoncent la méfiance commune vis-à-vis du libre fonctionnement du marché et une délimitation arbitraire du marché (fiction de la définition des positions de monopole par les parts de marché).

C. L'intensification de la concurrence dans l'Union européenne

a. Les industries de réseau sont traditionnellement organisées sous la forme de monopoles historiques (monopole naturel et fonction sociale de redistribution). Leur caractère « naturel » est à redéfinir en distinguant infrastructures de réseau et gestion des services. Les premières conservent la qualité de monopole naturel, la seconde est soumise à la concurrence entre plusieurs opérateurs nationaux et européens (télécommunications, transports aériens, électricité, chemin de fer, distribution du courrier...). Mieux, la déréglementation ouvre aux industries de réseau la voie de la mondialisation.

b. En Europe, la politique de la concurrence reste première par rapport à la politique industrielle jusqu'au Traité de Maastricht (idée d'un renforcement de la compétitivité de l'industrie). Du fait des mégafusions internationales, les autorités bruxelloises commencent à admettre que la concurrence (internationale) peut tuer.

Conclusion

La crise du dernier quart du XXe siècle n'aura pas été sans conséquences sur les analyses et les pratiques en matière de concurrence, avec une réhabilitation du marché et la remise en cause de la conception d'un État désintéressé et infaillible pour sauvegarder ou rétablir les conditions de la concurrence. Nouvelles analyses économiques, résurgence d'idées tombées en désuétude, ouverture des frontières et montée en puissance, en Europe, des prérogatives de la Commission européenne débouchent sur l'abandon de nombreuses justifications traditionnelles de l'intervention de l'État et la redéfinition de la concurrence.

Corrigé du sujet 1

Les rôles respectifs de l'État et du marché dans la répartition et la redistribution des revenus dans les pays industrialisés depuis la fin du XIXe siècle. (HEC 2001)

Introduction

Depuis la fin du XXe siècle, les inégalités de revenu remontent et la pauvreté progresse. Dans une démocratie de marché, ce que sont les pays industrialisés, la perception de revenus a deux grandes origines : la vente de facteurs de production sur les marchés (travail, capital, terre) ou la contrepartie de droits (prestations ou revenus de transfert : retraites, allocations chômage, allocations maladie, allocations familiales, bourses d'études…) issus de la volonté politique d'instaurer une plus grande égalité de revenus. Si l'État peut intervenir sur la première composante (rémunération des fonctionnaires, fixation d'un salaire minimum, action sur les prix déterminant le revenu des indépendants…), c'est surtout la redistribution qui explique que le revenu disponible perçu par les ménages puisse peu obéir à la logique marchande. Qu'en est-il historiquement de la place respective du marché et de l'État dans la détermination de ce revenu ? La tolérance à l'égard des inégalités ne varie-t-elle pas sensiblement dans les pays industrialisés depuis environ un siècle ?

I. Les débats essentiels (fin du XIXe et première moitié du XXe siècle)...

A. Les néoclassiques rejettent la question de la répartition hors du champ économique

a. Les néoclassiques reprennent largement les thèses défendues par les classiques (D. Ricardo, T. R. Malthus) pour vanter les mérites des procédures marchandes dans la détermination des revenus primaires. Leur raisonnement se fonde sur l'idée que les revenus de facteurs (travail et capital) doivent correspondre à leur productivité marginale.
b. L'optimum de V. Pareto est indépendant de la distribution initiale des revenus. On peut donc imaginer que l'utilité collective soit améliorée par la redistribution étatique puisque du fait de la décroissance de l'utilité marginale du revenu, l'impact de prélèvements en faveur des détenteurs de faibles revenus favoriserait le bien-être des catégories les plus pauvres. Pourtant, l'impossibilité de comparer les utilités individuelles (abandon de la conception cardinale de l'utilité) aboutit à l'absence de préconisations de la part des économistes.

B. Les contestations de K. Marx et de Keynes

a. K. Marx conteste l'idée selon laquelle le marché rémunère le travail à sa valeur. En réalité, c'est la marchandise force de travail qui est achetée par le capitaliste, en général à sa valeur, mais comme elle produit davantage que cette valeur, le prolétaire est exploité. Seul un dépassement du mode de production capitaliste est en mesure de supprimer cette exploitation.
b. Si **Keynes** ne s'intéresse que marginalement à la répartition, il note cependant dans la *Théorie générale* (1936) que « la répartition de la fortune et du revenu est arbitraire et manque d'équité ». Influençant positivement la demande effective, la baisse des inégalités de revenus obtenue par la politique fiscale représente le moyen de faire du social tout en soutenant la propension moyenne à consommer de la société. Efficacité économique et justice sociale paraissent enfin réconciliées.

2. ... donnent raison aux partisans d'une forte intervention de l'État

A. Des interventions publiques dans la répartition primaire

a. Les prémices du New Deal : l'idée dominante est de permettre « de harnacher les chevaux sauvages de l'industrie ». Après l'échec du NIRA, le *Fair Labor Standard Act* de 1938 établit des salaires minimums. Partout, l'État intervient en versant des revenus à un nombre croissant de fonctionnaires tandis que s'élargissent les fonctions de l'État (passage d'un État circonscrit à un État inséré pour reprendre la typologie de C. André et R. Delorme).
b. En France, l'État fixe certains revenus comme le SMIG (salaire minimum interprofessionnel garanti, 1950) ou le SMIC (salaire minimum interprofessionnel de croissance, 1970). Plus généralement, la politique des revenus vise à éviter les déséquilibres (faible croissance, chômage, inflation, déficit extérieur), à mieux répartir les gains de productivité et à éviter la croissance des disparités entre catégories sociales, entre agriculteurs et non agriculteurs par exemple.

B. Surtout, la montée de la protection sociale

a. Timidement à la fin du XIXe et massivement après 1945, tous les grands pays capitalistes instaurent une redistribution qui, sous des formes variées, corrige ou complète le rôle du marché dans la répartition des revenus.
b. La retraite, la santé et le chômage sont des situations prises en charge par les APU selon une logique d'assurance. Les actifs qui cotisent permettent à ceux qui n'ont pas d'activité de percevoir un revenu de transfert. En France, les pensions de retraite restent les plus importantes parmi les dépenses de protection sociale.
c. Les prestations non contributives (bourses, minimum vieillesse, allocations pour handicapés...) ou redistribution pure sont longtemps restées limitées dans les pays ayant fait le choix d'un modèle de protection à dominante bismarckienne. Cette logique d'assistance l'emporte cependant dans le modèle beveridgien.

C. Des interventions qui aboutissent à une baisse sensible des fluctuations et des inégalités de revenu disponible

a. Les travaux de T. Piketty attestent que, sur le long terme, les interventions de l'État et la redistribution d'une partie des gains de productivité par les entreprises augmentent fortement le revenu disponible des ouvriers, quel que soit le PDEM considéré. De leur côté, les régulationnistes (M. Aglietta, R. Boyer) insistent sur l'importance d'une forme institutionnelle comme le rapport salarial qui, face à l'incapacité des marchés à assurer une répartition efficace et juste, déconnecte largement la détermination des salaires directs et indirects et contribue à l'intensité et à la régularité de la croissance. En effet, la consommation de masse ne peut pas se satisfaire de la perception de revenus erratiques.
b. La pauvreté régresse et se transforme. En France, les inégalités de salaires diminuent après 1968 du fait d'une progression plus rapide du salaire minimum. Les revenus de transfert bénéficient avant tout aux retraités. La part des revenus sociaux dans le revenu disponible augmente de même que celle des salaires dans la valeur ajoutée. Voilà le résultat de la « seconde révolution française » (H. Mendras, 1988).

III. ... mais la crise du dernier quart du XXe siècle remet en cause les rôles respectifs de l'État et du marché dans la répartition

A. Les déceptions de l'intervention étatique

a. Les crises des États-providence (P. Rosanvallon) : une crise financière, liée à la forte progression des dépenses, une crise d'efficacité puisque la pauvreté, loin d'être éradiquée, remonte et prend de nouvelles formes. D'où une crise idéologique qui conduit les libéraux à prôner des réformes radicales.
b. Les libéraux font feu de tout bois. Les économistes de l'offre (A. Laffer, G. Gilder) dénoncent la désincitation au travail et à l'épargne due au poids trop élevé de la fiscalité et aux largesses des revenus sociaux. D'autres reviennent sur la définition de la justice sociale afin de redéfinir les rôles respectifs de l'État et du marché. F. Hayek parle d'un « mirage de la justice sociale » (1976) : les marchés sont sensés moins se tromper pour rémunérer chacun en fonction de son utilité sociale. La justice sociale est une chimère utilisée par les classes moyennes aux dépens des riches et des plus défavorisés.

c. J. Rawls (1971) propose d'en revenir à une philosophie politique contractualiste pour définir des inégalités efficaces et justes, celles qui augmentent le revenu total tout en assurant un revenu maximum aux plus défavorisés. Il s'ensuit un plaidoyer pour plus d'équité, ce qui passe souvent par la mise en place de « discriminations positives ».

B. Le retour des pratiques libérales : une nouvelle conception du social

a. La baisse de la progressivité de l'impôt afin de redonner plus d'importance aux revenus de facteurs caractérise l'ensemble des PDEM. Elle se vérifie bien sûr aux États-Unis et au Royaume-Uni. Mais la France n'échappe pas à cette évolution avec les réformes successives d'A. Juppé (1996), de L. Fabius (2000), et de J.-P. Raffarin (2002).

b. En outre, l'État-providence, lorsqu'il était à dominante bismarckienne, réoriente ses interventions en faveur de plus d'assistance et vise à moins pénaliser le travail : en France, mise en place du RMI, création de la CSG, de la prime pour l'emploi (version socialiste de l'impôt négatif proposé en 1962 par M. Friedman), instauration du revenu minimum d'activité et de la couverture médicale universelle. Plus généralement, le *workfare* progresse aux dépens du *welfare*.

C. La nécessaire complémentarité entre marché et démocratie

a. Avec le recul de l'État en faveur du marché, les inégalités de revenu remontent, d'autant plus que la mondialisation fait des gagnants et des perdants (idée d'un progrès technique et d'une mondialisation biaisés en faveur des travailleurs les plus qualifiés et les plus mobiles).

b. Comme le rappelle J.-P. Fitoussi (cf. *La Démocratie et le marché*) la théorie de l'équilibre général raisonne en faisant l'hypothèse (de survie) selon laquelle tous les individus peuvent subsister en dehors du marché, sans échanges. Cette hypothèse suppose qu'une partie de la répartition échappe au marché.

c. Laissée à elle-même, la mondialisation accroît la part du marché et réduit celle de l'État. Le laisser-faire, la croissance des inégalités, jouant contre la mondialisation, il est urgent de rappeler que le maintien de la compétitivité ne peut pas se passer de la cohésion sociale et que les gains des uns peuvent servir en partie aux pertes des autres.

Conclusion

Après une longue période pendant laquelle l'action du marché et celle de l'État ont réduit les inégalités de revenu tout en assurant une amélioration du sort de la majorité des populations des pays industrialisés, la fin du XXe siècle voit remonter ces inégalités. Le « tout marché » prôné par des ultralibéraux comme le « tout État » mis en œuvre dans les pays du « socialisme réel » ne sauraient être des solutions. Idéal démocratique et économie de marché ne sont pas antagoniques.

Sujets d'oral

1. Les leviers de l'action publique en matière de réduction des inégalités et leur efficacité dans les PDEM. (ESCP 2004)

2. Pourquoi y a-t-il un impôt sur le revenu ? (ESCP 2004)

3. Quels sont les arguments théoriques en faveur des privatisations ? (ESCP 2004)

4. Faut-il des entreprises publiques ? (ESCP 2004)

5. De la réglementation à la déréglementation des monopoles naturels : quels enjeux ? (ESCP 2003)

6. Les biens collectifs justifient-ils l'intervention de l'État ? (ESCP 2003)

7. L'État-providence. (HEC 2005)

8. Y a-t-il une limite à la croissance des dépenses sociales ? (ESCP 2005)

9. Y a-t-il une place pour l'État dans la théorie libérale ? (ESCP 2005)

10. Quel est le rôle du système de protection sociale dans la réduction des inégalités dans les pays développés ? (ESCP 2005)

11. L'État et le monde agricole en France aux XIXe et XXe siècles. (ESCP 2005)

12. En quoi le rôle de l'État a-t-il changé dans les pays développés depuis 1979 ? (ESCP 2005)

Corrigé du sujet 3

Quels sont les arguments théoriques en faveur des privatisations ? (ESCP 2004)

Introduction

Des autoroutes à EDF en passant par TF1, Renault, le système bancaire… voilà vingt ans que la France n'en finit pas d'accrocher de nouveaux wagons au train des privatisations lancé à la suite du retour en force du libéralisme. Les privatisations concernent les entreprises publiques qui ouvrent une partie ou la totalité de leur capital à des actionnaires privés, mais elles touchent également certains services collectifs qui sont au moins partiellement marchandisés. Au-delà de la diversité des pratiques nationales, comment la théorie économique justifie-t-elle ce mouvement et comment revient-elle sur les arguments qui par le passé fondaient le recours à des entreprises publiques ? Après avoir rappelé les arguments traditionnels qui fustigent les entreprises publiques, nous présenterons des arguments plus récents qui ont trait à l'impact du progrès technique, à la mondialisation et à la « philosophie » qui prévaut au sein de l'Union européenne.

I. Des arguments traditionnels

A. Les entreprises industrielles sont mal gérées lorsqu'elles sont publiques

a. Selon l'École du *Public Choice* (J. Buchanan, G. Tullock), les entreprises publiques ne maximisent pas le bien-être général mais favorisent le gaspillage social à travers l'action de lobbies qui œuvrent en faveur de leurs intérêts privés. Les prix de revient plus élevés des entreprises publiques proviennent de différents facteurs : situation de monopole, poids des syndicats, etc..
b. Les dirigeants doivent risquer leurs fonds propres. Dans ces conditions, et sous l'hypothèse d'opérer dans un environnement concurrentiel, les entreprises privatisées s'avèrent plus efficaces que les firmes publiques. D'ailleurs, pour G. Sorman, « ce n'est pas une supériorité de l'entreprise privée en soi, mais de la concurrence sur le monopole ». Au contraire, la nationalisation d'entreprises déficitaires ne sert qu'à conserver des entreprises anciennes dépassées par l'évolution technique que l'on met à l'abri de la « destruction créatrice » (cf. J.A. Schumpeter).

B. Une privatisation au moins partielle de la protection sociale s'impose

a. Elle ouvre la possibilité de réduire les prélèvements obligatoires. Ils ont atteint des niveaux dissuasifs dans certains pays d'Europe continentale ce qui décourage le travail et l'épargne. Elle rend les bénéficiaires plus responsables.
b. Elle institue le modèle libéral de protection sociale et surmonte une partie des limites du modèle conservateur (G. Esping-Andersen). L'assurance, maladie ou vieillesse, est à privatiser afin de réserver l'assistance aux plus faibles.

C. Les finances publiques comme les firmes ont besoin de ressources supplémentaires et d'une réconciliation autour d'un capitalisme dépassionné

a. La vente des actifs publics représente le moyen pour les APU de bénéficier de rentrées utilisées à baisser les prélèvements obligatoires ou à éponger une partie de la dette publique ce qui allège le service de la dette. Voilà des décennies que les « économistes de l'offre », reprenant les arguments de J.-B. Say, critiquent le niveau prohibitif des prélèvements obligatoires.
b. La privatisation, lorsqu'elle s'accompagne d'une augmentation de capital, accroît les fonds propres des firmes et finance les investissements nécessaires à la modernisation.
c. Lorsque les actions sont vendues pour une part au public, elles vont dans le sens de l'instauration d'un « capitalisme populaire », tout comme des privatisations qui associent le personnel en leur offrant la possibilité d'acquérir des actions à un prix préférentiel.

II. Des arguments plus récents : nouvelles technologies, mondialisation et directives européennes

A. Monopoles naturels, évolutions techniques et privatisations

a. Les progrès techniques peuvent aboutissent à supprimer le caractère naturel de certains monopoles. L'indivisibilité de l'offre de transports aériens est remise en cause par l'explosion du nombre de vols quotidiens et la possibilité de voir se

développer plusieurs compagnies aériennes. Il en va de même dans les télécommunications, la poste, l'électricité et le gaz... La concurrence fait du marché le principal régulateur.
b. Dans les industries de réseau (chemins de fer, électricité, télécoms...), la privatisation se fonde sur la possibilité de séparer l'infrastructure, activité à rendement croissant et qui conserve donc le caractère de monopole naturel, de l'exploitation, activité à rendement constant ou décroissant avec une rentabilité supérieure des petites exploitations sur les monopoles. Ainsi, selon R. Coase, cette séparation entre la propriété du réseau et son exploitation représente une bonne alternative (solution de marché) à la nationalisation.

B. Mondialisation et privatisations

a. Dès l'Uruguay Round, le GATT a introduit les services dans le champ des négociations. Depuis, l'OMC ambitionne de rendre aux marchés la production de services offerts encore par des monopoles publics : l'AGETAC (ou GATS) se propose d'étendre aux services les principes essentiels appliqués à partir de 1947 aux marchandises (nation la plus favorisée et non-discrimination en particulier).
b. Le déclin du modèle rhénan au profit du capitalisme financier fait du caractère public de la propriété des entreprises un handicap. Les pays comme la France, dépourvus dans la décennie 1980 de régimes de retraite par capitalisation, doivent privatiser pour attirer les placements des fonds de pension et autres gestionnaires d'actifs étrangers qui tiennent autour de 50 % de la capitalisation de la place de Paris. La privatisation rend ainsi possible le drainage des capitaux à l'échelle mondial.
c. La privatisation est l'occasion de participer aux alliances internationales induites par les modifications de la taille critique des entreprises.

C. Europe et privatisations

a. Depuis l'Acte unique (1986) qui a abouti au Grand Marché de 1993, la privatisation de nombreux services publics figure sur l'agenda européen. L'UE multiplie les directives concernant les industries de réseau (gaz, électricité, chemins de fer, courrier, télécommunications...) afin d'obtenir une libéralisation qui passe par la remise en cause et la privatisation au moins partielle des monopoles nationaux.
b. La concurrence européenne diffuse alors ses bienfaits et augmente le bien-être des consommateurs. La privatisation ne peut être comprise que par rapport à un débat politique qui oppose trois grandes options en compétition : la stratégie libérale, la stratégie subsidiaire et la stratégie juridique (cf. G. Savary, *L'Europe va-t-elle démanteler les services publics ?*, L'Aube, 2005).

Conclusion

Les arguments théoriques favorables aux privatisations ont sans conteste profité des évolutions économiques à l'œuvre depuis trois décennies. Les défaillances de l'État, dans les pays du Nord, du Sud et de l'Est, ont redoré le blason des thèses favorables à la propriété privée des entreprises produisant des biens et des services. La mondialisation et la poursuite de la construction européenne ont contribué à conforter ces arguments. Pour autant, le retrait de l'État en tant que propriétaire ne signifie pas qu'il doive se cantonner à des fonctions relevant du seul État-gendarme.

Corrigé du sujet 7

L'État-providence (HEC 2005)

Introduction

L'idée selon laquelle l'État a le devoir de se substituer à la charité privée pour contribuer à subvenir aux besoins de chaque individu date du XVIIe siècle, mais elle a longtemps été combattue par les libéraux qui y voient une entrave aux libertés individuelles. Malgré les derniers sarcasmes d'un E. Ollivier (1865), le premier à utiliser l'expression « État-providence », dans un sens péjoratif, elle triomphe cependant sous la forme de l'« État social » en Allemagne sous Bismarck. Le *Welfare State* se met en place dans les pays anglo-saxons dans les années 1940. Dans quelle mesure assiste-t-on à une remise en cause de cette volonté de la part de la puissance publique de réduire le champ de la logique marchande et de couvrir les salariés ou les citoyens contre les risques sociaux ?

I. Un État-providence paré de toutes les vertus : le grand espoir du XXe siècle

A. Des prémices au XIXe au triomphe du keynésianisme (années 1960)

a. Reprise partielle des idées de Schmoller et Wagner par Bismarck qui instaure le premier véritable État social et lutte contre la poussée des idées socialistes par des mesures anti-libérales (assurance maladie 1883, accident du travail 1884, invalidité 1889). Bien plus tard, W. Beveridge fera de la protection du citoyen un devoir de l'État.

b. L'État-providence s'étend, sous des formes particulières, à l'ensemble des PDEM de la fin du Second Conflit mondial aux années 1960. Il s'oppose à la conception classique de l'État-gendarme et cherche à combattre le paupérisme et en insécurité des salariés, les accidents du travail.

B. Il apparaît en complément des mécanismes marchands

a. Les keynésiens louent les aspects contra-cycliques et l'objectif de justice sociale de cet État-providence qui redistribue du revenu, solvabilise la demande et réduit l'épargne. Il assure également l'adhésion de la plus grande partie du corps social à l'économie de marché.

b. Les régulationnistes l'abordent comme constituant une composante essentielle du rapport salarial fordiste dans le sens où il socialise une part croissante de la reproduction de la force de travail et participe ainsi au développement de la norme de consommation des salariés.

C. Les « trois mondes de l'État-providence » (G. Esping-Andersen)

a. Dans le modèle libéral, l'assistance relève d'une logique individuelle et ne concerne que les individus les plus démunis, les autres ayant recours à des assurances privées (Australie, Canada, États-Unis, Grande-Bretagne, Japon…).

b. Dans le modèle conservateur, la logique d'assurance domine (redistribution essentiellement horizontale en Allemagne, Autriche, Belgique, France, Italie).

Dans le modèle social-démocrate (ou universaliste), le haut niveau de protection prend la forme d'impôts sur le revenu fortement progressifs et de larges droits sociaux (pays scandinaves, Suède en particulier).

II. L'État-providence désenchanté ou le grand désespoir de la fin du XXe siècle

A. Une crise à multiples facettes

a. Une crise financière liée à l'explosion de certaines dépenses sociales (retraites, santé, emploi) à tel point que, en France, les dépenses de protection sociale dépassent des deux tiers celles du budget de l'État. Une crise d'efficacité ensuite. Les dépenses ne parviennent pas à éradiquer la pauvreté et paraissent entretenir les maux contre lesquels elles sont censées lutter.
b. Déchirement du « voile d'ignorance » rawlsien : notre meilleure connaissance des risques sociaux nous amène à refuser de payer pour une protection qui finalement nous favorise peu.

B. Ces crises majeures contribuent à la résurgence du libéralisme

a. La dérive financière est rendue responsable de l'atonie économique. A. Laffer dénonce des prélèvements qui découragent le travail et l'épargne tandis que les dépenses sociales encouragent l'oisiveté ou les comportements irresponsables. L'inefficacité des dépenses est analysée à partir de la théorie économique de la bureaucratie (cf. W. Niskanen) : les asymétries d'information pénalisent les contribuables au profit des agents des organisations publiques.
b. Les mutations démographiques (vieillissement de la population) affectent les régimes de retraite fondés sur la répartition, le recours à la capitalisation et à une épargne volontaire placée sur les marchés financiers.

C. Un « nouvel État-providence » : décollectivisé et centré sur l'individu

a. L'État-providence paraît être le moins capable de faire face aux transformations économiques et socio-démographiques à l'œuvre. Il connaît de nettes modifications qui, en développant l'assistance aux dépens de l'assurance (diminution des risques couverts, moindres remboursements de l'assurance-maladie…), le rapprochent du modèle anglo-saxon. En France, on peut citer : RMI, CSG, CMU…
b. Alors que certains vantent les mérites du recours au tiers-secteur et ceux de l'« économie solidaire » (B. Laville), on assiste à une évolution d'un « État social universaliste à un État social fonctionnant à la discrimination positive » (R. Castel), à une lente sortie de la « propriété sociale » reconnue au travailleur à partir du dernier quart du XIXe siècle. Une partie croissante de la population (les « handicapés », physiques, psychiques, sociaux) est placée hors du droit commun pour relever de dispositifs spécifiques décentralisés.
c. Enfin, le plus souvent, le *workfare* semble devoir détrôner le *welfare* dans les pays anglo-saxons tandis que l'État central se désengage au profit d'actions décentralisées voire de la famille. En France, création de la prime pour l'emploi, mise en place du RMA...

Conclusion

L'intervention de l'État afin de résoudre la question sociale n'est pas nouvelle. La diversité des solutions nationales paraît être remise en cause par les transformations du capitalisme des dernières décennies de même que par les nouveaux enjeux induits par des phénomènes comme le vieillissement démographique. Le danger serait d'appliquer une seule thérapie faisant fi des spécificités culturelles nationales.

MONDIALISATION ET RÉGIONALISATION DES ÉCONOMIES

6

L'essentiel

Les faits

POLITIQUES COMMERCIALES D'INSPIRATION LIBRE-ÉCHANGISTE. 1786 : signature du premier traité de commerce franco-britannique ; **1834 :** création du *Zollverein* ; **1846 :** abolition des *Corn Laws* ; **1849 :** abolition des Actes de navigation par le Royaume-Uni ; **1860 :** signature du second traité de commerce franco-britannique ; **1861-1865 :** multiplication du nombre des traités commerciaux en Europe.

POLITIQUES PROTECTIONNISTES. 1879 : retour du protectionnisme en Europe ; **1892 :** vote de la loi Méline en France ; **1913 :** les droits de douane américains moyens sur les produits manufacturés atteignent 44 % ; **1932 :** instauration de la préférence impériale par les accords d'Ottawa.

NOUVELLE EXPANSION DU COMMERCE INTERNATIONAL DANS LE CADRE DU GATT : négociations commerciales multilatérales à Genève (25 pays) et naissance du GATT (1947), Dillon Round (1960-1962), Kennedy Round (1964-1967), Tokyo Round avec 99 pays (1973-1979), Uruguay Round (1986-1994).

MISE EN PLACE DE L'ORGANISATION MONDIALE DU COMMERCE (OMC) EN 1995. Conférences ministérielles de l'OMC : Singapour (déc. 1996), Seattle (déc. 1999), Doha au Qatar (nov. 2001, 145 pays), lancement du cycle du développement, Cancun (sept. 2003), Hong Kong (déc. 2005, 149 pays).

PROGRÈS DU RÉGIONALISME. 1957 : signature du traité de Rome ; **1962 :** débuts de la politique agricole commune européenne ; **1968 :** union douanière entre les Six du Marché commun et mise en place du tarif extérieur commun ; **1972** : adhésion du Danemark, de l'Irlande, de la Norvège et du Royaume-Uni à la CEE **1981 :** entrée effective de la Grèce dans la CE ; **1986 :** entrée de l'Espagne et du Portugal dans la CE, signature de l'Acte unique ; **1992 :** signature du traité de Maastricht instituant l'Union européenne (UE) ; **1995 :** entrée de l'Autriche, de la Finlande et de la Suède dans l'UE ; **2004 :** entrée de la Pologne, de la Hongrie, de la République tchèque, de la Slovaquie, de la Slovénie, de l'Estonie, de la Lettonie, de la Lituanie, de Chypre et de Malte dans l'UE.

1991 : le MERCOSUR réunit l'Argentine, le Brésil, le Paraguay et l'Uruguay.

1994 : entrée en vigueur de l'ALENA associant États-Unis, Canada et Mexique.

Division par 10 des **tarifs douaniers** moyens sur les produits manufacturés depuis 1947.

EXPORTATIONS MONDIALES DE BIENS ET SERVICES EN 2004 : 11 140 milliards de dollars dont Europe 45 %, Asie 27,5 %, Amérique du Nord 15,3 %, Moyen-Orient 3,9 %, Amérique latine 3,1 %, CEI 2,7 % et Afrique 2,5 %.

PREMIERS EXPORTATEURS MONDIAUX DE MARCHANDISES EN 2003 : Allemagne, États-Unis, Japon, Chine et France. L'Union européenne effectue environ 43 % des échanges mondiaux de produits manufacturés.

LES DIX PREMIERS EXPORTATEURS MONDIAUX DE MARCHANDISES (à l'exclusion du commerce intra UE) en 2004 **:** Union européenne (1 204 milliards de dollars), États-Unis (819), Chine (593), Japon (566), Canada, Hong Kong, Corée, Mexique, Taiwan, Singapour.

LES DIX PREMIERS EXPORTATEURS MONDIAUX DE SERVICES (à l'exclusion du commerce intra UE à 15) en 2003 **:** Union européenne, États-Unis, Japon, Chine, Hong Kong, Canada, Suisse, Corée, Singapour, Inde.

ÉCHANGES INTRARÉGIONAUX : plus de la moitié des échanges de marchandises (plus de 60 % des exportations dans l'UE à 15 et 56 % dans l'ALENA).

Les outils

BALANCE DES PAIEMENTS, TERMES DE L'ÉCHANGE : voir chapitre 7.

BALANCE COMMERCIALE : balance partielle de la balance des paiements qui enregistre les exportations de marchandises en crédit et les importations en débit.

TAUX D'EXPORTATION : $\frac{\text{exportations}}{\text{PIB}} \times 100$

TAUX DE PÉNÉTRATION : $\frac{\text{importations}}{\text{PIB} - \text{exportations} + \text{importations}} \times 100$

TAUX D'OUVERTURE : $\frac{\text{exportations} + \text{importations}}{2\ \text{PIB}} \times 100$

PROPENSION MOYENNE À IMPORTER : importations/PIB

ÉLASTICITÉ DES IMPORTATIONS PAR RAPPORT AUX PRIX : (variation du volume des importations/variation du prix des importations) × (prix des importations/volume des importations)

ÉLASTICITÉ DES IMPORTATIONS PAR RAPPORT AU PRODUIT NATIONAL : (variation du volume des importations/variation du PIB) × (PIB/volume des importations)

FIRME MULTINATIONALE : firme détenant un ou plusieurs établissements de production à l'étranger.

COMMERCE CAPTIF : commerce intrafirme, c'est-à-dire entre des filiales d'une même firme multinationale, à des prix appelés **prix de transfert**, qui ne sont donc pas déterminés par les marchés mais obéissent à des objectifs internes à la firme.

INVESTISSEMENT DIRECT À L'ÉTRANGER (IDE) : contrairement à l'investissement de portefeuille, il manifeste la volonté pour une FMN de prendre le contrôle d'une entreprise située à l'étranger.

RÉGIONALISME : construction institutionnelle d'organisations régionales (zone de libre-échange, union douanière, marché commun, union économique, union économique et monétaire) qui relève d'une volonté politique (intégration régionale *de jure*)

RÉGIONALISATION : concentration des échanges (de marchandises, de services, d'IDE) à l'intérieur d'une même zone régionale qui résulte des seules stratégies mises en œuvre par des firmes (intégration régionale *de facto*).

Les références théoriques

THÉORIE CLASSIQUE : A. Smith (**1776**) expose la thèse des avantages absolus et D. Ricardo (**1817**) celle des avantages comparatifs tandis que J.-S. Mill détermine en **1848** les prix internationaux en faisant intervenir les élasticités-prix de la demande. En revanche F. List se prononce en faveur d'un protectionnisme éducateur et temporaire (**1841**).

THÉORIE NÉO-CLASSIQUE : en reprenant le raisonnement d'Hecksher et Ohlin en termes de dotations factorielles, P. Samuelson avance l'idée d'une tendance à l'égalisation des prix des facteurs (**1948**).

PRISE EN COMPTE DES CARACTÉRISTIQUES DE LA DEMANDE : B. Linder rend compte de l'importance des échanges de biens similaires en faisant intervenir la demande intérieure préalable.

COURANT NÉO-TECHNOLOGIQUE : l'innovation est abordée comme facteur de la spécialisation internationale chez M. Posner (1961) tandis que la **théorie du « cycle international du produit »** de R. Vernon (1966) mêle pour la première fois déterminants des échanges internationaux, stratégies des firmes multinationales, caractéristiques de la demande et facteur technologique.

THÉORIES DE L'INTÉGRATION RÉGIONALE : J. Viner (1950) s'inscrit dans le cadre néo-classique en abordant les effets de l'intégration régionale en termes de **création** et de **détournement de trafic** (ou de commerce).

THÉORIES RÉCENTES : naissance en **1979** de la « nouvelle théorie du commerce international » (P. Krugman, E. Helpman, B. J. Spencer, J. A. Brander) avec la prise en compte des rendements croissants et l'abandon de l'hypothèse de la concurrence parfaite. M. Porter, le consultant K. Ohmae et R. Reich utilisent le terme de globalisation afin de désigner la transformation des firmes multinationales en firmes globales.

Les questions micro/macro

- Le surplus du consommateur d'A. Marshall (1890).
- Les rendements d'échelle croissants chez A. Marshall (1879).
- La concurrence monopolistique d'E. Chamberlin (1933).
- Les duopoles d'A. Cournot (1838) et d'H. von Stackelberg (1934).

Sujets d'écrit

1. La mondialisation économique est-elle irréversible ? (HEC 2003)

2. Le GATT et la montée des protectionnismes. (ESSEC 2001)

3. Processus d'intégration économique et monétaire et croissance économique des États membres de la Communauté puis de l'Union européenne, de 1957 à nos jours. (ESCP 1999)

4. Ouverture commerciale et développement économique. (ESCP 2004)

5. Les phénomènes de pauvreté peuvent-ils s'expliquer par le développement du libre-échange ? (ESCP 2005)

6. Le libre-échange, tel qu'il est conçu par l'Accord général sur les tarifs et le commerce (*General Agreement on Tariffs and Trade*), est-il un facteur de croissance depuis 1947 ? (ÉCRICOME 2004)

7. L'évolution des relations internationales depuis 1947 dans le monde peut-elle être considérée comme une simple extension progressive du libre-échange ? (ESC 2002)

8. L'importance croissante des Accords commerciaux régionaux. (ESC 2005)

Corrigé du sujet 1

La mondialisation économique est-elle irréversible ? (HEC 2003)

Introduction

La mondialisation économique comporte trois dimensions : la mondialisation des échanges, qui correspond à l'extension de l'espace de l'échange à de nouvelles parties du monde (dragons, tigres, pays d'Amérique latine, puis, plus récemment, PECO et Chine) et à de nouveaux secteurs d'où la constitution d'un marché unifié et la transformation de l'économie mondiale en une zone unique de production et d'échanges ; ensuite, ce sont les investissements directs à l'étranger qui progressent plus vite que le commerce international ; la mondialisation financière, enfin, facilitée par la déréglementation et les progrès dans le traitement et le transport de l'information, elle passe par l'explosion de la circulation des capitaux. Se demander si ces transformations sont irréversibles suppose de recourir à l'histoire afin de voir si ce phénomène est foncièrement original ou si « mondialisation » et recentrage sur des activités davantage nationales alternent.

II. Une ouverture accélérée depuis environ vingt ans

A. Les trois dimensions de la mondialisation

a. Dimension commerciale : dès les années 1960, le commerce croît deux fois plus vite que la production. Par la suite, la croissance des échanges de biens et services apparaît comme une solution originale à la crise. L'Uruguay Round décide d'élargir les NCM (négociations commerciales multilatérales) à des secteurs laissés à l'écart par les cycles précédents. Des pays de l'ex-bloc socialiste, ainsi que certains de ceux qui avaient échoué dans les stratégies ISI ou III s'insèrent dans les échanges mondiaux. La mise en place de l'OMC marque la volonté de donner un caractère irréversible à la mondialisation commerciale tout en l'encadrant afin d'éviter, grâce à l'ORD, les négociations bilatérales et les affrontements frontaux entre les nations.
b. Dimension productive avec la multinationalisation des firmes, favorisée par la multiplication des fusions-acquisitions, certaines grandes entreprises ayant une stratégie mondialisée. Recherche des marchés, organisation de la production, financement des investissements dépassent le seul cadre national.
c. Dimension financière avec la fin du régime de changes de Bretton Woods. « Révolution des trois D » et libéralisation des mouvements de capitaux couronnent les transformations nées du contournement des règles instaurées en 1944 par les eurodollars. Là encore, la libéralisation financière est imposée par le FMI avec des PED lourdement endettés qui passent à nouveau sous ses fourches caudines lors de la crise de la dette. Les investisseurs institutionnels (banques, fonds de pension, sociétés d'assurance…) mettent en concurrence les entreprises, elles-mêmes mondialisées, pour qu'elles procurent le rendement le plus élevé possible.

B. Les avantages attendus de la mondialisation

a. D'A. Smith à P. Krugman, en passant par D. Ricardo et les travaux d'E. Hecksher, B. Ohlin et P. Samuelson, la plupart des économistes dénoncent le « système mercantile » et se prononcent en faveur de l'ouverture aux échanges.
b. La « multinationalisation » présente de précieuses opportunités pour les firmes ayant un avantage concurrentiel (économies d'échelle lorsque le marché national est important), ou une avance technologique protégée par des brevets. Elles apportent de l'épargne et transfèrent de la technologie aux pays d'accueil qui impulsent des politiques d'attractivité des territoires. Le paradigme OLI (pour *Ownership*, *Localization* et *Internalisation Advantages*) de Dunning, synthétise ces idées et précise quelles conditions conduisent une firme à s'implanter à l'étranger.
c. La libéralisation financière promet de mieux allouer l'épargne en privilégiant les projets combinant au mieux le rendement et le risque. Épargnants et investisseurs sont satisfaits : les uns profitent d'un choix de placement étendu tandis que la concurrence met les emprunteurs en mesure d'obtenir ces financements à un moindre coût. Les capacités de financement des pays du Nord, plus riches et plus vieux, bénéficient aux pays pauvres et jeunes du Sud.

C. Le Consensus de Washington, le nouveau credo

a. Remède aux échecs des stratégies autocentrées et de la planification centralisée (effondrement du système soviétique). Désenchantement croissant à l'égard des idées socialistes alors que le Tiers Monde est englué dans la dette.

b. FMI et Trésor américain obtiennent la libéralisation du commerce des PED et leur ouverture aux IDE des FMN à la recherche de pays riches en travail (à bas salaires et à faible protection sociale). Les FMN profitent des programmes de privatisations mis en œuvre (au Mexique par exemple).
c. Les pays à revenu intermédiaire sont incités à libéraliser leurs marchés de titres et des capitaux. Ils optent pour des réformes structurelles alors que leurs monnaies sont plus ou moins fortement rattachées au dollar (régime du *currency board*, du *peg*, du *crawling peg*...) pour rassurer les investisseurs.

II. La mondialisation n'a rien d'irréversible : elle a connu des avancées et des reculs depuis les débuts du capitalisme

A. Le mouvement d'intégration mondiale n'est pas nouveau

a. Pour F. Braudel, les « économies monde » sont aussi anciennes que les échanges marchands, l'expansion du capitalisme commercial au XVIe siècle correspond à une première mondialisation des échanges et des investissements. Selon K. Marx, *« la tendance à créer un marché mondial est incluse dans le concept de capital »*. La Grande-Bretagne présentait un ratio exportations/PIB plus élevé qu'aujourd'hui.
b. Le stock des IDE atteignait 9 % de la production mondiale en 1913, soit plus qu'avant le milieu des années 1990, les deux tiers des IDE concentrés dans les secteurs des matières premières dans les pays non développés. À l'époque, ces flux se dirigeaient plus vers les « pays neufs » que vers les PED actuellement.
c. Dès le XVIIIe siècle, « les capitaux courent le monde » (F. Braudel). Avant 1914, et à nouveau de 1925 à 1930, les marchés financiers sont très intégrés (le volume net des placements français à l'étranger s'établit à environ 3,5 % du revenu national).

B. La mondialisation actuelle relève en partie d'un effet d'optique

a. Le protectionnisme renaît à plusieurs reprises : en France, avec le ministre J. Méline, aux États-Unis, en Russie... les droits sont relevés à la fin du XIXe siècle. Dans l'entre-deux-guerres, tarifs Mc Cumber (1922), et Hawley-Smoot (1930) aux États-Unis ; en Grande-Bretagne, renforcement en 1921 des tarifs Mc Kenna instaurés en 1915. Éclatement du monde en une myriade de zones régionales souvent constituées autour d'une monnaie nationale.
b. Dans les années 1880, une hostilité grandissante à l'égard des migrations aux États-Unis et en Europe. Après l'afflux de capitaux américains en Allemagne et en Autriche, contrôles des changes et interdictions de mouvements de capitaux courts suivent la crise des années 1930.
c. Nazisme, fascisme et bolchevisme ont en commun de se méfier des forces aveugles du marché. Les meilleurs esprits (dont Keynes) plaident en faveur d'une remise en cause au moins partielle de ce que l'on ne nomme pas encore « mondialisation ». La mondialisation actuelle ne fait souvent que démanteler des mécanismes de surveillance et de contrôle financiers de la période 1930-1945.

C. Parce qu'une mondialisation débridée n'a pas que des effets positifs

a. La spécialisation est loin d'être neutre. Risque de détérioration des termes de l'échange des produits primaires par rapport aux produits manufacturés avec des baisses de prix consécutives aux gains de productivité (R. Prebisch).

b. La progression des échanges ne nécessite pas le libre-échange pur. Les IDE n'assurent pas systématiquement le transfert technologique, la concurrence peut être déloyale (dumping social et environnemental).

III. La poursuite de la mondialisation requiert la mise en place d'une véritable gouvernance mondiale afin d'éviter le retour des crises

A. Des contestations grandissantes

a. La mondialisation est accusée de déséquilibrer les échanges, d'accroître le chômage ou les inégalités sociales (cf. ATTAC). Hier elle inquiétait les agriculteurs anglais ou français, aujourd'hui on dénonce la désindustrialisation et la chute des effectifs ouvriers industriels.
b. La mondialisation segmente le tiers monde et oublie les PMA dont la part dans les échanges mondiaux régresse de 4 % à 1 % (de 1960 à 1990). L'Afrique subsaharienne (0,1 % des IDE et 1 % du commerce mondial) est réduite à la portion congrue alors que 160 pays ou territoires du tiers monde reçoivent à eux tous guère plus d'une dizaine de milliards de dollars d'IDE en 2002.

B. Mondialisation et retour des crises financières

a. Les crises des paiements ponctuent l'histoire des financements internationaux depuis deux siècles : déjà, des défauts de paiements argentins (années 1890), le non-remboursement des emprunts russes, le reflux des capitaux américains placés en Europe centrale et en Allemagne dans les années 1930.
b. Plus récemment, nouvelle libéralisation (2 000 milliards de dollars de transactions quotidiennes sur les marchés des changes avant 1997) et instabilité financière se suivent de près : crise mexicaine en 1994, contagion à l'Amérique latine, Thaïlande en 1997 et contagion à l'Indonésie, Malaisie, Corée, Vietnam, crises russe et brésilienne en 1998-1999 puis argentine en 2001…
c. J. Stiglitz stigmatise l'attitude des États-Unis et du FMI qui organisent la mondialisation afin de satisfaire les intérêts américains. Les « bons élèves » du FMI (Mexique, Argentine…) sont frappés : les entrées massives de capitaux à court terme et leurs fuites soudaines sont tout aussi irrationnelles.

C. Certains freins à la mobilité des capitaux sont justifiés

a. Instabilité intrinsèque de la finance (M. Aglietta). Lenteur de la prise en compte des variables fondamentales. Information payante, imparfaite, d'où adoption de comportements mimétiques par les agents pour tenter de minimiser les risques (cf. concours de beauté de Keynes), qui aboutissent à la formation de bulles spéculatives.
b. « Pile, je gagne. Face, le FMI perd » (P. Krugman) : le FMI accroît le « risque moral » (l'emprunteur recourt à des actions cachées dont pâtit le prêteur) et favorise la sélection adverse lorsque l'assurance de l'intervention du FMI en cas de défaillance des débiteurs conduit à prêter à des « agents immoraux ».
c. Les pays qui n'ont pas suivi les conseils du FMI (Chine, Inde, Chili avec l'*encaje*…) ont échappé aux crises. Après des années de quasi-dogme favorisant la parfaite mobilité des capitaux, on pense à nouveau que la mondialisation financière n'est pas irréversible et il paraît urgent de parvenir à une gouvernance monétaire et financière mondiale.

Conclusion

S. Berger affirme à propos de la mondialisation que l'histoire nous enseigne « que le phénomène n'est pas irréversible ». Les deux derniers siècles de développement capitaliste nous montrent la fragilité de la mondialisation lorsqu'elle n'est pas correctement régulée. Les récents échecs de l'OMC ont de quoi inquiéter.

Corrigé du sujet 6

Le libre-échange, tel qu'il est conçu par le GATT, est-il un facteur de croissance depuis 1947 ? (ÉCRICOME 2004)

Introduction

L'OMC connaît une jeunesse difficile. Ses conférences ministérielles ont tendance à se transformer en un véritable pugilat avec des forces altermondialistes qui en font des moments forts de la contestation de ce qu'incarne l'organisation : le libre-échange mondial. Pourtant les réunions du GATT, de 1947 à 1994, se déroulaient dans une atmosphère bien plus feutrée. Ce changement est-il le reflet de l'évolution sensible dans la philosophie de l'institution qui est passée du statut de simple accord commercial sur les marchandises à celui d'organisation mondiale ayant l'ambition de livrer, au nom de ses conséquences positives sur la croissance, une partie croissante des activités humaines au libre-échange ? Cette volonté de l'OMC ne risque-t-elle pas d'être contre-productive par rapport aux effets d'une méthode plus graduée ?

I. Le GATT ou le « mercantilisme éclairé »

A. Des principes qui se fondent sur la théorie économique orthodoxe

a. À partir de 1947, pour promouvoir le libre-échange, le GATT s'appuie sur quatre principes : principe de non-discrimination (clauses de la nation la plus favorisée et du traitement national), celui de l'abaissement général et progressif des droits de douane, celui de l'interdiction des restrictions quantitatives à l'importation comme à l'exportation et, enfin, l'interdiction du dumping.

b. Les premiers véritables thuriféraires du libre-échange. A. Smith raisonne en termes d'avantages absolus et insiste sur la possibilité de surmonter l'étroitesse des marchés domestiques grâce aux échanges internationaux. D. Ricardo (loi des coûts comparatifs) voit dans la spécialisation internationale la possibilité d'accroître les disponibilités en marchandises et de diminuer les prix des biens agricoles.

c. C'est surtout la théorie moderne du commerce international qui s'élabore au moment de la signature du premier GATT. Reprenant les travaux de E. Heckscher et B. Ohlin, P. Samuelson et W. Stolper raisonnent en termes de dotations factorielles pour prévoir une convergence des rémunérations.

B. Mais le libre-échange admet de nombreuses exceptions...

a. Comme son nom l'indique, le GATT ne concerne que les marchandises (il exclut les services). Il ignore aussi les produits agricoles (restrictions aux importations et subventions), le textile (accords multifibres, AMF à partir de 1974), les investissements, la propriété intellectuelle...
b. Les PED ont obtenu le droit de relever leurs tarifs douaniers pour protéger les industries naissantes. Ils mènent ainsi des politiques ISI à l'abri de mesures protectionnistes. Exemption de l'obligation de réciprocité depuis 1964 obtenue par la CNUCED. Le système généralisé de préférences (SGP) les autorise à déroger à la clause de la nation la plus favorisée.
c. Le GATT admet la constitution d'unions régionales (article XXIV) si elles ne conduisent pas à un accroissement des obstacles douaniers pour les tiers et si les barrières internes sont totalement supprimées dans la zone.

C. ... si bien que le rattrapage se produit avec des économies peu ouvertes

a. La forte croissance des économies européennes se fait dans un cadre largement autocentré. L'augmentation des taux d'ouverture et celle des échanges internationaux, deux fois plus rapide que celle des PIB en moyenne, se font à partir de niveaux particulièrement faibles.
b. Le Japon profite de son côté de l'ouverture commerciale des membres du GATT, protège largement son marché intérieur et sous-évalue le yen. Il connaît une croissance à deux chiffres ce qui fait dire à P. Bairoch que « le vainqueur est celui qui ne joue pas le jeu » (rôle de « passager clandestin »).
c. À partir du milieu des années 1960, les « dragons » entament le même parcours : politiques ISI et sous-évaluation du change sont mises en œuvre pour enclencher une forte croissance et opérer la sortie du sous-développement.

II. La crise et la création de l'OMC changent la donne

A. Avec la crise, le GATT est de plus en plus menacé...

a. La crise industrielle révélée par le premier choc pétrolier conduit les États-Unis et l'Europe à se protéger de la concurrence asiatique (NPIA et Japon) considérée comme déloyale : adoption par les EU de mesures de rétorsion unilatérales (section 301 du *Trade Act* de 1974, *Omnibus Trade and Competitiveness Act* en 1988), signature d'accords de restrictions volontaires aux exportations (RVE), subventions à l'exportation, recours à des normes sanitaires ou techniques, autorisations administratives d'importation, attribution des marchés publics aux seules entreprises nationales, manipulations des taux de change...
b. Les justifications sont nombreuses et vont de la nécessaire **protection des industries vieillissantes** (N. Kaldor, 1978) au « jeu international de saute-mouton ». En période d'intenses transformations technologiques, » ceux qui veulent sauter, adoptent des mesures qu'ils jugent propres à accélérer le jeu du marché » (B. Lassudrie-Duchêne).

B. ... il y répond par une conception plus large du libre-échange

a. Cette crise diffère de celle des années 1930. Le Tokyo Round (1973-1979) réunit 99 parties contractantes et débouche sur une baisse moyenne des droits de 34 %. Constatant l'accroissement des obstacles non tarifaires à l'échange, l'Uruguay Round inaugure une autre conception du libre-échange que l'OMC est chargée de mettre en œuvre depuis 1995.

b. Il s'agit d'abord d'appliquer les règles communes du GATT à l'agriculture et aux services, soit les trois quarts de l'activité économique mondiale, alors que les gouvernements des pays du Nord sont pris en tenaille entre les délocalisations décidées par « leurs » multinationales et des opinions publiques hostiles au libéralisme. L'OMC tend à remettre en cause les facilitations accordées aux pays du Sud pour leurs exportations et leurs entorses faites au libre-échange. Cependant les demandes du Groupe de Cairns s'opposent aux PMA bénéficiant encore d'accords préférentiels unilatéraux qui leur assurent un accès privilégié aux marchés des pays du Nord. Les PMA ont peu à attendre d'une libéralisation multilatérale alors que les exportations de produits tropicaux n'ont pas à craindre la concurrence de substituts.

c. Mais le libre-échange n'est pas la panacée : l'impact défavorable sur la croissance de spécialisations trop précoces et/ou peu porteuses a été dénoncé par le passé par R. Prebisch (détérioration des termes de l'échange) ou S. Amin et A. Emmanuel (échange inégal). Aujourd'hui, du fait de structures d'exportation assez proches, l'exacerbation de la concurrence induite par une libéralisation accrue de la filière textile peut dégrader les termes de l'échange de nombreux PED.

C. Les nouvelles théories tournent le dos au libre-échange intégral

a. Si la plupart des marchés sont imparfaits (monopoles, oligopoles, concurrence monopolistique…) parce que, par exemple, les rendements sont croissants, les hypothèses sur lesquelles se fonde le discours traditionnel en faveur du libre-échange ne sont plus valables.

b. Le modèle de Brander et Spencer (1983), avec l'exemple du duopole Boeing-Airbus, justifie le principe d'une « politique commerciale stratégique » à partir d'arguments relevant d'un « mercantilisme moderne » (actualisation de l'argument de la protection des « industries dans l'enfance » de F. List, 1841). Les effets d'apprentissage donnent également un avantage au premier entrant.

c. Le **régionalisme** voire les accords bilatéraux peuvent davantage favoriser la croissance. La vivacité des négociations bilatérales ou régionales tranche par rapport aux difficultés rencontrées par le multilatéralisme porté par l'OMC.

Conclusion

Si le libre-échange organisé qui a prévalu de 1947 à la fin des années 1980 a pu favoriser la croissance, ses effets ont été différents selon les pays et les plus pauvres n'en ont pas engrangé les bénéfices. L'impact positif du libre-échange intégral est contredit par une partie de la théorie économique et confronté aux doutes de la société civile. Pourtant, alors que le multilatéralisme rencontre une nouvelle crise, le commerce s'envole, porté par des acteurs majeurs : les FMN.

Sujets d'oral

1. Quel est le rôle de l'OMC dans la régulation des échanges internationaux ? (ESCP 2003)

2. Dans quelle mesure les firmes multinationales mettent-elles en concurrence les économies nationales ? (ESCP 2004)

3. Les firmes ont-elles intérêt à s'internationaliser ? Vous appuierez vos assertions par des exemples historiques précis. (ESCP 2004)

4. Le libre-échange est-il une condition nécessaire du développement ? (ESCP 2004)

5. Comment les échanges internationaux peuvent-ils être expliqués par les théories traditionnelles du commerce international ? (ESCP 2003)

6. La création des zones de libre-échange : un optimum de second rang ? (ESCP 2002)

Corrigé du sujet 1

Quel est le rôle de l'OMC dans la régulation des échanges internationaux ? (ESCP 2003)

Introduction

À l'instar de celle de Hong Kong de décembre 2005, les conférences ministérielles de l'OMC sont l'occasion de manifestations alter-mondialistes qui ont réussi à faire de l'organisation née en 1995 le symbole d'une mondialisation honnie. Mais quel est le rôle précisément confié à l'OMC par ses membres ? S'agit-il de poursuivre avec davantage d'efficacité l'action entamée par le GATT dès 1947 ? D'instaurer le libre-échange dans tous les domaines ou de réguler, au sens de réglementer là où, sans son action, il n'y aurait que désordre ?

I. Un rôle plus ambitieux que celui du GATT

A. La reprise des principes et des acquis de son « ancêtre »...

a. Les **obligations centrales**. Les membres de l'OMC doivent respecter la clause de la nation la plus favorisée, principe essentiel du multilatéralisme, et réduire les droits de douane sur leurs importations. Ainsi, l'ensemble des pays membres bénéficient des abaissements de droits résultant des négociations bilatérales.

b. Le **code de conduite**. Les nations s'engagent à ne pas mettre de nouvelles entraves aux échanges. Elles doivent instaurer les conditions d'un commerce loyal. Les droits de douane, transparents et négociables, sont les seuls obstacles tolérés. En revanche la règle du traitement national interdit de discriminer entre producteurs nationaux et importations. Les pratiques de dumping et les subventions aux exportations des produits industriels sont interdites.

B. ... mais avec davantage d'ambitions et d'autres moyens

a. L'OMC fait du **libre-échange** une **fin en soi**. Sa mission est de l'appliquer aux services, à la propriété intellectuelle, à l'agriculture, au textile-habillement (programme de négociations incorporé, 1994).
b. L'OMC joue le rôle d'un véritable gendarme disposant d'un pouvoir de surveillance et de sanction. Le MEPC (Mécanisme d'examen des politiques commerciales) et l'ORD sont à la disposition de tous ses membres, dont les deux tiers sont des PED.

II. Un rôle et une autorité régulièrement remis en cause

A. Les limites de la « philosophie » et des procédures de l'ORD

a. Les 105 jugements de l'ORD (de 1995 à 2005) arbitrent en faveur de la liberté du commerce aux dépens de la protection de l'environnement, du principe de précaution et du respect des normes du travail. Ces aspects restent du ressort de l'ONU, de l'OIT ou de l'OMS.
b. PED et PDEM s'affrontent : les premiers craignent un retour déguisé des pratiques protectionnistes de la part des seconds qui dénoncent les risques de dumping écologique ou social. Les coûts très élevés des procédures et des expertises mettent les PMA dans l'incapacité de recourir à l'ORD.
c. L'OMC n'est pas armée pour lutter contre le dumping monétaire lié à la manipulation des taux de change que pratiquent certains PED ou contre le comportement de « passagers clandestins » de certains pays qui profitent de la clause de la nation la plus favorisée sans rien céder en échange.

B. Une régulation contournée, une organisation contestée

b. Les accords bilatéraux et régionaux (230 en 2004, quatre fois plus qu'en 1990) multiplient les exceptions au multilatéralisme. Ces accords mettent de plus en plus souvent en rapport des pays géographiquement et économiquement éloignés (remise en cause de la clause de la nation la plus favorisée).
b. L'OMC n'a pas réduit le pouvoir des FMN. À l'origine des deux tiers des échanges mondiaux, dont 40 % de commerce captif (multiplié par deux en dix ans), elles se comportent en oligopoles quand l'OMC plaide en faveur de la concurrence.
c. Les conférences ministérielles focalisent l'hostilité des forces altermondialistes. Seattle (1999), Cancun (2003), Hong Kong (2005)... sont autant d'échecs qui conduisent à revoir sans cesse les ambitions à la baisse. Les règles de décision à l'unanimité de ses 149 membres en font parfois un « colosse aux pieds d'argile ».

Conclusion

L'OMC aura connu une enfance difficile. Ses ambitions paraissent démesurées et provoquent un retour en force d'autres niveaux de négociation. Ces difficultés nous rappellent que la mondialisation n'a rien d'irréversible. Alors que la « première mondialisation » a buté sur des impasses et conduit au repli de la première moitié du XXe siècle, l'existence et l'appui d'une organisation ne suffisent pas à éviter les contestations, surtout si elle souffre d'un réel déficit démocratique.

Corrigé du sujet 5

Comment les échanges internationaux peuvent-ils être expliqués par les théories traditionnelles du commerce international ? (ESCP 2003)

Introduction

La théorie du commerce international débute véritablement avec les *Principes de l'économie politique et de l'impôt* publiés par D. Ricardo en 1817. Reprenant les intuitions d'A. Smith pour prôner un libre-échange sans nuances, il inaugure une tradition que reprendra la théorie moderne du commerce international qui s'élabore dans la première moitié du XXe siècle. Ces théories gardent-elles leur validité avec la mondialisation et l'explosion des IDE des multinationales ? Leurs hypothèses et les résultats proposés par ces modèles supportent-ils la confrontation avec la réalité empirique des échanges dominée par l'importance des flux entre pays industrialisés ?
Si le modèle ricardien constitue une référence incontournable, la réalité des échanges invalide pour une bonne part les hypothèses et les résultats des théories traditionnelles des échanges internationaux.

I. Le modèle ricardien : une référence incontournable

A. D. Ricardo énonce que l'ouverture aux échanges est toujours favorable à l'ensemble des parties

a. Dans sa thèse des avantages comparatifs, D. Ricardo raisonne à l'aide d'un modèle à deux produits – deux pays et un seul facteur de production (le travail). Il suppose l'immobilité internationale des facteurs et leur mobilité nationale.
b. Il ne voit alors qu'une condition pour qu'un pays ait intérêt à participer à l'échange international : que les rapports d'échange entre les deux biens diffèrent. Ainsi, même si un pays est moins productif que l'autre dans les deux productions (plus de temps de travail), il compense ce handicap par des salaires plus faibles. Pour tirer avantage du libre-échange un pays se spécialisera dans la production pour laquelle son avantage est le plus grand et l'autre pays là où son désavantage est le plus faible.

B. Hecksher-Ohlin-Samuelson prolongent les résultats de D. Ricardo...

a. La théorie moderne du commerce international abandonne le raisonnement en termes de valeur travail pour considérer que les prix des facteurs sont déterminés par les marchés. Elle envisage deux biens dont l'un est relativement capitalistique et l'autre travaillistique. Comme chez D. Ricardo les rendements sont constants.
b. Chaque pays a alors intérêt à se spécialiser dans la production du bien qui demande relativement beaucoup de facteurs qu'il détient abondamment. Ainsi (théorème Stolper-Samuelson), l'échange international fait converger les revenus (salaires et rente) dans les deux pays, le facteur rare relativement abondant (et le facteur abondant rare).

C. … utiles pour comprendre le commerce de complémentarité

a. Le modèle ricardien rend compte des échanges internationaux portant sur des biens différents, effectués sur des marchés concurrentiels et mettant en contact des partenaires aux structures (importations et exportations) différentes.
b. Comme chez D. Ricardo la spécialisation internationale dépend de l'efficacité productive comparée, l'échange aboutira à la disparition des activités relativement moins productives.
c. La pensée néoclassique explique pourquoi les pays asiatiques avaient intérêt à se spécialiser dans les biens demandant beaucoup de travail et à importer les biens demandant beaucoup de capital. On aboutit alors à des échanges verticaux fondés sur d'importants écarts de coûts salariaux.

II. Des hypothèses et des résultats largement invalidés par la réalité des échanges

A. Des hypothèses trop restrictives

a. Remise en cause de l'hypothèse de la constance des rendements par les nouvelles théories du commerce international. La présence d'oligopoles, de monopoles, ou les situations de concurrence monopolistique (concurrence imparfaite) entament le plaidoyer classique en faveur du libre-échange et fondent les modèles prônant le recours à des politiques commerciales stratégiques (modèle Brander-Spencer, 1983).
b. Quant à l'hypothèse d'immobilité des facteurs, elle colle mal avec l'explosion des flux d'investissements directs à l'étranger (IDE). Pour W. Andreff, la théorie traditionnelle des échanges est « malade des firmes multinationales ».

B. Des résultats en partie invalidés

a. Les échanges commerciaux mettent en rapport des pays proches quant à leur niveau de développement économique. Aussi la structure des exportations ressemble à celle des importations. L'importance des échanges intra-branches entre pays développés (échanges croisés de biens proches) conduit à voir dans l'exportation le prolongement de la vente sur le marché ou la possibilité de satisfaire une demande de différence (S. B. Linder, Lassudrie-Duchêne).
b. D'autre part la convergence des rémunérations ne se vérifie pas : si on exclut la Chine, les inégalités mondiales entre pays augmentent depuis 1980 (augmentation de l'indice de Gini) malgré les (ou à cause des) progrès de l'ouverture commerciale.
c. Absence de neutralité de la spécialisation internationale : les effets de l'ouverture aux échanges dépendent du type d'exportations. Les avantages sont plus construits que donnés : mieux vaut exporter des produits à rendements croissants que risquer, à partir d'une spécialisation dans les exportations en produits primaires, une « croissance appauvrissante » (J. Bhagwati).

Conclusion

Les théories traditionnelles raisonnent à partir d'hypothèses trop restrictives et accordent une importance démesurée aux conditions d'offre. Les échanges internationaux supposent de recourir à une pluralité de facteurs tandis que l'on ne peut se passer de la prise en compte des stratégies mises en œuvre par des firmes qui, parfois, agissent d'emblée à une échelle planétaire. Fondamentalement, ce ne sont plus simplement des nations qui échangent.

Monnaie et finances internationales 7

L'essentiel

Les faits

XIXe siècle : principe de l'étalon-or, les monnaies sont intégralement convertibles en or et à un taux fixe, dans la pratique cependant rôle clé de la livre sterling.

1922 : les accords de Gênes officialisent le *Gold exchange standard* (GES) ; il y a deux catégories de devises, celles qui sont directement convertibles en or (les « centres or ») et peuvent être utilisées comme instrument de réserve, et celles qui sont seulement convertibles en devises convertibles en or.

1931 : avec la fin de la convertibilité or de la livre qui sera suivie de celles des autres monnaies, le GES se termine et le monde se fractionne en zones monétaires.

1944 : accords de Bretton Woods qui instaurent un GES avec une seule monnaie convertible en or le dollar, des taux de change fixes mais ajustables et créent le FMI qui veille au respect des règles et accorde des prêts aux pays connaissant des difficultés de balance des paiements.

Jusqu'en 1958 : le système ne fonctionne pas vraiment, car les monnaies (sauf le dollar) ne sont pas convertibles. L'aide Marshall assure le financement international. L'Union européenne des paiements assure les règlements intra-européens.

1958-1970 : le système fonctionne malgré des tensions croissantes sur le dollar. **1960** : création du pool de l'or les banques centrales mettent en commun leur réserve d'or pour lutter contre la spéculation. **1967** : création du DTS (droit de tirage spécial), nouvelle source de liquidité internationale et ébauche d'une monnaie internationale, mais en pratique c'est aujourd'hui pour l'essentiel une unité de compte calculée à partir d'une moyenne pondérée des quatre principales monnaies. 1968 création du double marché de l'or, un marché officiel entre les banques centrales (avec le cours de 35 $ l'once) et un marché libre ou les cours ne sont pas fixes (les banques centrales ne veulent pas perdre leur or pour soutenir le dollar).

1971 : le 15 août, inconvertibilité du dollar puis dévaluation de celui-ci dans le cadre des accords du Smithsonian Institute de décembre.

1972 : création du serpent monétaire européen dans le cadre d'un projet d'union monétaire. Ce serpent, du fait de trop fortes divergences dans les évolutions économiques, se disloque.

1973 : deuxième dévaluation du dollar (février) puis flottement (mars) ; *de facto* le système de Bretton Woods n'existe plus.

1976 : la conférence de la Jamaïque entérine le flottement et la fin du système de Bretton Woods. Un système marqué par la liberté des mouvements de capitaux et la montée d'un système financier international va dans la pratique lui succéder.

1979 : création du Système monétaire européen qui vise à limiter les fluctuations entre les monnaies européennes et conduira à une convergence dans la désinflation.

1982 : crise de la dette d'un certain nombre de pays du Tiers-Monde endettés essentiellement auprès des banques. Cette crise et les suivantes vont transformer le rôle du FMI avec de nouvelles modalités de prêt et une intervention centrée sur les pays de la périphérie.

1985 : les accords du Plaza organisent la baisse concertée du dollar après sa forte hausse du début des années 1980. Les accords du Louvre de 1987 estiment que des taux de change satisfaisants sont atteints. Cette période de coopération monétaire ne dure pas : les années 1990 sont marquées par le retour de la part des États-Unis à une gestion nationale du dollar.

DÉCEMBRE 1991 : le traité de Maastricht décide la monnaie unique pour 1997 ou 1999 pour les pays respectant les critères de convergence (en terme d'inflation, de taux d'intérêt, d'équilibre budgétaire et d'endettement public).

1992-1993 : le SME connaît une crise grave, suite aux conséquences de la réunification allemande, qui conduit à sa quasi-implosion.

1997-1998 : crises financières des pays émergents d'Asie puis de la Russie, dans le cadre d'un recours grandissant aux marchés financiers.

1999 : onze pays de l'Union européenne abandonnent leur monnaie nationale pour l'euro (un douzième, la Grèce, s'ajoute en 2001) qui sous forme métallique ou papier (les pièces et billets) entre en circulation le premier janvier 2002.

Les outils

BALANCE DES PAIEMENTS : enregistre l'ensemble des opérations économiques réalisées entre les résidents d'un pays et les non-résidents pendant une période donnée ; au total, elle est équilibrée (les sorties de devises sont compensées par des entrées ou l'utilisation de réserves de change) mais des soldes partiels significatifs peuvent être dégagés ; **balance commerciale** : exportations moins importations de marchandises ; **balance des transactions (ou des paiements) courantes** : ajoute à la précédente les échanges de services, de revenus et les transferts courants ; ce solde, plus le solde du compte de capital qui est peu important, est égal à la capacité (si positif) ou au besoin (si négatif) de financement de la nation ; **solde à financer** (remplace l'ancienne balance de base) : solde des opérations courantes plus le solde du compte de capital plus le solde des investissements directs, c'est-à-dire l'ensemble des opérations présentant une certaine stabilité, et donc ce que le pays doit véritablement financer en recourant à des opérations financières par nature instables, comme les investissements de portefeuille, ou en puisant dans ses réserves de change ; **solde global** : regroupe toutes les opérations réalisées par les institutions non monétaires, il est égal à la création monétaire nette induite par l'ensemble des opérations des agents économiques non monétaires (variation de la position monétaire extérieure) ; la variation des réserves de change montre si l'équilibrage de la balance a entraîné une augmentation ou une diminution des réserves publiques de change.

COURBE EN J ET CONDITION DE MARSHALL-LERNER : une dévaluation-dépréciation dans un premier temps détériore le solde commercial, car pour un même volume d'exportations et d'importations elle se traduit par de moindres entrées de devises (effet-prix) ; mais en un deuxième temps, en théorie, elle se traduit par une hausse des exportations et une baisse des importations (effet-volume) : pour que cette deuxième phase d'amélioration ait lieu il faut que l'effet-volume vienne compenser l'effet-prix, autrement dit que la somme des élasticités-prix à l'exportation et à l'importation soit supérieure à un.

TERMES DE L'ÉCHANGE : mesurent les gains (et leur évolution) qu'un pays tire de l'échange international, sous leur forme la plus simple se calculent par le ratio prix des exportations/prix des importations, ou évolution du prix des exportations/évolution du prix des importations ; une augmentation de ce dernier rapport signifie qu'avec le même volume d'exportations le pays peut se procurer davantage de produits étrangers ; une dévaluation (réévaluation) détériore (améliore) les termes de l'échange.

RÉGIMES DE CHANGE. Changes fixes : les monnaies ont une parité officielle qui est maintenue soit par des mécanismes automatiques (ex. : étalon or du XIXe) soit par les interventions des banques centrales sur le marché des changes ; **changes flottants** : les monnaies fluctuent en fonction de l'offre et de la demande sur le marché des changes ; **flottement pur :** pas d'intervention des banques centrales ; **flottement impur** : intervention discrétionnaire des banques centrales (*dirty floating*) ; les changes flottants ont la préférence des libéraux (cf. Friedman), ils permettent en théorie au marché de fixer la vraie valeur et aux politiques monétaires d'être autonomes ; pour leurs adversaires, ils risquent de freiner le développement des échanges et de donner lieu à des mouvements spéculatifs sur des marchés des changes dès lors non efficients (bulle spéculative).

ÉTALON-OR (*GOLD STANDARD*) : les monnaies sont intégralement convertibles en or et à un taux fixe ; **étalon de change or (*Gold exchange standard*)** : la fonction de réserve internationale est assurée par l'or et par des devises convertibles en or à taux fixe ; **étalon-devise** : la fonction de réserve internationale est assurée par une ou plusieurs devises, dans un cadre de changes fixes ; **devise clé** : devise jouant un rôle central dans le SMI (moyen de paiement et instrument de réserve internationale).

EUROMARCHÉ ce sont des marchés bancaires qui travaillent sur des euromonnaies (dépôt bancaire en monnaie hors du pays d'origine). Créés fortuitement en raison de la réglementation des sorties de capitaux américains, les euromarchés ont ainsi financer les déséquilibres des balances des paiements liés aux chocs pétroliers. Par la suite, ce sont les marchés financiers déréglementés qui dominent sans faire disparaître les euromarchés.

FAS : fonds d'ajustement structurel ; **FASR** : fonds d'ajustement structurel renforcé ; **PAS** : programme d'ajustement structurel constituent les nouvelles modalités d'intervention du FMI dans le cadre des crises financières qui se manifestent depuis le début des années 1980.

Les références théoriques

Théorie de la parité des pouvoirs d'achat (PPA) : le taux de change entre deux devises est déterminé par le rapport entre leurs pouvoirs d'achat sur longue période et dans un monde réduit aux échanges de biens et services.

Théorie de la parité des taux d'intérêt : le différentiel de change tend à être égal au différentiel d'intérêt ; plus en phase avec un monde marqué par l'importance des mouvements de capitaux.

Surréaction (Dornbusch) et **bulles spéculatives :** variations de taux de change plus fortes que ce qu'impliqueraient les besoins de l'économie réelle.

Théories du rééquilibrage automatique des balances des paiements : analyse classique dans le cadre de l'étalon-or, les entrées (excédent) et les sorties (déficit) d'or donnent lieu à des mouvements de prix qui en jouant sur les exportations et les importations assurent le rééquilibrage de la balance. Analyse néoclassique dans le cadre d'un système de taux de change flottant qui par la variation du taux de change assure le rééquilibrage. Analyse keynésienne par les revenus : un excédent (déficit) commercial entraîne une hausse (une baisse) du revenu national, et donc diminue l'excédent (le déficit).

Cycle de vie de la balance des paiements (Kindleberger) : idée, partiellement vérifiée au XIXe siècle, selon laquelle au cours de son développement un pays connaît une évolution de la structure de sa balance des paiements qui le fait passer du stade de pays emprunteur à celui de pays créancier.

Triangle d'incompatibilité de Mundell-Fleming : il est impossible d'avoir simultanément taux de change fixe, libre circulation des capitaux et autonomie des politiques monétaires (renvoie au modèle IS-LM en économie ouverte).

Zone monétaire optimale : (Mundell) une zone où les avantages d'une monnaie unique l'emportent sur les inconvénients. Cela suppose une forte intégration économique, des mouvements de capitaux et de main-d'œuvre importants au sein de la zone et un certain fédéralisme budgétaire afin de limiter les chocs asymétriques et de disposer de moyens pour y faire face.

Les questions micro/macro

- Équilibre économique et équilibre extérieur
- Le modèle IS-LM BP
- Taux d'intérêt et taux de change

Sujets d'écrit

1. La place particulière du dollar dans le SMI après 1945 a-t-elle favorisé et favorise-t-elle encore la croissance de l'économie mondiale ? (ESCP 1998)

2. L'euro : un aboutissement ou une étape ? (ÉCRICOME, 2001)

3. Analysez l'évolution du SMI des accords de Bretton Woods au flottement des monnaies. (ESSEC 2002)

Corrigé du sujet 2

L'euro : un aboutissement ou une étape ? (ÉCRICOME 2001)

Introduction

Créé le 1er janvier 1999, l'euro est depuis le 1er janvier 2002 une réalité tangible pour les citoyens européens. Il est la monnaie utilisée au sein de douze des quinze pays de l'union qui ont abandonné leur souveraineté monétaire, la gestion de cette monnaie étant organisée de façon collective dans le cadre d'un système européen de banques centrales de nature fédérale.

La mise en place de cette monnaie a pris du temps, il a fallu plus de quarante ans après le début de la CEE, près de trente ans après le premier projet (rapport Werner de 1970). Pourquoi tant d'années ? N'aurait-on pu réaliser une union monétaire tout de suite ? Ces délais ne montrent-ils pas qu'une union monétaire ne peut être effectuée sans que des préalables soient réalisés, et que donc l'euro ne peut être que l'aboutissement d'étapes mettant en œuvre les conditions d'une telle réalisation ?

Il est encore trop tôt pour mesurer toutes les conséquences d'un tel changement, beaucoup mettront du temps à s'affirmer et des évolutions différentes sont possibles. Malgré tout, il semble évident que l'existence de l'euro entraîne, et plus encore entraînera, des changements qui modifieront et sans doute intensifieront l'union entre les États de l'Union tout en transformant la scène monétaire internationale : l'euro constitue donc une étape même si la destination finale n'est pas encore déterminée. Couronnement de l'intégration économique et aboutissement d'un processus laborieux de rapprochement monétaire, l'euro est aussi une étape, accélérant l'intégration par le marché, il pourrait pousser à un certain fédéralisme et tendre à s'affirmer sur la scène internationale.

I. De réels avantages à la présence de l'euro

A. Le couronnement de l'intégration économique

a. L'étape la plus poussée d'intégration régionale. Il existe des formes d'intégration régionale plus ou moins poussées : zone de libre-échange, union douanière, marché commun, union économique et monétaire. L'Europe depuis sa création est passée de l'union douanière (1968), au marché unique (prévu par le traité de Rome relancé par l'acte unique de 1986 et réalisé en 1992) et à l'UEM au 1er janvier 1999.

b. Un rapprochement de l'état de zone monétaire optimale (ZMO). L'intégration économique qui marque les premières étapes de ce processus est un préalable indispensable à l'Europe pour se rapprocher d'une ZMO (R. Mundell), qui nécessite entre autres : des échanges commerciaux intenses entre les pays, une mobilité forte des facteurs, des structures économiques similaires et un certain fédéralisme budgétaire. Différents éléments que les progrès de l'Union européenne ont permis, au moins partiellement, de réaliser.

B. L'aboutissement d'un processus laborieux de rapprochement monétaire

a. L'échec du serpent monétaire européen (créé en 1972, il se transforme en zone mark) et les difficultés du SME en 1992-1993 montrent l'impossibilité de changes fixes, préalable à l'union monétaire, sans des politiques monétaires semblables (cf. le triangle de Mundell).

b. Le succès du SME à la fin des années 1980 (qui explique la relance de l'union monétaire avec le plan Delors et le traité de Maastricht) traduit une convergence des politiques économiques, tout particulièrement monétaires, dans le cadre de la désinflation. Le succès de l'UEM (malgré la crise du début des années 1990) est le résultat de la réalisation d'étapes (UEM 1, 2 et 3) qui organisent cette convergence monétaire en prévoyant le respect de critères stricts (les critères de Maastricht de déficit budgétaire et d'endettement public, de taux d'inflation et d'intérêt, de stabilité des changes).

C. De sorte que les avantages acquis grâce à l'euro semblent l'emporter sur les inconvénients

a. Les avantages de l'euro… : suppression des coûts liés à l'incertitude et aux transactions de change ; fusion des marchés des instruments financiers se traduisant par des économies d'échelle ; concurrence plus effective, les prix étant directement comparables et les dévaluations impossibles ; renforcement de la position de l'Europe dans l'économie mondiale en faisant de l'euro un concurrent du dollar.

b. … semblent l'emporter sur les inconvénients : disparitions des politiques monétaires et de change autonomes.

II. L'euro, un rôle intégrateur et une place accrue sur la scène internationale

A. Il accélérera l'intégration par le marché

a. Sur le marché européen des biens et services : l'unification est encore aujourd'hui très partielle (cf. les différences de prix), le passage à une monnaie unique en rendant les prix directement comparables et en supprimant les coûts de change rendra la concurrence encore plus effective qu'elle ne l'est aujourd'hui et rapprochera les prix.

b. Sur le marché des facteurs de production : l'unification va aussi s'accélérer. Les marchés financiers vont être poussés à s'unifier pour bénéficier d'économies d'échelle. Les firmes européennes accentueront leurs rapprochements. Pour la main-d'œuvre où la mobilité reste faible, le développement de la mobilité risque d'être plus lent compte tenu des obstacles culturels mais (en particulier pour les cadres) elle se développera.

Finalement, si le marché unique était un préalable il ne sera achevé qu'avec l'euro.

B. Il pourrait pousser à un certain fédéralisme

a. Vers un fédéralisme budgétaire ? Le système actuel est marqué par un fédéralisme boiteux : fédéralisme monétaire (« apolitique ») et discipline budgétaire dans le cadre du pacte de stabilité, mais pas de véritable politique budgétaire commune : est ce tenable à terme ? Les pays ne devront-ils pas être conduits, pour obtenir l'efficacité macroéconomique maximale, à coordonner et harmoniser leurs politiques. Ne faudra-t-il pas envisager, pour lutter contre les chocs asymétriques, le développement du budget européen et affirmer un certain caractère fédéral ?
b. Vers une harmonisation plus vaste ? Au-delà des politiques économiques, l'accélération de l'intégration des marchés entraînée par l'euro poussera à certaines harmonisations (fiscale, sociale) sous peine de voir triompher une concurrence sauvage.
Ces évolutions prendront du temps et des formes difficiles à prévoir car elles se heurtent à l'absence de projet politique européen et à la résistance des États.

C. Il tendra à s'affirmer sur la scène internationale, sous conditions

a. Un rôle international destiné à s'affirmer... : l'euro est une monnaie qui recouvre et recouvrirait plus encore, avec l'entrée de la Grande-Bretagne et l'élargissement à l'Est, la zone économique la plus importante de la planète. Son poids dans les transactions commerciales et financières internationales est de ce fait important. Il devient une monnaie de transaction et de réserve internationale qui concurrence le dollar.
b. ... mais soumis à conditions : l'euro tendra à croître si les évolutions de cette monnaie (stabilité ou appréciation), des économies européennes (inflation, croissance) et aussi du fonctionnement des institutions européennes (qui devront en particulier parler d'une même voix sur la scène économique internationale) inspirent confiance aux opérateurs et les poussent à l'utiliser de plus en plus.

Conclusion

L'euro est incontestablement l'aboutissement de quarante années, souvent tumultueuses, de construction européenne. Il ne semble pas pour autant que l'Europe puisse en rester là : il va probablement déterminer de nouvelles dynamiques qui intensifieront l'intégration et face à ces dynamiques, sauf à faire de l'Europe seulement un marché, les gouvernements ne pourront pas ne pas réagir, modifieront les institutions et le contenu de l'Europe. Ces évolutions à venir ne sont pas pour autant mécaniques, elles dépendront des choix politiques et en fait l'euro peut conduire à plusieurs types d'Europe possibles.

Corrigé du sujet 3

Analysez l'évolution du SMI, des accords de Bretton Woods au flottement des monnaies. (ESSEC 2002)

Introduction

Après l'effondrement du système monétaire international (SMI) dans les années 1930 et en essayant de tirer les leçons de cette période, la reconstruction du SMI est organisée en 1944 à Bretton Woods. Ce système fonctionne bon an mal an une trentaine d'années avant de disparaître au début des années 1970 pour être remplacé dans le cadre du flottement des monnaies par un système plus informel. Pourquoi cette disparition et cette nouvelle organisation ? Cette transformation majeure ne doit-elle pas être reliée au passage d'une économie internationalisée à une économie mondialisée ? La mise en place de ces systèmes ne s'est pas faite sans difficultés et les fonctionnements ne sont pas sans tensions, sources d'évolutions.

Le système de Bretton Woods apparaît globalement en phase avec l'internationalisation de l'après-guerre et les changes flottants avec la mondialisation. Mais le système de Bretton Woods a mis du temps à se mettre en place et les tensions qu'il a connues très vite le feront disparaître et les changes flottants ont montré certaines limites qui ont modifié son fonctionnement.

I. Le SMI de Bretton Woods en phase avec l'internationalisation de l'après-guerre, les changes flottants avec la mondialisation

A. Le système de Bretton Woods apparaît globalement en phase avec l'internationalisation de l'après-guerre

a. Il repose sur quatre grands principes : des taux de change fixes mais ajustables ; un *Gold exchange standard* avec une seule devise convertible en or le dollar ; un code de bonne conduite : liberté des paiements courants (contrôle des changes sur les seuls mouvements de capitaux) et convertibilité externe des monnaies ; des mécanismes de crédits mutuels, pour aider les pays connaissant des difficultés temporaires de balance des paiements, attribués par le FMI, organisme qui veille au bon fonctionnement de ce système.

b. Globalement en phase avec l'internationalisation d'après-guerre, il favorise internationalisation et croissance (les changes fixes créent un contexte stable qui permet le développement des échanges). Ce développement se fait dans un cadre international organisé (cf. le GATT qui est mis en place au même moment) où des organismes publics assurent une régulation en faveur de la croissance (dévaluation, crédit du FMI) et où les États conservent leur autonomie (contrôle de mouvements de capitaux et triangle de Mundell) : un monde fondamentalement keynésien (même si la référence à l'or traduit le poids encore fort du monde classique) où les États-Unis sont une économie dominante prête à assurer leur rôle.

B. Les changes flottants dans la mondialisation

a. Après Bretton Woods un système informel qui repose sur trois éléments : des taux de changes flottants ; un dollar inconvertible en or mais qui reste la seule monnaie mondiale ; un système financier international dans lequel le FMI (ou la

Banque mondiale) n'est plus qu'un acteur parmi d'autres qui joue un rôle clé dans le financement des déficits de balance des paiements. Il y a interpénétration entre SMI et SFI (Système financier international).

b. En phase avec une mondialisation financière libérale et asymétrique : la mondialisation se traduit par une libéralisation croissante des mouvements de capitaux qui tendent à devenir totalement libre, ce qui conduit à un renouveau d'un système financier international. D'où les possibilités de financement sur ces marchés pour couvrir les déficits mais d'où aussi la nécessité d'un système de change flottant pour sortir du triangle des incompatibilités de Mundell, et ce d'autant plus que les économies occidentales vont connaître des évolutions différentes (en terme d'inflation et d'équilibre extérieur). Cette mondialisation s'accompagne d'un renouveau libéral. Dans ce cadre les changes flottants conduisent à un « vrai » taux de change d'équilibre et les marchés financiers doivent permettre de financer les déficits dans de bonnes conditions (en favorisant ceux qui permettent la croissance.) Les États-Unis restent toujours l'économie dominante et un dollar inconvertible est plus facile à manipuler en fonction des besoins de la croissance américaine.

Le diptyque « FMI/changes fixes » est remplacé par le diptyque « changes flottants/marché financier ».

II. Les limites du SMI de Bretton Woods et celles des changes flottants

A. Mais le système de Bretton Woods a mis du temps à se mettre en place et connu très vite les tensions qui le feront disparaître

a. Le système de Bretton Woods est adopté en 1944 mais il ne fonctionne pas avant 1958 car les monnaies européennes sont inconvertibles. Cette situation qui s'explique par la situation de l'après-guerre où les économies européennes sont ruinées et ne peuvent exporter suffisamment pour se constituer un volant de réserve indispensable pour assurer la convertibilité tandis que l'Amérique dispose d'excédents commerciaux d'où un *dollar gap*.

b. Dès 1960 des tensions se manifestent sur le marché libre de l'or, ces tensions réapparaissent à la fin des années 1960 et conduisent en 1968 à la reconnaissance d'un double marché de l'or, premier pas vers l'inconvertibilité qui sera officiellement proclamée le 15 août 1971, et finalement le flottement se généralise en 1973, consacrant la fin du système.

Ces tensions traduisent une méfiance à l'égard d'un dollar qui du fait du déficit américain (malgré un excédent commercial jusqu'en 1971) devient trop abondant. Cette alimentation du monde en dollars permet de fournir des liquidités internationales mais mine la confiance (paradoxe de Triffin) d'autant plus que ces déficits grandissants (qui s'accentuent après 1965) correspondent aussi à un déclin relatif des États-Unis par rapport à l'Europe ou au japon (cf. balance commerciale). Les États-Unis ne peuvent plus se permettre d'assurer la convertibilité or. Si les crises s'aggravent après 1965, c'est aussi parce que se développent les eurodollars (dollars détenus par des non-résidents et placés hors des États-Unis) ; ces capitaux flottants peuvent alimenter la spéculation et le triangle des incompatibilités commence à se manifester.

B. les changes flottants ont montré certaines limites qui ont modifié son fonctionnement

a. Si le flottement dans un monde asymétrique a permis aux États-Unis une certaine manipulation de leur taux de change en fonction de leur intérêt, ces fluctuations ont pu du fait du caractère spéculatif de ces marchés conduire à des niveaux dangereux pour l'économie mondiale et obligent à des interventions concertées (cf. accords du Plazza et du Louvre).

Les crises de change et les crises financières dans un certain nombre de pays en développement, alimentées par la libéralisation des mouvements de capitaux, ont obligé à des interventions des institutions financières internationales (FMI, Banque mondiale).

b. Un taux de change flottant n'empêche pas certains pays de conserver une certaine fixité en indexant leur taux de change de façon plus ou moins stricte sur une monnaie ou un panier de monnaie (en fait la plupart des monnaies ne sont pas flottantes).

Dans ce processus l'Europe constitue un cas à part, en passant à une monnaie unique avec l'euro qui voit le jour en 1999.

Conclusion

Le passage du système de Bretton Woods aux changes flottants est une évolution majeure qui traduit bien le passage dans les années 1970 d'une économie internationalisée où la régulation keynésienne domine à une économie mondialisée dominée par une régulation libérale. La domination américaine qui marque les deux périodes s'est exercée de manières différentes. Ce passage ne s'est fait ni du jour au lendemain ni sans crise.

Le système aujourd'hui en place fait preuve d'une souplesse qui le rend efficace mais il faisait peser des risques qui pourraient conduire à introduire une dose de régulation.

Sujets d'oral

1. Livre sterling et dollar de la fin de la Première Guerre mondiale à la fin du système de Bretton Woods. (ESCP 2002)

2. Avantages et inconvénient de la flexibilité des changes. (HEC 2003)

3. Les chocs asymétriques fragilisent-ils une union monétaire ? (ESCP 2003)

4. Le système monétaire international depuis 1945. (HEC 2003)

5. De quoi dépend le taux de change ? (ESCP 2004)

Corrigé du sujet 1

Livre sterling et dollar de la fin de la Première Guerre mondiale à la fin du système de Bretton Woods. (ESCP 2002)

Introduction

Dans les systèmes monétaires internationaux qui se sont succédé depuis le XIXe siècle toutes les monnaies ne sont pas en fait équivalentes, certaines ont un statut international d'instruments de transaction et de réserve. Ce statut de devise clé est accordé à la monnaie du pays d'économie dominante. C'est pourquoi c'est le cas de la livre au XIXe et du dollar au XXe. Mais le passage de l'un à l'autre prend du temps, la livre s'accroche pendant l'entre-deux guerres à un rôle international que le dollar n'assume qu'imparfaitement. Dans le cadre du système de Bretton Woods, le dollar devient de façon incontestée la devise clé même si la diminution de l'hégémonie américaine conduit à une certaine contestation de son rôle. Pendant l'entre-deux-guerres, deux devises clés dont la coexistence est un facteur d'instabilité. La domination incontestée du dollar en 1945 donne ce rôle au dollar seul au sein du système de Bretton Woods mais celle-ci va être de plus en plus contestée.

I. L'instabilité liée à la présence de deux devises clés

A. Un dollar qui devient une devise clé mais assume imparfaitement son rôle

a. Une devise convertible en or dès 1918 (taux de 1914), qui est donc un instrument de réserve dans le cadre du GES (*Gold exchange standard*), se met en place.
b. Un dollar qui s'appuie sur la puissance économique et financière de l'économie américaine à la sortie de la guerre. Les États-Unis ont de forts excédents de paiements courants auxquels s'ajoutent des entrées importantes de capitaux. Ils peuvent donc développer le rôle international du dollar en multipliant les prêts à l'étranger (cf. Allemagne après 1924).
c. Mais ce développement se fait sans que ce rôle soit bien assumé : une politique isolationniste avec ainsi une absence à la conférence de Gênes qui pose les principes du GES, un appareil financier à l'expérience internationale limitée.

B. Une livre qui s'accroche à son rôle

a. Une livre qui devient elle aussi convertible en or en 1925 avec la parité or de 1914 et continue donc à être un instrument de réserve, les détenteurs de livre étant ainsi « rassurés », ce rôle peut se poursuivre en s'appuyant sur un appareil financier international sans rival.
b. Mais sa situation économique n'est plus à la hauteur de ce rôle, elle n'a que de faibles excédents des paiements courants ce qui fait dépendre ses exportations de capitaux des entrées de capitaux à court terme. Et le maintien de ce rôle oblige à des politiques de déflation qui pèsent sur la croissance et l'emploi.

C. Une coexistence source de concurrence et d'instabilité

a. New York cherche à affirmer son rôle de place financière internationale et Londres à maintenir le sien. D'où une concurrence dans les attributions de prêts

(en particulier à l'Allemagne) qui favorise le gonflement de ceux-ci avec une multiplication des crédits à court terme.
b. Ce gonflement conduit à des situations financières fragiles que la crise de 1929 fera « exploser ». Et l'absence de coopération conduira à l'éclatement du système avec un repli sur des zones monétaires.

II. La domination du seul dollar après 1945 de plus en plus contestée

A. Le dollar seule monnaie internationale après 1945

a. Une domination écrasante après 1945 de l'économie américaine face à une Europe et un Japon épuisés par la guerre. Seul le dollar peut être convertible.
b. D'où une place centrale dans le système de Bretton Woods : le dollar est le seul convertible en or et est en fait la monnaie au centre du système.
c. La livre est contrainte de rentrer dans le rang. Elle échoue à rétablir sa convertibilité (en dollar) en 1947 et doit comme les autres monnaies européennes dévaluer fortement en 1949. Son rôle s'amoindrit de plus en plus et la dévaluation de 1967 marque la fin de ce rôle.

B. Mais une domination contestée qui va conduire à la crise du système

a. Dans les années 1950, période du *dollar gap* où le dollar est rare et recherché dans un contexte de reconstruction où l'Amérique est la seule à même de fournir les biens d'équipements nécessaires.
b. Le rattrapage de l'Europe et du Japon dans les années 1960 affaiblit cette domination et le dollar devient contesté, les ambiguïtés de son rôle se manifestent (paradoxe de Triffin) et la convertibilité or devient pour les États-Unis de plus en plus difficile à maintenir.
c. Les années 1970 voient alors la fin du système de Bretton Woods avec un dollar inconvertible en or en 1971 et flottant en 1973, il est alors théoriquement une monnaie comme les autres.

Conclusion

La domination de l'économie américaine au XXe siècle a permis au dollar de s'affirmer comme monnaie internationale au détriment de la livre. Ce rôle du dollar, concrétisé dans le système de Bretton Woods, semble remis en cause au début des années 1970 avec la montée des monnaies européenne et japonaise. Cependant la fin du système de Bretton Woods n'a pas en fait signifié la fin du rôle du dollar.

Corrigé du sujet 5

De quoi dépend le taux de change ? (ESCP 2004)

Introduction

Le taux de change est un prix qui s'établit sur le marché des changes où se rencontrent les offres et les demandes de devises. Avec l'entrée dans les changes flottants au début des années 1970, sur ces marchés le taux de change résulte normalement de la confrontation des offres et des demandes, les interventions des banques centrales n'étant plus systématiques. Dans ce cadre les taux de change ont connu des fluctuations beaucoup plus fortes que dans le cadre du système de Bretton Woods. Comment expliquer celles-ci ?
La détermination du taux de change à partir de la balance des transactions courantes n'a qu'une portée limitée. Les facteurs financiers jouent un rôle clé ce qui donne un rôle primordial aux anticipations et conduit à une certaine volatilité.

I. Balance des transactions courantes et taux de change

A. Le rôle de la balance des paiements courants

a. Les entrées et les sorties de devises sont d'abord le résultat des opérations courantes et donc avant tout des échanges de biens et services ; un déficit dans ce domaine conduit (toutes choses égales par ailleurs) à une baisse de la monnaie.
b. C'est dans cette perspective que se situe la théorie de parités de pouvoir d'achat. Elle met en évidence l'impact des différentiels d'inflation, et au-delà, des différences d'évolutions d'efficacité et donc de productivité. Les différences d'évolutions se répercutant sur le solde extérieur et nécessitant des ajustements de change pour le rééquilibrer.

B. Une porté limitée

a. Certaines évolutions de change peuvent s'expliquer ainsi : les changements de parité du franc par rapport au mark dans les années 1980 s'expliquent très largement par le différentiel d'inflation entre les deux pays et plus généralement une part importante des changements de parité entre les monnaies européennes. La montée du yen dans les années 1980 est liée pour une part au fait que le Japon connaît des gains de productivité plus élevés que ses partenaires. La baisse du dollar dans les années 1970 est liée aux difficultés de l'économie américaine (déficit extérieur et faibles gains de productivité).
b. Mais elle ne détermine pas vraiment les taux de change : les périodes de hausse du dollar dans les années 1980 ou au début des années 2000 se réalisent malgré des déficits des paiements courants qui se creusent. L'euro baisse au début des années 2000 malgré un excédent des paiements courants.

II. Les conséquences du rôle clé des facteurs financiers

A. L'importance aujourd'hui des facteurs financiers leur donne un rôle clé dans la détermination des taux de change

a. La mondialisation financière fait qu'une grande partie des entrées et des sorties de devises est liée à des opérations de ce type qui prennent un poids considérable dans les balances des paiements.
b. Les taux de changes et leurs variations s'expliquent alors mieux par des théories financières. La théorie des parités des taux d'intérêt relie les différentiels de taux de change aux différentiels d'intérêt, les monnaies faibles étant associées à des taux d'intérêt élevés, les fortes à des taux faibles. Les théories des choix de portefeuille montrent que les placements dans les différentes devises se font avec des arbitrages entre rendement et risque. Si le rendement escompté d'une monnaie est supérieur au risque (escompté), alors la monnaie monte.

B. Elle donne un rôle primordial aux anticipations et conduit à une certaine volatilité

a. Le poids des mouvements financiers dans la détermination des taux de change met l'accent sur les mouvements spéculatifs qui se font en fonction des anticipations. Ces anticipations conduisent à considérer ce qui est fondamental et ce qui ne l'est pas de façon variable selon les économies et selon les périodes. Ces anticipations correspondent-elles aux évolutions réelles ? Les anticipations sont-elles rationnelles ?
b. D'où une certaine volatilité : avec des phénomènes de surréaction analysés par Dornbusch qui montre que les prix des actifs réels étant rigides à court terme, la variation des taux de change est plus forte que celle rendue nécessaire par les changements dans les fondamentaux. Les analyses en terme de bulle spéculative montrent des comportements mimétiques sur le marché des changes qui font que la hausse appelle la hausse et la baisse la baisse en conduisant à des spirales de hausse ou de baisse des taux de change qui les éloignent des taux de change d'équilibre.

Conclusion

Les facteurs agissant sur la détermination des taux de changes sont multiples et leurs interactions complexes. Le poids des facteurs financiers dans les relations économiques internationales leur donne un rôle considérable même si dans le long terme les facteurs réels finissent par peser.

Capitalisme et firmes 8

L'essentiel

Les faits : la logique de marché

1791 : la loi Le Chapelier en France supprime les corporations et tout autre obstacle à la libre entrée dans un secteur économique.

1799 : *Combination Act* au Royaume-Uni, analogue à la loi Le Chapelier.

1834 : la nouvelle loi sur les pauvres au Royaume-Uni supprime l'assistance à domicile et rend plus sévère la discipline dans les *workhouses*, ce qui accélère la constitution du marché du travail.

1846 : abolition des *corn laws* au Royaume-Uni, mesure phare de l'ouverture progressive aux échanges internationaux de marchandises.

Les faits : le statut juridique de l'entreprise

1807 : le code de commerce en France distingue les **sociétés de personnes** (au capital divisé en parts sociales, non cotées et difficilement cessibles, et en général en responsabilité illimitée ; par exemple la **société en commandite simple**), et les **sociétés de capitaux** (au capital divisé en actions, éventuellement cotées, et en général à responsabilité limitée ; par exemple la **société anonyme** – 7 actionnaires et 38 000 euros de capital au minimum aujourd'hui en France). Ces dernières sont davantage favorables à une prise de risque accrue et à l'investissement.

1825 : suppression des restrictions à la création de sociétés anonymes au Royaume-Uni.

1867 : suppression en France de l'autorisation préalable du gouvernement à la création d'une société anonyme.

1882 : apparition du **trust** aux États-Unis (entente horizontale où les actionnaires des différentes entreprises partenaires confient le commandement à un état-major – *board of trustees* – centralisé, tandis qu'ils conservent la rémunération de leurs titres).

Fin du XIXe siècle : apparition de la **holding** aux États-Unis (statut actuel de la société financière à la tête d'un groupe, centralisant le pouvoir et la détention des titres) et du **cartel**, surtout en Allemagne (entente horizontale, sans fusion ni état-major en commun).

Les faits : la politique de la concurrence

1890 : le *Sherman Act* inaugure la politique antitrust aux États-Unis.

1892 : condamnation du quasi-monopole de la Standard Oil de Rockefeller sur le raffinage du pétrole américain.

1911 : deuxième dissolution de la Standard Oil, qui s'est transformée entre-temps de trust en holding.

1914 : le *Clayton Act* complète le *Sherman Act* dans le combat contre les trusts et les holdings qui les ont remplacés.

Années 1930 : la politique reflationniste du New Deal assouplit la législation antitrust.

1986 : éclatement d'ATT (*American Telephone and Telegraph*), qui détenait le monopole du téléphone aux États-Unis.

Années 1990 : l'Europe se lance à son tour dans la politique antitrust, en s'inspirant en grande partie de son homologue américaine.

2002 : Microsoft, ultra-dominant dans les systèmes d'exploitation pour ordinateurs, réussit à échapper à la scission.

Les outils

Firme en U (typologie d'Alfred Chandler) : entreprise monoproduit ou monobranche à **structure fonctionnelle** (organigramme distinguant R & D, production, vente, etc.).

Firme en M (typologie d'Alfred Chandler) : entreprise multibranche à **structure divisionnelle** (chaque division correspond en gros à une entreprise fonctionnelle).

Structure matricielle : organigramme d'une entreprise multibranche associant la dimension fonctionnelle et celle divisionnelle, afin de créer une double chaîne de commandement, horizontale et verticale.

Structure par projet : l'organigramme accorde une place importante à de petits groupes chargés de développer des projets spécifiques.

Entreprise en réseau (*hollow company*) : entreprise-holding à la tête d'un petit nombre de filiales et ayant externalisé la plupart des opérations de transformation du produit (ex. : Benetton).

Gouvernement d'entreprise : logique de répartition du pouvoir au sein de l'entreprise (elle peut favoriser les actionnaires, les managers, les syndicats, etc.).

Économies de champ ou de gamme : économies d'échelle dont bénéficient conjointement des produits de natures différentes (ex. : moteurs en commun aux voitures de tourisme et aux véhicules utilitaires légers).

Concentration technique (diminution du nombre des unités de production par augmentation de leur taille), **économique** (diminution du nombre des entreprises sur un marché) ou **financière** (diminution du nombre de centres de décision par accroissement de la taille des groupes).

CONCENTRATION HORIZONTALE (entre concurrents directs), **intégration verticale** (entre fournisseurs et clients), **diversification liée** (avec technologie en commun, ainsi automobiles et poids lourds) ou **conglomérale** (sans rapports technologiques).

CROISSANCE INTERNE (par investissement interne), **externe** (par rachat de concurrents) ou **contractuelle** (par alliance).

CONDITIONS DE LA CONCURRENCE PURE ET PARFAITE : atomicité (aucun agent économique ne peut exercer seul une influence sur les prix), **homogénéité** du produit, transparence (information identique pour tous les agents), **libre entrée** dans les branches (ce qui implique parfaite mobilité des facteurs de production, ainsi que la possibilité de sortir sans pertes excessives – si les coûts irrécupérables sont trop importants, on hésitera à entrer dans la branche) ; elle suppose des rendements factoriels décroissants et des rendements d'échelle constants.

CONCURRENCE IMPARFAITE : toutes les autres situations (**monopole** : un offreur ; **monopsone** : un demandeur ; **oligopole** : petit nombre d'offreurs), susceptibles de procurer une **rente** (surplus de revenu d'un facteur de production engendré par une faible élasticité à court terme de la demande par rapport au prix).

MONOPOLE NATUREL : résulte de rendements d'échelle croissants et implique que l'efficacité maximale soit obtenue avec un seul producteur ; **monopole discriminant** : monopole pouvant scinder son marché en compartiments étanches sur lesquels il peut avoir des stratégies de prix différentes (ex. : tarif jeunes, tarif vieux ou tarif séjour de la SNCF) ; **concurrence monopolistique** : nombre d'offreurs important mais différenciation du produit ; **marchés contestables** (William Baumol, 1982) : un petit nombre d'acteurs n'est pas préjudiciable à la concurrence si la libre entrée de nouveaux concurrents peut se produire à tout moment et si les coûts de sortie sont faibles.

Les références théoriques

LA THÉORIE DES COÛTS DE TRANSACTION (R. Coase, O. Williamson) : explique la verticalisation de l'entreprise : les **coûts de transaction** (coûts d'établissement et de suivi des contrats avec les partenaires extérieurs) s'accroissent en fonction de deux facteurs : éléments humains (rationalité limitée et asymétrie informationnelle, opportunisme) et ceux liés à la nature même de la transaction (fréquence élevée, fort degré d'incertitude, forte spécificité des relations avec le partenaire en question). L'entreprise arbitre alors entre externalisation (marché, relation contractuelle) et internalisation (hiérarchie), des choix intermédiaires étant possibles ; si les coûts de transaction sont faibles elle optera pour la première option, sinon pour la seconde. Cependant les firmes ne peuvent croître indéfiniment à cause des surcoûts bureaucratiques : la solution peut alors être de concevoir la firme comme un « nœud de contrats » écrits ou tacites (« la firme, c'est le marché », William Meckling), susceptible de lui redonner une marge de flexibilité.

LA THÉORIE ÉVOLUTIONNISTE DE LA FIRME (R. Nelson, S. Winter, 1982) : selon elle l'entreprise est d'abord une organisation qui possède une histoire, au cours de laquelle, sous la contrainte d'un environnement qui lui est spécifique, elle a accumulé tout un ensemble de compétences, à travers des apprentissages qui ont fini par se matérialiser dans des routines, et notamment une plus ou moins grande réactivité et capacité d'effectuer des choix ; cette théorie, inspirée des analyses de Schumpeter sur l'innovation et du paradigme de la rationalité limitée de Simon, se démarque fortement de la vision de l'entreprise en tant qu'entité a-historique et effectuant des choix optimaux en vertu d'une rationalité illimitée.

LE GOUVERNEMENT D'ENTREPRISE

– Schumpeter (*Capitalisme, socialisme et démocratie*, 1942) : l'entrepreneur innove et s'empare d'une rente de monopole, jusqu'à ce que la concurrence l'oblige à la partager, enclenchant à terme une nouvelle recherche de rente de la part de l'innovateur. Ce processus de **destruction créatrice** est destiné à terme à s'affaiblir, à cause de la bureaucratisation des grandes entreprises qui étouffe l'innovation, de sorte que le socialisme pourrait se révéler plus efficace que le capitalisme.

– Berle et Means (*The Modern Corporation and Private Property*, 1932), Burnham (*L'Ère des organisateurs*, 1941), J. K. Galbraith (*Le Nouvel État industriel*, 1967) : l'opposition entre managers et actionnaires (en déclin à l'époque) dans l'entreprise moderne ; chez J. K. Galbraith, l'essor de la technostructure conduit en outre à renverser le rapport de pouvoir entre offre et demande au profit de la première (théorie de la **filière inversée**).

– Alfred Chandler (*Stratégie et structure*, 1972, *La Main visible des managers*, 1977, *Scale and Scope*, 1990) : la révolution des méthodes de gestion, notamment dans le cadre de la constitution des grandes entreprises américaines de la fin du XIXe siècle et du début du XXe siècle, marque le passage de la firme en U à la firme en M, sans pour autant remettre en cause le dynamisme du système (contrairement à Schumpeter).

LA THÉORIE DE L'AGENCE (Michael Jensen, William Meckling) : en situation d'asymétrie informationnelle au sein d'une organisation, au détriment du **principal** (ainsi l'actionnaire, favorable à la montée des cours boursiers) et en faveur de l'**agent** (ainsi le manager, plus proche de la réalité du terrain et qui privilégie l'augmentation du revenu et de la taille), le principal doit supporter des **coûts d'agence** pour éviter un comportement opportuniste de l'agent (ex. : rémunération de l'agent-manager indexée en partie sur la profitabilité et donc le cours de l'action de l'entreprise), tout en trouvant une organisation qui minimise ces coûts.

LE DÉVELOPPEMENT DU CAPITALISME : Braudel (*Civilisation matérielle, économie et capitalisme*, 1979), Polanyi (*La Grande Transformation*, 1944), Weber (*L'Éthique protestante et l'esprit du capitalisme*, 1905) : cf. thème 1.

L'ANALYSE MARXISTE : distingue le capitalisme classique ou libéral, le capitalisme monopoliste de la fin de XIXe siècle, le capitalisme monopoliste d'État à partir de l'entre-deux-guerres, lorsque l'État se met à intervenir massivement dans l'économie afin de sauver le système.

L'ANALYSE RÉGULATIONNISTE : distingue la régulation concurrentielle (XIXe siècle) et son altération (entre-deux-guerres), la régulation monopoliste (1945-années 1970), la recherche actuelle d'une régulation « flexible » postfordiste.

Les questions micro/macro

- Équilibre du producteur et équilibre de marché en concurrence pure et parfaite.
- La concurrence imparfaite (monopole, duopole, concurrence monopolistique).

Sujets d'écrit

1. Le rôle de la concentration des entreprises dans le développement économique depuis le milieu du XIXe siècle. (HEC 2000)

2. La recherche de la grande dimension est-elle inéluctable pour la grande entreprise dans le système capitaliste ? (ÉCRICOME 2000)

3. L'entrepreneur dans l'invention et le développement du capitalisme. (ÉCRICOME 1999)

4. Analyser l'évolution des conceptions de l'entrepreneur et de son rôle depuis le début du XIXe siècle. (ESCP 1999)

Corrigé du sujet 1

Le rôle de la concentration des entreprises dans le développement économique depuis le milieu du XIXe siècle. (HEC 2000)

Introduction

Depuis le milieu du XIXe siècle, le développement du capitalisme s'accompagne de vagues récurrentes de concentrations d'entreprises. La corrélation entre les deux phénomènes apparaît bien établie, que l'on considère le terme de concentration au sens étroit (concentration horizontale) ou bien au sens large (concentration financière et appartenance croissante à des groupes), même si une telle notion devient de plus en plus difficile à appréhender (complexification de la structure des entreprises, multiplication des ententes, souvent occultes, des entreprises réseaux ou des réseaux d'entreprises, rendant très relative la notion de frontière de l'entreprise). On peut en déduire que cette concentration a joué un rôle déterminant dans l'affirmation et la consolidation du capitalisme. Pourtant, elle n'est pas exempte de sources de déséquilibres pouvant fragiliser ce dernier, système qui, au demeurant, peut s'en affranchir dans une certaine mesure.

I. La concentration des entreprises joue un rôle essentiel dans le développement du capitalisme

A. La concentration des entreprises est un élément indispensable au développement des capacités de production du capitalisme

Elle permet d'élargir le potentiel de financement et d'investissement, de développer les économies d'échelle, réduire les coûts et atteindre une taille critique à tous les stades de la chaîne de valeurs, de dégager plus de moyens pour l'innovation, dans un contexte de deuxième puis de troisième révolutions industrielles autrement plus exigeantes en capitaux que celle du début du XIXe siècle. Des deuxième et troisième révolutions industrielles qui, en retour et en vertu de leurs caractéristiques de forte intensité capitalistique, d'ouverture des frontières ou encore de transformations juridiques (principe de responsabilité limitée), vont induire la concentration de l'offre. Alors que la théorie a longtemps eu du mal à penser véritablement l'entreprise, aussi bien chez les néoclassiques, pour qui elle se réduit à une simple boîte noire (hypothèse d'atomicité des acteurs dans un univers de concurrence pure et parfaite, problématique en termes d'équilibre et non de croissance), que chez les keynésiens (optique plus macroéconomique), le processus de concentration fait de l'entreprise un thème central de la réflexion des économistes (analyse marxienne, concepts néoclassiques de monopole naturel et de coûts de transaction).

B. La concentration des entreprises constitue aussi un élément important de stabilisation sociale et d'évolution de la régulation capitaliste

Elle joue un rôle essentiel dans le développement des droits sociaux et de l'État providence (droit du travail mieux respecté dans les grandes structures que dans les petites), ainsi que dans l'émergence d'une technostructure qui, au moment de l'affirmation du tayloro-fordisme, va induire une modification du partage de la valeur ajoutée, plus favorable à l'essor des salaires (une grande entreprise dispose en général d'une plus vaste latitude sur ce point) ou bien à la baisse des prix, au détriment des profits. La grande entreprise se révèle en somme un pilier essentiel d'une régulation monopoliste socialement stabilisatrice.

II. Pourtant la concentration des entreprises peut représenter un danger pour le développement du capitalisme

A. Une concentration néfaste au dynamisme économique et à l'équilibre social du capitalisme

La concentration est destinée à étouffer la dynamique de l'accumulation capitaliste : selon Marx, l'accumulation de capital mort asphyxie le taux de profit, et selon la théorie du capitalisme monopoliste d'État, la collusion du grand capital et de l'État est intenable à terme ; selon Schumpeter ainsi que Berle et Means, la rente de monopole étiole l'innovation et donc l'offre toutE entière, rejoignant en partie la vision négative des néoclassiques à cet égard ; enfin, des entreprises trop vastes se heurtent à l'écueil bureaucratique (hypothèse néoclassique des rendements factoriels décroissants). D'un point de vue plus social, la concentration aboutit à des tensions et à des injustices dans le partage de la valeur ajoutée entre les acteurs (managers, salariés, partenaires, clients), chacun d'entre eux parvenant inégalement à tirer son épingle du jeu en fonction du contexte historique et géographique. Ainsi, pendant les Trente Glorieuses, on observe une « dictature » de la technocratie managériale, d'où l'hypothèse de la « filière inversée » où le consommateur se voit imposer ses choix par de grandes entreprises dominatrices, lesquelles, pour acheter une paix sociale mise à mal par les dérives du tayloro-fordisme, n'hésitent pas à augmenter les salaires quitte à répercuter ces hausses sur les prix de vente et les tarifs d'achats auprès des fournisseurs (domination sur les PME, notamment la sous-traitance de capacité).

B. Mais le développement du capitalisme ne va pas forcément de pair avec la concentration croissante des entreprises

L'histoire des entreprises, et par conséquent la dynamique des branches, est jalonnée d'étapes de concentration mais aussi de déconcentration (cf. la pause des années 1970). Ainsi, pour Schumpeter, le monopole du leader est éphémère puisque l'irruption des suiveurs, innovant à leur tour, va venir redistribuer les cartes. Il faut aussi tenir compte des spécificités sectorielles et nationales : du fait notamment de leur dimension technologique, certaines branches sont davantage adaptées à la grande entreprise, d'autres favorisent plus la PME ; quant au poids respectif de ces deux pôles dans chaque pays (importance des PME en Italie, des moyennes entreprises en Allemagne), il dépend des choix stratégiques et des options en termes de partage de la valeur ajoutée, autrement dit du compromis national.

Conclusion

On observe un retour récurrent des peurs liées à la concentration des entreprises (années 1890 aux États-Unis, années 1930, 1960, etc.), excessives à bien des égards, toutefois non infondées (poids parfois démesuré des FMN face aux pouvoirs publics). Du coup la nécessité des politiques antitrust devient évidente : bien que la concentration ne signifie pas forcément un choix économiquement sous-optimal, comme tend à le démontrer la théorie des marchés contestables, elle peut et doit être maîtrisée. Il n'empêche, les très grandes entreprises demeurent des acteurs essentiels pour l'avenir du capitalisme, non seulement en termes d'efficacité mais aussi de justice (cf. Michel Aglietta et le développement d'un capitalisme actionnarial collectif ; grande entreprise souvent meilleur vecteur de diffusion d'une ébauche d'un droit du travail international) et de réponse aux grands défis de la planète (risques globaux de type social et environnemental).

Corrigé du sujet 3

L'entrepreneur dans l'invention et le développement du capitalisme. (ÉCRICOME 1999)

Introduction

L'histoire des deux derniers siècles est constellée de figures flamboyantes d'entrepreneurs : Arkwright, Siemens, Rockefeller, Ford, Bill Gates ou bien encore Steve Jobs. Ni ingénieur, producteur ou technicien à part entière (le terme apparaît en France à la fin du XVIe siècle, pour désigner un négociant fournisseur des armées royales, et ensuite un constructeur de fortifications), pas plus exclusivement homme de finance, actionnaire ou capitaliste, pas nécessairement patron ou PDG, mais parfois tout cela à la fois, l'entrepreneur est d'abord un agent économique qui agit pour son propre compte, un créateur ou un développeur d'entreprise, le lieu central de l'accumulation de capital, autrement dit un organisateur de facteurs de production. Provoquant le changement socio-économique, parfois *self made man*, toujours « capitaine d'industrie », il est un acteur central de la croissance capitaliste. Ce qui n'empêche pas que les évolutions de cette dernière puissent remettre parfois en cause son rôle, quitte à le transformer en le recombinant avec d'autres figures essentielles au développement de l'entreprise.

I. L'entrepreneur, pivot central de l'invention et du développement du capitalisme

A. Qu'il s'agisse de la mise en place du capitalisme ou de son développement ultérieur, l'entrepreneur joue un rôle essentiel d'innovateur et de stimulateur de la croissance

Acteur du changement technique en phase d'expansion du cycle (souvent au sein de structures petites ou jeunes), du changement plus organisationnel en phase de stabilisation (souvent dans le cadre de structures plus étoffées), il remplit une fonction essentielle lors de chaque vague d'innovation, en recombinant les facteurs de production, ce qui le distingue du simple capitaliste apporteur de capitaux (différence que Smith ne conçoit pas encore). Ainsi, tandis que Ford met en place la chaîne de montage, Sloan, son équivalent chez General Motors, définit les principes de l'entreprise multidivisionnelle affranchie de la culture du modèle unique (la Ford T) qui a failli mener son rival à la faillite. L'impact des entrepreneurs dans leur ensemble sur la croissance économique se révèle donc essentiel, ce qu'illustrent bien les États-Unis d'aujourd'hui, qui allient forte croissance, revenu par habitant très élevé et culte de l'entrepreneuriat.

B. Une psychologie spécifique susceptible d'exploiter les possibilités d'initiative ouvertes par le capitalisme

L'entrepreneur peut remplir plusieurs fonctions, peut correspondre à plusieurs profils originaux, mais il se caractérise toujours par sa capacité de prise de décision et d'initiative, dans un contexte de liberté d'investissement qu'il souhaitera la plus large possible (rôle de l'abolition des corporations et autres barrières aux mouvements de capitaux), le tout associé à un certain goût du risque (généralement calculé), ce qui l'oppose à la figure du rentier. Selon Schumpeter, cette prise de risque ne correspond pas seulement au désir de s'enrichir, mais aussi et surtout à une volonté de développement personnel. De même, Say souligne le caractère secondaire de la recherche du profit. Les classiques (Ricardo), puis Weber (dans son analyse sur l'éthique du protestantisme) insistent notamment sur les qualités de travail, de frugalité, d'épargne de l'entrepreneur, ce qui n'empêche pas certains d'entre eux de déployer un style de vie flamboyant (*cf.* A. Citroën).

II. Développement du capitalisme monopolistique et rôle de l'entrepreneur dans la croissance économique

A. Les transformations du capitalisme relativisent et peuvent affadir le rôle de l'entrepreneur

C'est au moment où la figure de l'entrepreneur s'affirme dans le champ de la pensée économique avec Schumpeter, au cours de la première moitié du XXe siècle, après avoir été largement ignorée par la théorie classique et surtout néoclassique (pour laquelle l'entreprise est une entité abstraite et l'entrepreneur n'a pas de réelle consistance), qu'elle subit les assauts les plus durs. L'accroissement de la taille des entreprises, le rôle passif voire négatif joué par les entrepreneurs dans les crises économiques (Schumpeter et les entrepreneurs aux mains liés par les propriétaires, leur rôle – souligné par Marx – dans le surinvestissement qui conduit le système à sa perte, la responsabilité dans le sous-investissement chez Keynes des « esprits animaux » versatiles et soumis à l'air du temps, leur moindre sensibilité aux questions de partage de revenu et donc de débouchés) imposent de confier les entreprises à une technostructure aux méthodes plus rationnelles (Alfred Chandler, John K. Galbraith). C'est le règne des financiers et des managers, moins versés dans l'innovation selon Schumpeter et pour cette raison préjudiciables à terme à la croissance du capitalisme. L'entrepreneur disparaît alors au profit du rentier.

B. La figure de l'entrepreneur est cependant loin d'avoir disparu et, couplée avec d'autres, elle continue de soutenir la croissance

Dans un environnement économique de plus en plus complexe et incertain, où l'innovation, contrairement aux prévisions pessimistes de Schumpeter, ne semble pas faiblir, et où la création d'entreprise retrouve des couleurs (vogue des *start up*) l'entrepreneur, au-delà des modes, demeure un des acteurs clés de la croissance capitaliste. Mais l'action d'une telle figure ne peut être dissociée de celle des autres parties prenantes au sein de l'entreprise (manager, financier, actionnaire, salarié, etc.) avec lesquelles elle se confond à l'occasion. Loin du héros solitaire, l'action de l'entrepreneur ne se conçoit plus hors de l'interaction avec les acteurs internes à l'entreprise (où il est loin de détenir le monopole de l'initiative – cf. la diffusion de mécanismes d'intéressement – et où le développement d'une plus grande autonomie décisionnelle conduit à l'apparition d'« intrapreneurs »), aussi bien qu'avec ceux qui en sont à l'extérieur (notamment les pouvoirs publics).

Conclusion

Certes, l'apparition et l'affirmation du capitalisme demeurent en partie attribuables à l'apparition régulière d'individus, parfois exceptionnels, capables de diriger des entreprises – voire des institutions (semi-)publiques – de taille parfois conséquente et d'influer sur la nation tout entière. C'est l'absence de ces individus qui explique en partie la stagnation économique de certains pays du Sud. Mais, au-delà du rôle des acteurs, il faut aussi tenir compte de celui des organisations elles-mêmes, dont il serait sans doute erroné de considérer que l'efficacité puisse être entièrement redevable à la clairvoyance et aux qualités, fussent-elles hors normes, d'un ou d'une poignée d'individus.

Sujets d'oral

1. Comment expliquer la concentration des entreprises au XIXe siècle ? (ESCP 2004)

2. Qui dirige l'entreprise ? (ESCP 2004)

3. Assiste-t-on depuis une vingtaine d'années à un retour de l'actionnaire dans les PDEM ? (ESCP 2003)

4. Le XIXe siècle a-t-il été celui de la concurrence imparfaite ? (ESCP 2002)

5. L'évolution de la structure organisationnelle de la grande entreprise au XXe siècle. (ESCP 2002)

6. La minimisation des coûts de production assure-t-elle la réussite du producteur ? (ESCP 2002)

7. La concurrence imparfaite aujourd'hui. (ESCP 2001)

8. Quel est le rôle des PME dans le développement économique ? (ESCP 2000)

Corrigé du sujet 2

Qui dirige l'entreprise ? (ESCP 2004)

Introduction

Dans une économie où la concurrence pure et parfaite est supposée régir le marché, l'entreprise est un point virtuel, *price taker* et non *price maker*, dont l'analyse n'a guère d'intérêt : ce n'est donc qu'à la fin du XIXe siècle que la théorie va commencer à s'interroger sur l'entreprise en tant que telle et sur son organisation. Mais les faits ne l'ont pas attendue, et dès sa naissance, au Moyen-âge, l'entreprise se trouve notamment confrontée à des questions de commandement, une problématique rendue d'autant plus cruciale que les deux derniers siècles ont été les témoins d'une croissance spectaculaire de la taille de certaines d'entre elles, le tout dans un environnement économique de plus en plus complexe. Ainsi, à une conception traditionnelle d'une direction d'entreprise monocéphale et claire, sont récemment venues se superposer des visions insistant sur la multiplicité des acteurs et l'incertitude des canaux de transmission du pouvoir.

I. Une direction interne centralisée et claire

A. L'entreprise pilotée par un entrepreneur unique

C'est le cas de figure correspondant à l'entreprise innovatrice créée et développée par un entrepreneur schumpétérien, omniprésent et omnipotent, identifié à son entreprise ; c'est aussi plus généralement le cas de la PME, que la célèbre manufacture d'épingles décrite par Smith pourrait illustrer. S'inspirant du modèle militaire, Fayol (cf. chapitre 12 sur l'organisation du travail) a consacré une grande partie de son œuvre à expliciter la notion de commandement d'entreprise, nécessairement centralisé à ses yeux.

B. L'entreprise dirigée collégialement

Dans un contexte de croissance de la taille des entreprises, de gestion plus complexe, de passage de l'effervescence innovatrice des débuts à la rationalisation des méthodes de production et à la réduction des coûts, le tout dans un cadre de maturation du marché, on observe le plus souvent le passage de relais de l'entrepreneur-innovateur au directeur-manager, régulièrement assisté d'un conseil d'administration ou d'un directoire. Cet essor du pouvoir de la technostructure est par exemple analysé par John K. Galbraith à propos des multinationales américaines des années 1960 (taille importante, technologies relativement stabilisées, recours à la planification, économies d'échelle).

II. Un pouvoir partagé et en incessante négociation

A. Le partage du pouvoir avec des groupes d'acteurs intérieurs ou extérieurs

À l'intérieur de l'entreprise, il faudra composer avec les cadres, notamment supérieurs et dirigeants, et le personnel en général. Aux franges de l'entreprise, actionnaires, notamment institutionnels mais aussi « petits porteurs » minoritaires, banquiers et créanciers, syndicats, pouvoirs publics, clients, groupes de pression divers ne sauraient être ignorés. Ainsi, le passage récent d'un « capitalisme managérial » à un « capitalisme patrimonial » marque le retour en force de la figure de l'actionnaire : mais, contrairement au XIXe siècle, il s'agit d'un actionnariat le plus souvent collectif et non individuel, autrement dit synonyme non de disparition de la technostructure mais plutôt de choc des technostructures (par exemple managériale contre actionnariale).

B. Une stratégie de relations humaines de plus en plus complexe

La fidélisation de collaborateurs potentiellement plus opportunistes et indisciplinés que par le passé exige du temps et des ressources (théorie des contrats implicites, théorie de l'agence) ; amadouer les différents intérêts ou lobbies suppose des politiques de communication de plus en plus sophistiquées. L'âge de la gestion de type militaire est, à de rares exceptions près, révolu dans les PDEM pour les entreprises d'une certaine taille, confrontées qu'elles sont à la multiplicité des fonctions qu'on leur attribue désormais (non seulement faire du profit, mais aussi, de plus en plus, devenir une « entreprise citoyenne », du point de vue social, politique ou bien écologique).

Conclusion

L'époque du fayolisme triomphant est depuis longtemps bien dépassée, et il est de plus en plus délicat de déterminer avec certitude qui dirige l'entreprise. Même la prééminence de logiques rationnelles au sein de l'entreprise est remise en cause, au profit de processus de décision privilégiant davantage la dimension organisationnelle, politique, contractuelle et de compromis. Mais, si elles sont soumises à des lobbies qui essaient d'en influencer la stratégie, les entreprises, conscientes de la nécessité d'élargir leur sphère d'influence et d'asseoir leur légitimité, n'en sont pas moins passées maîtres dans la constitution de ces mêmes lobbies.

Corrigé du sujet 8

Quel est le rôle des PME dans le développement économique ? (ESCP)

Introduction

Depuis quelques dizaines d'années et le « *small is beautiful* » lancé par Joseph Schumacher, les PME (entreprises de moins de 250 salariés selon la définition adoptée en Europe, ce qui n'empêche que le cas échéant une capitalisation ou une part de marché importantes) connaissent un regain de popularité et sont considérées, à juste titre d'ailleurs, comme le fer de lance en termes de création d'emploi, alors que les grandes entreprises ont plutôt tendance à licencier. Par leur souplesse, les petites structures apparaissent comme une solution aux défis auxquels les grandes entreprises sont confrontées. Jusqu'à quel point s'agit-il vraiment d'une solution convaincante, et surtout valable pour tous les secteurs et toutes les époques ?

I. Un rôle essentiel en termes d'optimisation dans l'allocation des ressources

A. La PME garantit l'équilibre tout en stimulant la croissance économique dans un contexte de flexibilité

Elle permet à la concurrence de se déployer, avec tous les avantages évoqués dès Smith et systématisés par la théorie néoclassique standard, dont elle est au fond la condition. Elle favorise l'innovation (en général l'entrepreneur-innovateur schumpétérien dirige en un premier temps une petite entreprise, moteur de la grappe d'innovations du début de la phase A du cycle Kondratieff). Elle est facteur de flexibilité (légèreté de la structure, coûts faibles, réactivité importante, adaptation à un capitalisme actuel où la taille des usines et des ateliers diminue et où le rôle des économies d'échelle n'est plus aussi dominant face à la logique de la différenciation de l'offre). La réussite française depuis un bon siècle est largement redevable aux PME des secteurs traditionnels (alimentation, boissons, luxe, distribution), qui ont su se renouveler de façon permanente, tandis que la grande entreprise aurait plutôt connu des échecs (technocratie, souvent étatique, peu efficace). De fait, les PME (moins de 250 salariés) représentent 53 % de la valeur ajoutée des entreprises en France et assurent l'essentiel des créations d'emploi (environ deux-tiers) du secteur privé.

B. La PME ne sacrifie pas la logique de la taille

Par des solutions telles que l'entreprise-réseau ou le réseau d'entreprises, elle permet au tissu économique de gagner en réactivité face à la mondialisation, tout en exploitant certains avantages d'une taille plus importante. Elle démontre ainsi que les petites structures sont complémentaires des grandes organisations et qu'elles peuvent se combiner avec elles (problématique de l'externalisation et du retour au *putting-out system*). De la sorte, la PME se retrouve au cœur de la croissance de certains pays ou régions (*clusters* des régions américaines tournées vers les hautes technologies, à l'image de la Silicon Valley ou de la Route 128, districts industriels spécialisés dans la moyenne-basse technologie en Italie).

II. Un rôle cependant limité, et qui demande en tout cas à être nuancé en fonction du contexte

A. Un rôle limité dans le développement économique

La PME peut se révéler moins rentable que prévu, avec une structure de coûts obérée par les moindres économies d'échelle (cf. coût d'accès au capital). Elle peut dès lors pâtir d'une raréfaction de la ressource financière, d'un moindre accès à l'épargne bancaire ou publique (moindre taux de cotation), ce qui aboutit dans bien des cas à une sous-capitalisation. C'est pourquoi le retard industriel français depuis le XIXe siècle a longtemps (jusqu'aux années 1970 au moins) été interprété comme la conséquence d'un tissu d'entreprises trop petites, aux mains d'un capitalisme familial frileux et malthusien. Au-delà, la PME est souvent synonyme d'inertie sociale (moindre application de la législation du travail, moindre protection sociale, risque reporté sur le travailleur), qui à son tour n'est pas forcément sans conséquences en termes d'allocation sous-optimale des ressources et de moindre croissance.

B. Un rôle à nuancer en fonction du contexte

Le rôle de la PME doit être nuancé en fonction du stade de développement du produit (cf. la théorie du cycle de vie de l'entreprise) : autant la petite structure est parfaitement adaptée à la phase de démarrage, plus on va vers la maturité plus les besoins sont importants et plus les grandes unités l'emporteront. Ce qui suppose que si la dynamique de l'innovation venait à « rajeunir » tel produit, la PME y retrouverait probablement toute sa légitimité. Son rôle évolue donc en fonction du stade au sein de la filière ou bien du secteur. Mais on peut dire aussi que par nature – innovation plus intense, etc. – certains secteurs se prêtent davantage à la PME, d'autres davantage à la grande entreprise.

Conclusion

Le capitalisme reste marqué par une double dynamique complémentaire de concentration-déconcentration, qui rappelle évidemment celle de création-destruction chez Schumpeter. Autrement dit, le développement économique ne peut se passer de la PME, mais cette dernière seule ne permet pas d'aller au bout du processus, et il faut donc passer à la taille supérieure. Il n'empêche que de plus en plus souvent la grande entreprise adopte des modes d'organisation inspirés de la petite structure (flexibilité et décentralisation, « intrapreneuriat », travailleur tendant à devenir un prestataire de services, voire un indépendant), qui la font ressembler parfois à une « fédération de PME » et qui ne sont pas sans poser de sérieux problèmes méthodologiques de recensement. Sans oublier les problèmes économiques et sociaux affectant une telle « zone grise » de l'univers du travail, ce qui explique sans doute la volonté croissante de nombreux indépendants de se structurer entre eux.

Les déséquilibres intérieurs : inflation et chômage

9

L'essentiel

Les faits : l'inflation

XIXe siècle : c'est le siècle de la stabilité des prix ce qui n'exclut pas les variations cycliques.

Depuis 1914 : l'inflation est endémique, sauf pendant les années 1930 où les prix baissent.

Les deux guerres mondiales et les reconstructions qui les suivent : fortes inflations liées aux situations d'économie de guerre.

Les années 1950-1960 : période d'inflation rampante (autour de 3 %) après l'accélération de 1950-1952 liée à la guerre de Corée.

Les années 1970 (1968-1982) : sont marquées par une forte inflation (après le choc pétrolier de 1973 elle est souvent à deux chiffres).

À partir de 1982 : désinflation qui ramène la hausse des prix depuis le milieu des années 1990 à des rythmes inférieurs à ceux des années 1960.

Les faits : le chômage

Au XIXe siècle : le chômage est endémique mais difficile à évaluer (6 à 8 % avec des poussées lors des crises périodiques). Il diminue à la fin de la période.

L'entre-deux-guerres : caractérisé par la montée du chômage qui se manifeste dès les années 1920 en Grande-Bretagne et en Allemagne et culmine à des niveaux records pendant la crise de 1929 (1933 : 25 % aux États-Unis, 33 % en Allemagne, cependant en France, encore largement rurale, le chômage reste limité).

L'après-guerre (1945 - fin des années 1960) : période de plein-emploi avec des taux de chômage plus élevés aux États-Unis qu'en Europe.

Depuis la fin des années 1960 et surtout depuis 1973 : retour du chômage avec des différences selon les pays, l'Europe est plus touchée que les États-Unis (même si ceux-ci connaissent des pointes lors des récessions) et le Japon.

Depuis le milieu des années 1990 : baisse importante du chômage aux États-Unis (quasi plein-emploi en 1997) et en Grande-Bretagne (même si la récession de 2001-2002 inverse temporairement la tendance). En Europe, si le chômage persiste en Allemagne France et Italie, il diminue dans d'autres pays (Irlande, pays scandinaves, Espagne).

Les outils

INFLATION : hausse du niveau général des prix (mesuré par un indice des prix), auto-entretenue et due à des mécanismes macroéconomiques.

INDICE DES PRIX À LA CONSOMMATION : se calcule à partir d'un échantillon de biens de consommation ; **indice implicite des prix du PIB** : obtenu par comparaison des évolutions en volume et en valeur.

GRANDEUR EN VALEUR OU EUROS COURANTS : calculée en utilisant les prix de l'année en cours, **grandeur en volume ou en euros constants** utilisant le système de prix d'une année de référence (par exemple l'année précédente) ce qui permet d'éliminer les variations de prix.

PRIX RELATIF : prix d'un bien en terme d'un autre bien ; **prix réel** : prix exprimé en une marchandise ou un service étalon, souvent le salaire horaire ce qui donne un prix en nombre d'heure de travail nécessaire pour se procurer le bien.

CHÔMAGE (définition officielle du BIT – Bureau international du travail –) : être sans emploi, disponible et à la recherche d'un emploi ; **taux de chômage** (au sens du BIT) : rapport entre le nombre de chômeurs (au sens du BIT) et la population active (employée + au chômage) ; **taux d'activité** : rapport entre la population active (employée ou non) et la population en âge de travailler (peut aussi se calculer aux différents âges) ; **taux d'emploi** : rapport entre le nombre de personnes employées et la population en âge de travailler (donne une meilleure idée que le taux de chômage de la situation du marché du travail).

LES DEFM (DEMANDES D'EMPLOI EN FIN DE MOIS) : résultent du comptage en fin de mois des personnes inscrites comme demandeurs d'emploi dans les différents bureaux de l'ANPE (agence nationale pour l'emploi) ; le chômage au sens du BIT est calculé à partir de l'enquête emploi.

LA FLEXION DU CHÔMAGE : elle signifie que le nombre de chômeurs en moins est inférieur au nombre d'emplois créés.

CHÔMAGE NATUREL : terme forgé à l'origine par Friedman pour désigner le chômage (frictionnel et structurel) dont une économie ne peut durablement s'écarter, il correspond donc à l'équilibre de long terme (pour un état donné des structures du marché du travail) ; **chômage d'équilibre** : notion assez proche (Blanchard utilise les deux termes de façon indifférente) dans le cadre des nouvelles analyses du marché du travail : dans ce cadre de concurrence imparfaite c'est le chômage qui équilibre ce marché en rendant compatibles entre elles les prétentions des employeurs et des salariés ; si le chômage constaté est supérieur à ce chômage d'équilibre il y a un **chômage conjoncturel** (qui tient à une mauvaise conjoncture, à un ralentissement temporaire de la croissance ou à une récession), contre lequel les politiques de relance sont efficaces (pour la Nouvelle macroéconomie Keynésiene) ; **chômage structurel** : tient à des transformations durables dans les structures économiques ou sociales (délocalisation, changement dans les qualifications demandées, etc.).

Les références théoriques

LES DIFFÉRENTES ANALYSES DE L'INFLATION :

- **par la monnaie** : l'inflation est le résultat d'une création monétaire excessive, renvoie à la théorie quantitative de la monnaie (version traditionnelle ; version de M. Friedman dans laquelle si, à court terme, la hausse de monnaie peut avoir du fait de l'illusion monétaire un effet sur les quantités, ce n'est pas le cas à moyen terme ; version de la NMC (nouvelle macroéconomie classique) où dans un cadre d'anticipations rationnelles l'effet est seulement la hausse des prix) ;
- **par la demande** : un excès de demande conduit à un niveau de production supérieur à celui de plein-emploi qui ne peut être réalisé, d'où une hausse des prix (analyse keynésienne) ;
- **par les coûts** : une hausse du prix d'un facteur de production plus rapide que sa hausse de productivité conduit à augmenter les prix pour maintenir la part de ce facteur dans la production ;
- **par les structures** : des structures moins concurrentielles favorisent l'inflation (XXe siècle contre XIXe siècle), puisque le conflit pour le partage de la richesse peut être dénoué par le recours à l'inflation et ce d'autant plus que les gains de productivité sont différents selon les secteurs (inflation de productivité).

ANALYSE NÉOCLASSIQUE DU MARCHÉ DU TRAVAIL : elle considère le travail comme un service comme les autres, si sur ce marché il y a concurrence parfaite un équilibre se réalise, le seul chômage qui existe alors est un chômage volontaire de personnes qui préfèrent ne pas travailler à ce niveau de salaire ; dans cette analyse le salaire est égal à la productivité marginale du travail.

ANALYSE KEYNÉSIENNE : pour Keynes il n'y a pas de véritable marché du travail, le niveau de l'emploi dépend de la demande effective (escomptée par les chefs d'entreprise) ; si celle-ci est insuffisante le chômage est possible et il est involontaire, le salaire est cependant aussi égal à la productivité marginale du travail.

THÉORIE DU DÉSÉQUILIBRE ET DISTINCTION CHÔMAGE CLASSIQUE/CHÔMAGE KEYNÉSIEN (MALINVAUD) : cette approche postule la rigidité des prix et des salaires (équilibre à prix fixes), elle distingue alors deux types de chômage possible (au moins à court terme), un chômage classique dû à des coûts salariaux trop élevés et un chômage keynésien dû à une demande trop faible.

NOUVELLES THÉORIES DU MARCHÉ DU TRAVAIL : elles analysent le marché du travail comme un marché de concurrence imparfaite, en particulier en terme d'information, dont ils analysent les rigidités (contrats implicites, salaires d'efficience, *insiders-outsiders*) ; ils montrent que celles-ci sont inévitables, car elles résultent de comportements rationnels des agents, mais conduisent à un équilibre du marché avec chômage (chômage d'équilibre).

THÉORIE DU *JOB SEARCH* : elle cherche à expliquer le chômage volontaire et son développement en introduisant l'information, le chômage étant analysé (tout du moins une partie de celui-ci) comme un moyen d'améliorer la recherche d'emploi.

COURBE DE PHILLIPS : relation inverse entre le taux de chômage et le niveau d'inflation qui semblait avérée dans les années 1960 et qui permettait au Courant de la synthèse de réintroduire le marché du travail et les prix dans le modèle keynésien ; débouche sur l'idée d'un arbitrage possible entre inflation et chômage ; son dérèglement dans les années 1970 donne des arguments aux analyses de Friedman, pour qui cette courbe est instable et n'existe qu'à court terme (du fait d'une certaine illusion monétaire – cadre d'anticipations adaptatives), ainsi qu'à celles des économistes de la NMC, pour lesquels, les anticipations étant rationnelles, il n'y a pas d'illusion monétaire et la courbe de Phillips n'existe donc pas.

Les questions micro/macro

- Courbe d'offre de travail et l'arbitrage travail/loisir.
- Courbe de demande de travail et la rémunération à la productivité marginale.
- Équilibre néoclassique équilibre keynésien.
- Courbes IS-LM.
- Courbe de Phillips.

Sujets d'écrit

1. La recherche de la productivité est-elle une solution à la crise de l'emploi dans les économies capitalistes. (ÉCRICOME 1, 1998)

2. Alors que pendant les quarante années qui ont suivi la guerre la plupart des pays capitalistes industriels ont connu de fort taux d'inflation, à l'heure actuelle la déflation paraît de nouveau possible. Comment expliquez-vous cette évolution ? (ÉCRICOME, 1999)

3. Dans quelle mesure la hausse progressive du taux de chômage observée depuis 1970 résulte-t-elle d'une hausse du taux de chômage d'équilibre ou de la lenteur et de la complexité des dynamiques d'ajustement enclenchées par une succession de chocs négatifs ? (ESSEC 1999)

4. La déréglementation des marchés du travail a-t-elle des effets sur l'emploi ? (ÉCRICOME 2005)

Corrigé du sujet 2

Alors que pendant les quarante années qui ont suivi la guerre la plupart des pays capitalistes industriels ont connu de forts taux d'inflation, à l'heure actuelle la déflation paraît de nouveau possible. Comment expliquez-vous cette évolution ? (ÉCRICOME 1999)

Introduction

Alors que le XXe siècle a été celui de l'inflation, tout particulièrement la deuxième moitié, le XXIe siècle semble renouer avec la stabilité des prix. Et dans ce contexte le retour à une situation de type déflationniste, comme celle des années 1930 où non seulement les prix mais aussi les quantités produites baissent, est évoqué de façon récurrente à chaque fois que l'économie mondiale connaît un ralentissement économique accompagné de taux d'inflation très faible (ainsi en 2002). Même si pour le moment seul le Japon a connu une telle situation dans les années 1990.

Parallèlement à cette évolution, les économies capitalistes se sont profondément transformées dans les trente dernières années, la crise du milieu des années 1970 marquant en fait une rupture : la fin du capitalisme hérité de l'après-guerre et l'entrée dans la mondialisation libérale. C'est dans ces évolutions structurelles qu'il faut chercher les raisons de cette évolution., en se demandant si en fait le capitalisme des Trente Glorieuses ne s'accommodait pas, voire nécessitait l'inflation, tandis qu'elle se révèle incompatible avec l'économie mondialisée qui émerge depuis les années 1980 et dans laquelle le risque déflationniste existe.

L'inflation de croissance des années 1960 débouche sur une inflation de crise révélatrice de la crise du capitalisme hérité de l'après-guerre et la désinflation est en phase avec la mondialisation libérale, mais porte en germe le risque déflationniste.

I. De l'inflation de croissance à l'inflation de crise

A. L'inflation de croissance des années 1960...

a. L'inflation est une conséquence de la croissance et favorise celle-ci : l'inflation rampante des années 1960 est liée à une période de forte croissance qui s'accompagne de tensions sur les capacités de production : goulets d'étranglement, tensions sur le marché du travail (cf. la courbe de Phillips). Cette inflation permet bien souvent de résorber ces tensions en permettant une redistribution des gains de productivité entre les acteurs. Ainsi en France elle a permis de redistribuer la richesse en faveur de l'autofinancement et de l'investissement.

b. Le contexte national et international le permet : la redistribution « masquée » qu'opère l'inflation est rendue possible car elle n'est pas parfaitement anticipée par les agents. Tous les pays font de l'inflation, il suffit donc de ne « pas faire plus de bêtises que les voisins », en outre en cas de différentiel d'inflation trop élevé l'arme de la dévaluation pouvait être utilisée de façon efficace (cf. l'exemple des dévaluations françaises).

B. ... débouche sur une inflation de crise

a. L'inflation s'accélère à partir de la fin des années 1960 et atteint dans les années 1970 des niveaux élevés (souvent à deux chiffres). D'où des perturbations dans le calcul économique des agents qui peuvent avoir du mal à intégrer l'inflation dans leur horizon économique, le rôle d'étalon de mesure de la valeur de la monnaie étant alors remis en cause. Mais aussi des modifications dans les prix relatifs et les revenus qui conduisent à des hausses de certains prix (ou revenus) et à des baisses pour d'autres, qui ne correspondent pas à la logique du marché mais au fait que dans le processus inflationniste certains s'en tirent mieux (plus mal) que d'autres.

b. Cette inflation résulte d'une situation de crise, elle est la conséquence de tensions liées à une crise d'efficacité : le ralentissement des gains de productivité accentuant les conflits pour le partage de la richesse, les salariés voulant continuer à bénéficier de fortes hausses de salaires malgré ce nouveau contexte. Elle ne permet pas de résoudre ces conflits de façon favorable à une reprise de la croissance (ainsi en France le partage de la valeur ajoutée se détériore pour les entreprises entre 1973 et 1982) mais tend au contraire à les entretenir compte tenu de la mise en jeu des effets négatifs évoqués précédemment.

II. Le choix de la désinflation peut-il mener à la déflation ?

A. La désinflation est en phase avec la mondialisation libérale...

a. Un choix en faveur de la désinflation se met en place à partir de 1978 avec le tournant monétariste et néolibéral aux États-Unis et en Grande-Bretagne, du fait de la liberté grandissante de mouvements de capitaux il tend à s'imposer à tous (cf. le choix français en faveur de la désinflation compétitive à partir de 1983).

b. Ce choix correspond au « nouveau capitalisme » qui se met en place : un capitalisme marqué par le poids des détenteurs de capitaux et des marchés financiers, hostiles à l'inflation (capitalisme patrimonial d'Aglietta). Une économie où l'inflation est de mieux en mieux anticipée par les agents économiques (cf. anticipations rationnelles et thèse de la NMC), il n'y a donc plus comme chez Friedman d'illusion monétaire permettant à l'inflation de s'accompagner d'une relance et elle ne peut plus non plus jouer son rôle de redistribution « masquée ».

c. Dans une économie mondialisée où les mouvements de capitaux sont libres et où les marchés financiers internationaux jouent un rôle grandissant dans les financements des économies (en particulier des déficits publics) il devient très difficile de faire plus d'inflation que les autres. Les effets extérieurs négatifs (déficits) deviennent de plus en plus difficiles à combattre, les taux de changes flottants rendant les dévaluations délicates à manier avec le risque d'entrer dans le cercle vicieux des monnaies faibles, l'internationalisation financière accentuant l'interdépendance et le poids des marchés financiers hostiles à l'inflation.

B. ... mais porte en germe le risque déflationniste

a. La mondialisation accentue la concurrence et se traduit par un certain retour à la concurrence par les prix, dans ce contexte en cas de surcapacité la mise en route d'un processus de baisse des prix est possible. Ce processus risque d'autant plus de s'entretenir que les consommateurs dans ce contexte risquent de différer leur consommation en attendant de nouvelles baisses.
b. La libéralisation financière conduit à une financiarisation grandissante des économies, avec un regain des crises financières, crises susceptibles de conduire à un effondrement du crédit (*credit crunch*) qui peut, à l'image de ce qui s'est passé en 1929, entraîner la mise en route d'une spirale déflationniste la baisse des prix plus rapide que celle des taux d'intérêt conduisant à un poids grandissant de la dette et le phénomène s'auto-entretenant (cf. I. Fisher).
c. Les exigences de rentabilité des actionnaires dans le cadre du « capitalisme patrimonial » peuvent conduire les entreprises à comprimer les salaires, avec le risque de provoquer un ralentissement de la demande et la mise en route de la déflation.

Conclusion

L'entrée dans une ère de stabilité des prix semble bien un phénomène durable, correspondant aux modalités de fonctionnement du capitalisme du XXIe siècle, renouant en quelques sortes avec le capitalisme du XIXe siècle. Dans ce cadre le risque de crise déflationniste réapparaît. Pour le moment il est resté potentiel, probablement parce qu'à la différence du XIXe siècle les autorités politiques ont mis en œuvre en cas de risque des politiques monétaires et budgétaires appropriées. Cependant le cas du Japon montre que dans certains cas celles-ci peuvent se révéler inefficaces et que la lutte contre la déflation peut être difficile.

Corrigé du sujet 4

La déréglementation des marchés du travail a-t-elle des effets sur l'emploi ? (ÉCRICOME 2005)

Introduction

Les succès des pays anglo-saxons dans la lutte contre le chômage contrastent avec les difficultés que rencontrent dans ce domaine la plupart des pays d'Europe continentale. Pour expliquer ces différences beaucoup d'observateurs invoquent les modalités de fonctionnement du marché du travail. Les succès anglo-saxons seraient le résultat de marchés du travail déréglementés et la persistance du chômage en Europe tiendrait *a contrario* à des réglementations excessives.
La déréglementation des marchés du travail en supprimant tout ou partie des règles encadrant l'embauche et le licenciement est un moyen de rendre le marché

du travail plus flexible et de le rapprocher d'un marché de concurrence pure et parfaite. Sur ce marché flexible l'utilisation du facteur travail sera modulée en fonction des besoins du marché. Ce retour à la logique de marché semble indispensable dans le contexte économique actuel. Dans cette perspective, la déréglementation en permettant de développer les créations d'emplois est donc une arme essentielle dans la lutte contre le chômage. Ces effets quantitatifs positifs sont-ils pour autant toujours assurés ? Ne peut-elle avoir des effets pervers non seulement sur les travailleurs mais aussi sur l'économie ?
Si aujourd'hui la déréglementation du marché du travail, en rendant le marché du travail plus flexible, semble un moyen efficace pour créer des emplois, elle ne conduit pas automatiquement à des créations d'emplois et peut avoir des effets pervers sur l'emploi.

I. Déréglementation, flexibilité du marché du travail et création d'emplois

A. La déréglementation du marché du travail rend le marché du travail plus flexible et donc le rapproche d'un marché du travail de concurrence parfaite

a. La diminution de la législation protégeant l'emploi, rend les licenciements aisés et peu onéreux, permet l'embauche sous forme de contrat à durée déterminée ou le recours aisé à l'intérim L'employeur peut alors moduler l'embauche en fonction de la situation économique. De même une législation souple sur la durée du travail permet de moduler celui-ci en fonction des besoins (ex. : possibilité d'annualisation) et rend donc l'embauche plus facile. La demande de travail va ainsi être maximisée.
b. La suppression (ou au moins la diminution) du salaire minimum, la remise en cause des prérogatives syndicales (*closed shop* par exemple) permettra la fixation d'un salaire correspondant à l'équilibre sur le marché du travail en adaptant le niveau des rémunérations à la situation du marché. Une réduction des indemnités de chômage conduira l'offre de travail à se développer en limitant le chômage frictionnel (cf. *job search*). L'offre de travail va ainsi elle aussi dépendre des seules conditions du marché et être elle aussi maximiser.

B. Un tel marché doit permettre dans le contexte économique actuel de créer des emplois

a. Dans le cadre théorique libéral, le marché du travail est un marché comme les autres et son fonctionnement sera d'autant plus satisfaisant qu'il se rapprochera du modèle de concurrence pure et parfaite, ce qui suppose une absence de réglementations excessives pour avoir la flexibilité permettant l'ajustement rapide des quantités, des qualités et des prix aux variations de l'offre et la demande, les entreprises et les salariés réagissant rapidement aux signaux émis par le marché. À ce moment les offres et les demandes de travail s'équilibrent, le salaire est égal à la productivité marginale du travail et le seul chômage qui existe est volontaire.
b. Une argumentation en phase avec le contexte de mondialisation post-fordiste. Dans le cadre du système fordiste où il y avait une certaine pénurie de main-d'œuvre, une croissance forte et une concurrence « monopoliste », les rigidités réglementaires qui s'étaient développées ne faisaient pas obstacle au plein-

emploi. Les transformations dans le sillage de la crise de 1973 – mondialisation libérale et retour de mécanismes plus concurrentiels (cf. changes flottants), vagues technologiques, environnement économique en perpétuel mouvement, autrement dit un contexte lui-même marqué par plus de flexibilité – font que des rigidités, jadis tolérables voire nécessaires dans le cadre du fordisme, ne le sont plus. En outre, ces transformations – concurrence des NPI, nouveau contexte technique – réduisent la demande de travail non qualifié, devant en théorie conduire à une baisse relative des salaires pour ce type de travail, faute de quoi l'ajustement se ferait par les quantités, autrement dit par le chômage.

c. L'exemple des pays anglo-saxons va dans ce sens. Les États-Unis connaissent traditionnellement un marché du travail peu réglementé : les modalités d'embauche et de licenciement sont souples, les salaires relativement flexibles avec un salaire minimum faible, les indemnités de chômage sont limitées. La Grande-Bretagne connaissait du fait du poids des syndicats un marché du travail rigide, mais avec l'arrivée au pouvoir de Thatcher les choses ont changé et aujourd'hui le marché du travail britannique est le moins rigide d'Europe. Dans le même temps, ces pays connaissent depuis le début des années 1980 des taux de chômage plus faible que dans les grands pays européens où les rigidités sont plus importantes. Ils sont même depuis le milieu des années 1990 revenus à un quasi plein emploi.

II. Des effets pervers sur l'emploi, liés à la déréglementation ?

A. Elle ne conduit pas automatiquement à des véritables créations d'emplois

a. Les créations d'emplois dépendent aussi de la demande qui en étant insuffisante peut être à l'origine d'un chômage conjoncturel comme le montrent les analyses de Keynes mais celles aussi de l'école du déséquilibre (distinction chômage keynésien, chômage classique) ou de la nouvelle macroéconomie keynésienne (dans un monde où des rigidités existent). Ainsi pour certains (Fitoussi, Blanchard), les politiques de rigueur dans le cadre de la marche vers l'euro sont un élément essentiel de l'importance du chômage européen et, *a contrario*, les politiques monétaires et budgétaires actives des pays anglo-saxons expliquent dans une large mesure les succès en matière de chômage.

b. Le chômage structurel lui-même peut ne pas tenir qu'à une insuffisante flexibilité du marché du travail. La montée d'un chômage de longue durée conduit à une certaine hystérèse de celui-ci en rendant une fraction de la main-d'œuvre inemployable et en ne pesant donc plus sur le niveau de salaire (cf. Blanchard). La faiblesse de la croissance en Europe et, *a contrario*, la vigueur de celle-ci dans les pays anglo-saxons, qui ne permet pas de créer des emplois tient à des multiples facteurs et pas seulement à la flexibilité du marché du travail. Rôle des innovations (cf. R & D et NTIC aux États-Unis), adaptation à l'économie mondiale (finance en Grande-Bretagne).

c. D'ailleurs dans la pratique les liens déréglementations-créations d'emplois ne sont pas si assurés, la Grande-Bretagne déréglementée n'a pas créé énormément d'emplois et les pays scandinaves relativement réglementés ont pu en créer beaucoup.

B. Elle peut avoir des effets pervers sur l'emploi

a. Exploitation d'effets d'aubaine de la part des entreprises qui profitent de la déréglementation pour créer des emplois qu'elles auraient de toute façon créés.

b. Précarisation d'une partie de la main-d'œuvre qui voit ses conditions d'emploi (et de vie) se dégrader. Ce qui peut conduire certains à se retirer du marché du travail et donc finalement diminuer le nombre d'actifs. Cela peut aussi conduire à des effets négatifs sur les comportements de consommation et donc sur la demande anticipée des entreprises et finalement sur leur création d'emplois.

c. Risque de favoriser la création « d'emplois bas de gamme » en poussant le pays vers des productions riches en travail qui risquent à terme de remettre en cause la modernisation de l'appareil productif et miner la productivité.

Conclusion

Le contexte économique actuel rend nécessaire une plus grande flexibilité du travail et la déréglementation semble à première vue la meilleure façon de l'obtenir. Mais déréglementation et flexibilité ne peuvent à elles seules assurer les créations d'emplois et une déréglementation « sauvage » peut avoir des effets pervers. Croissance et création d'emplois dépendent de multiples facteurs et il ne faut pas surestimer le rôle du marché du travail. En outre si une certaine flexibilité est nécessaire, elle peut se réaliser de plusieurs façons et pas seulement par la déréglementation, une combinaison de flexibilité et réglementations est possible à l'image de ce qui se passe dans certains pays scandinaves. Chaque pays devant trouver l'organisation du travail qui correspond à la fois à son tissu social et aux besoins d'une économie mondialisée.

Sujets d'oral

1. L'inflation un phénomène strictement monétaire. (ESCP 1999)
2. Existe-t-il un taux « naturel » du chômage. (ESCP 2001)
3. Inflation et chômage. (HEC 2003)
4. Chômage conjoncturel, chômage structurel : quelles politiques ? (ESCP 2003)
5. Dans quelle mesure existe-t-il un arbitrage entre travail et loisir ? (ESCP 2004)
6. Chômage naturel et politique de l'emploi. (ESCP 2004)
7. Protection sociale et marché du travail. (ESCP 2004)

Corrigé du sujet 3

Inflation et chômage. (HEC 2003)

Introduction

La mise en évidence à partir des travaux de l'économiste Phillips d'une relation inverse entre l'inflation et le chômage a profondément marqué la pensée économique des années 1960. Les économies occidentales semblaient pouvoir choisir entre inflation et chômage. Ce dilemme s'intégrait dans la macroéconomie standard et conduisait à des politiques de relance ou de freinage selon les besoins pour naviguer au plus fin entre ces deux écueils, avec l'idée dominante qu'un peu d'inflation n'est pas trop grave et que le plein-emploi est primordial. Les années 1970 vont mettre en cause cette construction avec l'apparition dans tous les pays de situation de stagflation : coexistence de l'inflation et du chômage, situation qui conduit à une remise en cause pratique et théorique des courbes de Phillips. Pourquoi ces transformations ? Ne sont-elles pas liées au fait que le capitalisme des années 1960 s'est profondément transformé depuis le milieu des années 1970 ?

Ainsi dans les années 1960 le dilemme qui semble bien établi et bien expliqué conduit à des politiques de *stop and go*. Les années 1970 semblent remettre en cause ce dilemme que des analyses néoclassiques contestent ce qui conduit à des politiques économiques de rigueur et correspond à un capitalisme profondément transformé.

I. Dans les années 1960 le dilemme conduit à des politiques de *stop and go* privilégiant le plein-emploi

A. Un dilemme qui semble bien établi et bien expliqué par la macroéconomie keynésienne...

a. Phillips a montré à long terme pour la Grande-Bretagne une relation inverse entre le taux de chômage et les hausses de salaires, la prise en compte des gains de productivité permet alors de passer à une courbe montrant une relation inverse entre l'inflation et le chômage. Ces courbes se retrouvent dans la plupart des PDEM.

b. Elle s'intègre dans la macroéconomie keynésienne en y réintroduisant le marché du travail. Le niveau de l'activité (qui dépend lui-même de la demande) détermine le taux de chômage et donc l'état du marché du travail, état qui conditionne les hausses de salaires plus ou moins rapides, et donc plus ou moins d'inflation.

B. ... conduit à des politiques de *stop and go* privilégiant le plein-emploi

a. L'existence de ces courbes justifie l'efficacité des politiques de régulation de la demande pour réguler l'économie, en cas d'inflation trop forte (avec des conséquences négatives sur l'équilibre extérieur) des politiques de freinage de la demande sont mises en œuvre, si de ce fait le chômage devient trop élevé des politiques de relance de la demande sont effectuées.

b. Ces politiques se retrouvent peu ou prou dans la plupart des pays avec des différences tenant aux caractéristiques structurelles : *stop and go* plus systématique dans une Grande-Bretagne à la croissance faible, inflation plus élevée en France...

II. Dans les années 1970, les analyses néoclassiques conduisent à des politiques de désinflation dans un capitalisme transformé

A. Une remise en cause dans les faits et les théories...

a. Les années 1970 voient la naissance d'une nouvelle situation économique : la stagflation c'est-à-dire la coexistence d'une inflation élevée et d'un chômage important, ce qui contredit la courbe de Philipps, il semble qu'un même niveau de chômage est associé à des taux d'inflation de plus en plus élevés, les courbes de Philipps ont perdu leur stabilité.

b. Les analyses néoclassiques dans ce contexte mettent en cause les approches keynésiennes de cette courbe en introduisant les anticipations d'inflation. Ce sont d'abord les analyses de M. Friedman pour qui l'accélération de l'inflation se traduit par une anticipation de celle-ci par les agents, l'introduction de ces anticipations le conduit à nier l'existence de courbes de Phillips stables, celles-ci n'existent qu'à court terme et elles sont instables, à long terme elles disparaissent. La nouvelle macroéconomie classique en supposant les anticipations rationnelles nie l'existence même à court terme des courbes de Phillips.

B. ... qui conduit à des politiques de désinflation...

a. Dans ce contexte la lutte contre l'inflation devient une priorité à partir de la fin des années 1970 la baisse du chômage ne pouvant se faire que si l'inflation est vaincue. Elle s'impose à tous les pays, ainsi la France à partir de 1983 se tourne vers la désinflation compétitive.

b. Ces politiques permettent une forte désinflation mais au prix d'une montée du chômage, qui montre tout de même que les courbes de Phillips n'ont peut-être pas perdu toute pertinence. Il est vrai que la reprise de la croissance et la baisse du chômage à partir de la deuxième moitié des années 1980 ne s'accompagne pas d'une reprise de l'inflation, mais le chômage diminue peu dans les grands pays d'Europe.

C. ... dans un capitalisme transformé

a. Dans les années 1960 le chômage quand il se manifestait était avant tout un chômage keynésien contre lequel la relance de la demande était efficace et il y avait un lien entre activité (et donc demande) et hausse de salaires. Dans les années 1970-1980 le chômage est aussi un chômage classique lié à des transformations structurelles : progrès technique, mondialisation. Et la relance par la demande et l'inflation ne permettent pas de lutter contre ces types de chômage.

b. En outre les agents économiques anticipent de mieux en mieux l'inflation et disposent de moyens pour s'en protéger, l'inflation ne peut plus alors jouer un rôle de redistribution masquée et tend à devenir indépendante de l'activité et du chômage.

Conclusion

Dans le monde keynésien des années 1960 l'existence d'un dilemme inflation chômage était facile à comprendre. Dans les années 1970, il n'y a plus de relation aussi simple entre inflation et chômage, l'inflation n'est plus le symptôme d'une surchauffe passagère liée à un excès de demande mais traduit une « crise » des économies occidentales, le chômage n'est plus seulement keynésien mais tient à des causes structurelles. L'inflation ne peut plus alors être un moyen de lutter contre le chômage, c'est pourquoi la désinflation s'est imposée mais celle-ci n'a pas pour autant débouché dans tous les pays sur une reprise durable de la croissance et le retour au plein-emploi.

Corrigé du sujet 6

Chômage naturel et politique de l'emploi. (ESCP 2004)

Introduction

La lutte contre le chômage est pour beaucoup de pays, tout particulièrement en Europe, une préoccupation centrale. Comment faire baisser celui-ci ? Dans la logique keynésienne qui prévalait jusqu'au milieu des années 1970, la réalisation du plein-emploi passait par des politiques macroéconomiques de soutien de la demande, le plein-emploi correspondant à une situation de chômage très faible où celui-ci était purement frictionnel. Les années 1980 ont vu se développer des politiques de l'emploi qui cherchent à agir directement sur le marché du travail, marché sur lequel la notion de chômage naturel (d'équilibre) tend à remplacer celle de plein-emploi. Ce chômage naturel est-il automatiquement réalisé ? Peut-on le faire baisser et si oui par quels moyens ?

Si dans la vision libérale l'économie atteint automatiquement le taux de chômage naturel pour la nouvelle macroéconomie keynésienne ce n'est pas le cas un chômage conjoncturel reste possible contre lequel les politiques de relance sont efficaces. La baisse du taux de chômage naturel est possible par des politiques spécifiques de l'emploi qui ne passent pas seulement par un retour aux mécanismes de marché.

I. D'une vision libérale et d'un taux de chômage naturel... à la nouvelle macroéconomie keynésienne et un chômage conjoncturel

A. Chômage naturel et analyses libérales : le concept a été forgé par M. Friedman, il s'agit du taux de chômage qui correspond pour une économie donnée à un équilibre général de longue période, il recouvre à la fois le chômage frictionnel et des rigidités structurelles. Pour Friedman, dans un cadre d'anticipations adaptatives lié à l'illusion monétaire, le taux de chômage ne peut s'éloigner que temporairement de ce taux et donc les politiques de relance pour lutter contre le chômage ne sont pas au final efficaces. Il correspond au NAIRU (*non accelerating inflation rate of unemployment*) des courbes de Phillips. La nouvelle macroéconomie classique reprend cette notion mais, en postulant des anticipations rationnelles, elle montre que le taux de chômage courant ne s'écarte pas du taux naturel.

B. Chômage naturel et nouvelle macroéconomie keynésienne : le concept est aussi utilisé, mais cette analyse se place dans un monde de rigidités qui renvoient à des comportements rationnels (cf. les nouvelles analyses du marché du travail) ce taux de chômage correspond alors à l'équilibre sur un marché de concurrence imparfaite (le terme de chômage d'équilibre est d'ailleurs utilisé). Dans ce cadre de rigidité le taux de chômage courant peut durablement s'éloigner du taux de chômage naturel et les politiques de relance de nature keynésienne sont pertinentes dans ce cas, mais la détermination de ce taux n'est pas aisée car si comme le NAIRU il renvoie à une inflation stabilisée, il tient à de nombreuses variables.

II. Peut-on faire baissser le taux de chômage naturel ?

A. Les libéraux et la remise en cause du fonctionnement du marché. Pour les libéraux la seule action efficace consiste à remettre en cause les rigidités de façon à se rapprocher le plus possible d'un marché de concurrence pure et parfaite. Les politiques de l'emploi sont alors des politiques de déréglementation et de remise en cause du pouvoir syndical à l'image des politiques menées par M. Thatcher en Grande-Bretagne. Ces politiques peuvent aussi agir sur l'incitation au travail en rendant celui-ci plus attractif par une diminution de l'indemnisation du chômage ou des mécanismes fiscaux luttant contre les effets de seuils.

B. Chômage naturel ou structurel ? Mais les politiques de l'emploi ne passent pas que par ces moyens, le chômage naturel est en fait un chômage structurel qui renvoie aux différents obstacles que rencontre l'emploi. Ces obstacles ne sont pas seulement des rigidités et dans la mesure où celles-ci renvoient à des comportements rationnels leur suppression ne sera pas forcément efficace. La baisse de ce taux passe alors par toute une gamme de politiques. Certaines peuvent être artificielles comme les politiques visant au retrait de la main-d'œuvre. D'autres peuvent chercher à rendre la main-d'œuvre plus adaptée aux besoins des entreprises : formation, éducation… ou à leurs possibilités.

Conclusion

Le concept de chômage naturel qui s'est imposé est difficile à mesurer, sa réalisation n'est pas aussi automatique que le postulent les libéraux ; les politiques keynésienne de relance peuvent donc garder une certaine pertinence. Étant fondamentalement un chômage structurel sa baisse passe par des actions sur les structures de l'économie qui vont au-delà des seules politiques de l'emploi.

POLITIQUE MACROÉCONOMIQUE EN ÉCONOMIE OUVERTE

10

L'essentiel

Les faits

Éléments principaux des politiques conjoncturelles menées en France depuis 1945

IVe République	
Période	
1948-1949	R. Schuman et R. Mayer[1]. Plan de refroidissement. Dévaluations du franc (1948 et 1949). Politique des prix et des revenus : fin du blocage des prix, « vérité des prix » pour les tarifs publics, création du SMIG…
1952	A. Pinay. Plan de stabilisation, blocage des prix, politique du « franc fort ».
1954-1955	P. Mendès France et E. Faure. Politique de relance par le logement et la croissance des bas salaires.
1958	F. Gaillard et P. Pfimlin. Politique d'austérité : baisse des dépenses publiques, augmentation des impôts.
1958	C. de Gaulle et A. Pinay. Plan de redressement Pinay-Rueff. Baisse des dépenses publiques, augmentation des impôts, dévaluation du franc (juin).
Ve République – Président : C. de Gaulle	
1958-1960	M. Debré et W. Baumgartner. Plan de refroidissement, dévaluation du franc, « franc lourd ».
1962-1965	G. Pompidou et V. Giscard d'Estaing. Plan de stabilisation (1963) : blocage des prix, encadrement du crédit, augmentation de la pression fiscale, freinage des salaires.
1966-1968	G. Pompidou, M. Debré et X. Ortoli. Politique de relance : assouplissement de l'encadrement du crédit, expansion budgétaire.
1968-1969	M. Couve de Murville et X. Ortoli. Relance consécutive à mai-juin 1968 interrompue par une politique restrictive.
Ve République – Président : G. Pompidou	
1969-1972	J. Chaban-Delmas et V. Giscard d'Estaing. Dévaluation du franc (août 1969), politique monétaire restrictive, blocage des prix, suppression de l'encadrement du crédit (1970), instauration de réserves obligatoires sur les dépôts.
1972-1973	P. Messmer et V. Giscard d'Estaing. Poursuite de la lutte contre l'inflation.

•••

1. Le premier nom est celui du président du Conseil ou du Premier ministre. Les autres noms sont ceux des ministres de l'Économie et des Finances.

•••

Président : V. Giscard d'Estaing	
1974-1976	J. Chirac et A. Fourcade. Plan de refroidissement (juin 1974) : augmentation des impôts, frein de la progression des dépenses, durcissement de l'encadrement du crédit, suppression des réserves obligatoires. Politique de relance (1975) : hausse des dépenses publiques, des prestations sociales, aides à l'investissement, politique monétaire accommodante, sortie du franc du « serpent »
1976-1981	R. Barre et R. Barre et J. Monory. Politique de lutte contre l'inflation : blocage des prix, puis (jan. 1997), baisse de la TVA et modération salariale. Politique monétaire d'inspiration monétariste, participation du franc au SME (mars 1979), lutte contre les déficits budgétaires.
Président : F. Mitterrand	
1981-1983	P. Mauroy et J. Delors. Politique de relance : augmentation des bas revenus (SMIC : +38 %), des revenus de transfert, et de l'emploi public. Dévaluations du franc : oct. 1981, juin 1982, mars 1983. Contrôle des salaires et des prix (1982).
1984-1986	L. Fabius et J. Delors. La rigueur (budgétaire, monétaire et salariale) de mars 1983 est confirmée. Poursuite du plan de refroidissement. Désinflation, désindexation des salaires et des prix, durcissement du contrôle des changes.
1986-1988	1re cohabitation. J. Chirac et E. Balladur. Libéralisation du marché du travail et du marché des biens et services. Dévaluation du franc (1986). Suppression du contrôle des changes.
1988-1993	M. Rocard, E. Cresson, P. Bérégovoy et P. Bérogovoy, M. Sapin. Relâchement puis abandon des restrictions budgétaires. Liberté de circulation des capitaux. Rigueur monétaire.
1993-1995	2e cohabitation. E. Balladur et M. Alphandéry. Déficits publics records.
Président : J. Chirac	
mai 1995-juin 1997	A. Juppé et A. Madelin (mai-août) et J. Arthuis. Austérité budgétaire afin de respecter les critères de Maastricht.
juin 1997-avril 2002	3e cohabitation. L. Jospin, D. Strauss-Kahn, C. Sautter et L. Fabius. Baisse des taux d'intérêt. Passage à l'euro en 1999. La politique monétaire est du ressort de la BCE et la politique budgétaire est encadrée par le PSC.
avril 2002-mai 2005	J.-P. Raffarin, F. Mer, N. Sarkozy et H. Gaymard. Politique de l'offre : intensification de la baisse des impôts sur le revenu (entamée par L. Fabius) et sur les entreprises, baisse des cotisations patronales. Augmentation des dépenses : la France ne respecte pas le PSC.
mai 2005	D. de Villepin et T. Breton. Restrictions budgétaires afin de réduire le déficit public.

Les outils

INSTRUMENTS DE LA POLITIQUE MACROÉCONOMIQUE : dans une perspective keynésienne : budget et fiscalité, monnaie, contrôle des prix et des revenus, dévaluation. Dans une perspective libérale : déréglementation, baisse des prélèvements obligatoires... inspirées de raisonnements microéconomiques.

OBJECTIFS DE LA POLITIQUE MONÉTAIRE : distinction entre **les objectifs finals** (régulation conjoncturelle : stabilité des prix, croissance économique et plein emploi), les **objectifs intermédiaires** (taux d'intérêt, agrégats de monnaie, de crédit, taux de change) et les **objectifs opérationnels** (taux du marché interbancaire, monnaie centrale dont disposent les banques).

***POLICY MIX* :** combinaison des politiques monétaire et budgétaire.

MULTIPLICATEUR BUDGÉTAIRE : k = 1/(l – c)

MULTIPLICATEUR FISCAL : k' = c/(l – c)

STABILISATEUR AUTOMATIQUE : mécanisme selon lequel de moindres rentrées fiscales et plus de dépenses publiques en période de ralentissement (et vice versa en période d'expansion) jouent mécaniquement un rôle contra-cyclique et régularisent la croissance.

THÉORÈME D'HAAVELMO : établit l'absence de neutralité budgétaire. Si $\Delta G = \Delta T$, ΔG accroît Y de son propre montant (effet expansionniste d'un budget équilibré), même si les impôts augmentent (ΔT).

DÉFICITS BUDGÉTAIRES. Solde public global : celui qui est constaté en fin d'année (recettes – dépenses publiques – charges d'intérêt). **Déficit structurel :** déficit qui aurait été atteint sans rupture de la croissance. **Déficit structurel primaire :** déficit structurel – intérêts versés au titre de la dette publique. **Solde conjoncturel :** il dépend des variations des recettes et des dépenses induites par celles du PIB.

CHOC ASYMÉTRIQUE : perturbation exogène (concernant l'offre ou la demande) qui touche un pays ou une partie seulement d'une zone économique et monétaire.

POLITIQUE DE RÈGLES : politique d'inspiration libérale, opposée aux actions discrétionnaires de l'État. Elle vise à asseoir la crédibilité de la politique économique en contraignant la puissance publique à respecter des règles intangibles : croissance d'un agrégat monétaire, limites au déficit budgétaire...

RÈGLE DE TAYLOR : elle énonce que la politique monétaire doit être menée en choisissant une cible d'inflation et une cible de chômage. Plus précisément :
$i = i^* + a(\pi - \pi^*) - b(U - Un)$ avec i, taux d'intérêt nominal ; i^*, taux d'intérêt nominal visé ; π et π^*, respectivement taux d'inflation constaté et taux d'inflation visé ; U et Un, respectivement taux de chômage courant et taux de chômage structurel.

Les références théoriques

JUSQUE DANS LA 2e MOITIÉ DES ANNÉES 1970, la pensée keynésienne domine : les déséquilibres de la demande appellent une action de *fine tuning* de la part des gouvernements. L'accélération de l'inflation et le déficit commercial sont combattus par les instruments budgétaires, fiscal et monétaire ainsi que par le contrôle des prix et des revenus. On lutte contre le ralentissement de la croissance et la montée du chômage par les déficits budgétaires tandis que la politique monétaire devient accommodante. Ces politiques se fondent essentiellement sur le schéma IS-LM.

Depuis cette date, mais seulement à partir de 1983 en France, on abandonne ces politiques discrétionnaires avec le retour en force du libéralisme économique et face à la contrainte extérieure. M. Friedman minore l'importance des multiplicateurs keynésiens et prône la lutte contre l'inflation par une politique monétaire de stabilité. L'effet d'éviction énonce que les emprunts publics se font aux dépens des emprunteurs privés : ces derniers sont rationnés et doivent acquitter des taux d'intérêt plus élevés. R. Barro (anticipations rationnelles) réhabilite le principe d'équivalence ricardienne et affirme qu'endettement public et accroissement de la fiscalité aboutissent tous deux à l'augmentation de l'épargne. Au total, les politiques de la demande sont discréditées et laissent la place aux politiques de l'offre. Par ailleurs les politiques discrétionnaires sont condamnées au profit des politiques de règles (cf. F. Kydland et E. Prescott, *Rules Rather than Discretion*, 1977).

Le déficit public de la France s'établit, fin 2005, à 51 milliards d'euros toutes administrations confondues. La dette publique atteint environ 1 100 milliards d'euros à la fin 2004, soit environ 65 % du PIB.

Endettement public de la zone euro en 2003 (en % du PIB) : 70,7 % dont Italie : 106,2 % ; Belgique 100 % ; Allemagne : 64,2 % ; France : 63,7 % ; Espagne : 50,7 % (comparaisons : États-Unis : 63,1 % ; Suède : 52 % ; Royaume-Uni : 39,8 %).

Sujets d'écrit

1. À la lumière de l'expérience historique pensez-vous que l'équilibre budgétaire doive être un objectif des politiques économiques ? (ÉCRICOME 2002)

2. Les controverses relatives au mixage des politiques conjoncturelles dans les pays de la zone euro depuis les années 1980. (ESC 2003)

Corrigé du sujet 1

À la lumière de l'expérience historique pensez-vous que l'équilibre budgétaire doive être un objectif des politiques économiques ? (ÉCRICOME 2002)

Introduction

Un État doit il gérer son budget « en bon père de famille », c'est-à-dire faire en sorte que ses dépenses soient toujours couvertes par des recettes et fuir l'endettement comme la peste ? Au XIXe siècle, la réponse à cette question est largement affirmative et l'orthodoxie budgétaire est un pilier de la *doxa* classique. La crise des années 1930 et la rupture keynésienne remettent en cause cette conception pour fonder véritablement la politique économique discrétionnaire, le sous-emploi étant la règle et le plein-emploi l'exception. Pourtant la crise des années 1970, signifie « la fin de l'intégrisme keynésien » (J.-C. Prager) et le retour de l'orthodoxie. Les expériences nationales plaident-elles en faveur de l'idée que les déficits budgétaires sont des déséquilibres à combattre ou poussent-elles à faire preuve de plus de nuances, aussi bien vis-à-vis des nouveaux classiques que d'un certain keynésianisme ?

I. Le retour de l'orthodoxie budgétaire : le déficit comme déséquilibre économique

A. Le déficit budgétaire est accusé de tous les maux

a. Selon M. Friedman, il n'existe de relation stable qu'entre le revenu permanent et la consommation permanente. Ainsi, une augmentation du revenu courant (variation transitoire du revenu) liée à une stimulation budgétaire a de fortes chances d'être inefficace, d'autant plus que le chômage reste un phénomène naturel (structurel) et non conjoncturel.

b. Le financement du déficit débouche sur de nouveaux déséquilibres. S'il est monétisé, il est facteur d'inflation car « l'inflation est toujours et partout un phénomène monétaire » (M. Friedman). S'il est fait appel à l'épargne, il accroît les taux d'intérêt et évince la dépense privée (investissement et consommation).

c. De manière plus radicale, R. Barro (effet d'équivalence ricardienne ou théorème Ricardo-Barro), en raisonnant sur un cycle de vie infini, à plusieurs générations, et en supposant des individus altruistes, affirme que les agents, anticipant la future augmentation des impôts afin de rembourser la dette publique née des déficits, augmentent leur épargne. Il en résulte, une fois encore, un multiplicateur faible, voire nul.

B. Dans la pratique, le recours au déficit s'avère souvent être un échec

a. La France abandonne le recours volontaire au déficit public à la suite des échecs que sont les relances J. Chirac en 1975 et P. Mauroy en 1981. Dans les deux cas l'inflation explose, de même que les déficits extérieurs, d'où l'apparition de la notion de contrainte extérieure qui montre que, dans des économies ouvertes, la stimulation artificielle de l'activité bute rapidement sur une croissance plus rapide des importations que des exportations.

b. Au Japon, la multiplication des plans de relance budgétaire dans la décennie 1990 est incapable de faire sortir le pays de l'anémie économique. Alors que le solde public passe d'un excédent en 1992 à un déficit de plus de 7 % à la fin de la décennie, le Japon connaît une récession qui dure plus de dix ans.

C. L'équilibre budgétaire doit faire l'objet d'une règle

a. Pourquoi les déficits sont-ils si fréquents alors qu'ils sont inefficaces ? Les théoriciens des choix publics (J. Buchanan, G. Tullock) répondent qu'ils résultent de la volonté des politiciens de maximiser leur propre fonction d'utilité, ce qui passe par des choix favorisant leur réélection. La tentation est grande avant les élections (cf. la thèse du « cycle électoral », W. Nordhaus) de céder aux sirènes des lobbies qui ont intérêt à ce que les dépenses publiques augmentent, tout en évitant de perdre des voix en haussant les impôts.

b. Il en découle qu'une politique de règles, en matière budgétaire comme en matière monétaire, doit se substituer aux politiques discrétionnaires vantées par la vulgate keynésienne. Le point de vue orthodoxe défend l'idée d'un budget équilibré en moyenne sur la durée du cycle et conseille de laisser jouer les stabilisateurs automatiques pour réguler les fluctuations. Il a conduit la zone euro à conclure un Pacte de stabilité et de croissance, qui vise à éliminer les déficits budgétaires en moyenne sur le cycle, et stipule que des sanctions seront appliquées à ceux qui auraient des déficits publics supérieurs à 3 % de leur PIB.

II. L'équilibre budgétaire : un objectif difficile à atteindre et pas toujours souhaitable

A. Dogmatisme européen et pragmatisme américain

a. L'Europe du traité de Maastricht est passée d'une « politique des flux à la politique des ajustements positifs » (X. Greffe). La résorption des déficits a été inscrite dans les traités de Maastricht et d'Amsterdam, pour assurer le passage à la monnaie unique puis pour garantir sa survie. Les grands pays de la zone euro, dépourvus de moyens pour lutter contre la « croissance molle », se caractérisent par d'importants déficits structurels subis.

b. Les États-Unis font de « l'activisme sans complexe » (A. Bénassy-Quéré et *alii*) depuis les années 1960. L'inspiration libérale des politiques (R. Reagan, G.W. Bush) va de pair avec le maintien du discrétionnaire. « L'idée de fixer ne varietur des objectifs numériques pour le solde budgétaire fédéral ou la dette publique est profondément étrangère à la conception américaine. » Si les présidents républicains ne rechignent pas à pratiquer des déficits supérieurs à 5 % du PIB, B. Clinton est parvenu à partir de 1993 à une sortie par le haut des déficits : baisse de certaines dépenses, militaires en particulier, mais surtout une vive croissance économique aidée par une politique monétaire accommodante.

c. Le « keynésianisme militaire » continue à opérer : la langueur des pays de la zone euro contraste depuis vingt ans avec le dynamisme américain. D'un côté des déficits qui résultent mécaniquement d'une faible croissance et de l'absence de volontarisme politique ; de l'autre, une alternance de déficits et d'excédents structurels primaires, selon la vigueur de la croissance, sans explosion de la dette publique.

B. Effets anti-keynésiens et effets keynésiens : la prise en compte de la taille des économies

a. Des effets « anti-keynésiens » dans les petits pays. Dans plusieurs petits pays européens (Danemark de 1982 à 1986, Irlande de 1986 à 1989, Suède…) largement ouverts sur l'extérieur, les essais de restrictions budgétaires afin de tendre vers l'équilibre se sont traduits par un faible ralentissement de la croissance (multiplicateur à court terme très faible). La croissance économique ne pâtit donc pas nécessairement de la recherche de l'équilibre budgétaire. L'ouverture croissante des économies est loin d'avoir totalement harmonisé le ratio exportations/PIB d'où de sensibles différences nationales quant aux multiplicateurs.

b. Dans le cadre européen, les « petits pays » sont avantagés par rapport à l'Allemagne, la France ou l'Italie. Ils peuvent diminuer leurs taux de prélèvement sans réduire leurs dépenses publiques car, du fait de la croissance (augmentation des exportations du fait de l'amélioration de la compétitivité et entrées de capitaux), l'élargissement de l'assiette fiscale fait plus que compenser la perte des recettes due à la baisse des taux.

c. Alors qu'à l'inverse, l'UE pâtit de la politique budgétaire restrictive des pays les plus peuplés d'Europe. Les effets keynésiens d'une lutte contre les déficits continuent à se vérifier pour les « grands pays » : la volonté de réduire les déficits pénalise l'activité économique de la zone et risque d'accroître les déficits (subis) des grands pays. Le PSC, en tant que norme s'appliquant à l'ensemble des pays de la zone euro, contribue à perpétuer le marasme économique dans lequel se trouvent ces pays. D'ailleurs, jusqu'en 2004, Allemagne et France dégageaient des excédents extérieurs malgré d'importants déficits budgétaires. Un excédent extérieur est le signe d'une forte épargne ce qui doit conduire à stimuler la demande, et non à réduire les déficits publics.

C. Équilibre budgétaire et *policy mix*

a. Selon le modèle IS-LM-BP de Mundell-Fleming, les conclusions sur l'efficacité respective des politiques économiques dépendent du régime de changes adopté. Il prédit l'efficacité de la politique budgétaire en changes fixes avec une parfaite mobilité des capitaux (situation de chaque pays vis-à-vis de ses partenaires dans la zone euro). Dans ces conditions, et en vertu de l'idée que chaque objectif exige l'utilisation d'un instrument différent, la politique monétaire de la BCE a pour tâche de répondre aux chocs symétriques tandis que les différents États continuent de faire face aux chocs asymétriques en utilisant l'arme budgétaire.

b. Cependant, l'expérience américaine démontre que la question du retour à l'équilibre budgétaire s'inscrit dans un contexte, en particulier de la politique monétaire suivie. La « sortie par le haut » du déficit budgétaire a été largement aidée par les effets restrictifs des augmentations d'impôts décidées par B. Clinton (1990 et 1993) qui ont été compensés par la politique monétaire accommodante d'A. Greenspan (des taux réels proches de zéro jusqu'en 1994). Une pluralité de facteurs explique la disparition du déficit : baisse des dépenses militaires, croissance des revenus, baisse des charges d'intérêt…

c. En revanche, voilà longtemps que certains pays européens ont perdu la possibilité de mener un *policy mix* correspondant à leur situation : en changes fixes (dans le cadre du SME), au début de la décennie 1990, la Belgique, les Pays-Bas et la France alignent leur taux d'intérêt sur ceux de l'Allemagne d'où la récession de 1993 et l'explosion des déficits. De la même manière, après le passage à l'euro, la BCE tarde à baisser ses taux d'intérêt, les grands pays voient à nouveau grossir leurs déficits budgétaires, et lorsque les taux d'intérêt baissent enfin, l'effet expansionniste est contrarié par l'appréciation de la monnaie européenne.

Conclusion

L'équilibre budgétaire est redevenu, depuis une vingtaine d'années et après la victoire sur l'inflation, le premier des équilibres à rechercher. Pourtant, la confrontation du point de vue orthodoxe à la réalité des expériences nationales réserve bien des surprises. Le message keynésien n'est pas caduc mais la gestion macroéconomique s'avère plus délicate que ce qu'enseignait le keynésianisme des années 1960.

Corrigé du sujet 2

Les controverses relatives au mixage des politiques conjoncturelles dans les pays de la zone euro depuis les années 1980. (ESC 2003)

Introduction

Les années 1980 marquent le retour en force des idées libérales en matière de politiques économiques au sens strict, c'est-à-dire des actions exercées par la puissance publique sur la conjoncture. L'objectif final essentiel de la politique conjoncturelle, la recherche de la stabilité des prix, paraît devoir l'emporter sur tout autre objectif, en particulier sur de vaines tentatives de résorber le chômage. En ce qui concerne l'instrument à privilégier, la politique monétaire est réhabilitée aux dépens de l'instrument budgétaire, le déficit redevenant un déséquilibre à combattre. Comment l'Europe, et la zone euro plus précisément, a-t-elle appliqué le nouveau credo ? Sa volonté d'échapper aux changes flexibles est-elle allée de pair avec d'autres refus ?

I. De l'éradication de l'inflation à la lutte contre un « fantôme » (J.-P. Fitoussi)

A. L'éradication de l'inflation

a. La décennie 1980 débute par le refus de pays comme la France de suivre la RFA dans sa lutte contre l'inflation. Pendant un temps, en 1981-1982, la France mène la guerre contre le chômage en utilisant l'arme budgétaire et évite de plonger dans la récession comme la plupart des pays de l'OCDE. Il s'ensuit une forte inflation et trois dévaluations du franc au sein du SME (octobre 1981, juin 1982, mars 1983).

b. Une vive controverse affecte la gauche en 1982-1983. D'un côté, certains prônent la sortie du SME et le recours à des mesures protectionnistes afin de poursuivre une politique originale. D'autres, qui finissent par l'emporter, souhaitent accrocher le wagon de la France aux politiques de rigueur menées ailleurs. À partir de 1983, le choix de lutter contre l'inflation se traduit par des politiques monétaires et budgétaires restrictives, une faible croissance et la montée du chômage.

B. Une marche douloureuse vers la monnaie unique

a. Si prévaut l'idée dans la deuxième moitié des années 1980 que « À marché unique, monnaie unique », la Bundesbank impose sa propre conception de la convergence : le déséquilibre à combattre demeure l'inflation, ce qui passe par le choix de critères (faibles taux d'inflation, taux d'intérêt longs réduits, encadrement de la dette et des déficits publics, et maintien des monnaies dans le SME) qui laissent peu de marges de manœuvre aux politiques discrétionnaires nationales.

b. De fait les politiques monétaires des pays européens doivent se calquer sur celle de l'Allemagne qui, pour lutter contre le regain d'inflation né de la réunification, pratique des taux d'intérêt élevés. Quant aux politiques budgétaires, elles sont contraintes par les critères adoptés à Maastricht.

c. Les pays à monnaie faible (France, Royaume-Uni, Italie...), même lorsque l'inflation est devenue un « fantôme », sont sommés d'aligner leurs taux d'intérêt sur les taux allemands. Faible croissance et déficits budgétaires subis affectent la crédibilité de ces politiques. Avec les crises du SME de 1992-1993, certaines monnaies (livre sterling, lire) quittent le SME, d'autres, comme le franc, ne s'y maintiennent qu'au prix d'une sévère récession alors qu'est dénoncée la « facture sociale » par ceux qui s'opposent à la pensée unique.

II. Monnaie unique et nouveau dogmatisme

A. Une heureuse surprise

a. Les monétaristes comme M. Friedman critiquent vivement la faisabilité de la monnaie unique. Ils mettent en avant le fait que l'Europe n'est pas une zone monétaire optimale, c'est-à-dire que, face à un choc asymétrique, une perturbation ne touchant pas la totalité des régions européennes, les pays sont démunis. Incapables de procéder à une dévaluation, ils ne peuvent pas non plus compter sur la solidarité budgétaire, la flexibilité salariale ou la mobilité du facteur travail.
b. Certains pays font des efforts considérables afin de faire partie du premier train de l'euro. La plupart des pays de l'UE réduisent sensiblement leurs déficits publics qui passent de 4,9 % à 2 % du PIB de 1995 à 1998. L'Italie, face aux résistances de l'Allemagne va jusqu'à inventer un « impôt Europe » en 1997 alors que la lire réintègre le SME.
c. La Bundesbank baisse ses taux d'intérêt. L'embellie économique qui caractérise les trois plus importants pays de la zone euro (Allemagne, France, Italie) de 1998 à 2000 leur permet finalement de respecter, en tendance, les critères de convergence. Onze puis douze pays (avec l'entrée de la Grèce en 2002) font alors partie de la zone euro.

B. Le retour de la « croissance molle » et la question des déficits publics

a. J.-P. Fitoussi dénonce l'apparition d'un nouveau dogme, celui qui a trait aux « politiques de gestion comptable du budget de la nation ». Le Pacte de stabilité et de croissance (PSC) adopté en 1997 à Amsterdam inscrit l'orthodoxie budgétaire dans le marbre alors que la politique monétaire n'est plus du ressort des différents États-nations. Le raisonnement qui fonde la politique économique est à nouveau inversé : au lieu de chercher à atteindre les objectifs finals (la lutte contre le chômage, l'augmentation des niveaux de vie et la croissance) à l'aide d'objectifs intermédiaires, on privilégie un objectif intermédiaire (l'équilibre des comptes publics) aux dépens de la croissance et de l'emploi. Ce faisant, on détruit de la matière imposable et on accroît les déficits.
b. L'Europe fonde sa *policy mix* sur la doctrine des anticipations rationnelles. Ainsi la BCE bénéficiant d'une indépendance sans équivalent ne se soucie que de la stabilité des prix (interprétée un temps comme une inflation nulle. En outre, les déficits publics doivent être réduits, quitte à sacrifier les dépenses d'investissement, gages pourtant de la croissance future.
c. Dans les faits le PSC n'a pas résisté au retour de la faible croissance et les pays européens ont conservé une certaine maîtrise de leur politique budgétaire. D'une part, avec le retour de la faible croissance, les critères de déficit et de dette publics ne sont plus respectés dans les plus grands pays de la zone ; d'autre part,

des voix de plus en plus nombreuses s'élèvent pour demander la réforme du PSC. Sa « stupidité » est dénoncée par le président de la Commission R. Prodi, jusqu'à ce que la France et l'Allemagne échappent aux sanctions et que le PSC soit réformé en mars 2005.

C. Une zone euro privée de croissance parce que privée de gouvernement

a. En moyenne, depuis plus de quinze ans, les grands pays de la zone euro se caractérisent par une faible croissance, par du chômage de masse et par un faible dynamisme de l'investissement. Ils ne bénéficient ni d'une monnaie propre, ni de la possibilité de mener une politique budgétaire discrétionnaire.

b. L'Europe supranationale existe. Elle se compose de trois institutions ; la BCE, le PSC et la direction de la Concurrence de la Commission. Elles s'apparentent à trois « ministres » (cf. J.-P. Fitoussi, *La Politique de l'impuissance*) : de la monnaie, de la surveillance budgétaire et de la concurrence. Mais leur juxtaposition et le fait que ces autorités sont indépendantes empêchent de voir dans les avancées de l'Europe le résultat d'un processus démocratique. Contrairement aux États-Unis, la zone euro s'est ainsi privée de toute gestion macroéconomique.

c. La crise de la construction européenne s'explique en partie par le fait que les électeurs sont rarement consultés pour des décisions ayant d'importantes conséquences sur leur vie quotidienne. Quand ils le sont, la tendance est forte de rendre l'Europe responsable de tous les maux. Les nécessaires réformes structurelles ont peu de chances d'être acceptées tant que les politiques conjoncturelles n'auront pas obtenu de meilleurs résultats en matière de croissance et d'emploi. Au lieu d'un gouvernement par les règles, inspirées par le libéralisme, c'est d'une conception large du *policy mix*, ajoutant les réformes structurelles aux politiques macroéconomiques, dont la zone euro a besoin.

Conclusion

Le dernier quart de siècle a été dominé en Europe par le choix historique de renoncer au pouvoir régalien de « battre monnaie ». Cet abandon était motivé par l'espoir de renouer avec la croissance grâce à une meilleure coordination des politiques budgétaires. Grande est la déception tant la zone euro peine à construire un policy mix efficace. La BCE et les gouvernements nationaux s'en rejettent mutuellement la responsabilité. De telles querelles, qui attisent largement à la crise de la construction européenne, confortent la thèse selon laquelle « la zone euro est "au milieu du gué", entre une coopération entre États (pour les questions budgétaires) et une fédération (pour la monnaie) ». (A. Bénassy-Quéré, B. Coeuré).

Sujets d'oral

1. Le déficit budgétaire de l'État est-il un bon moyen pour stimuler l'activité économique ? Vous illustrerez vos assertions par des exemples historiques précis. (ESCP 2004)

2. Quand peut-on parler de déficit budgétaire excessif ? Vous illustrerez vos assertions par des exemples historiques précis. (ESCP 2004)

3. Quels sont les canaux de transmission de la politique monétaire ? (ESCP 2004)

4. Dans quelle mesure l'action de l'État est-elle modifiée par la mondialisation des économies ? (ESCP 2004)

5. Les chocs asymétriques fragilisent-ils une union monétaire ? (ESCP 2003)

6. À quoi sert le pacte de stabilité et de croissance ? (ESCP 2003)

7. La courbe de Phillips. (HEC 2005)

Corrigé du sujet 5

Les chocs asymétriques fragilisent-ils une union monétaire ? (ESCP 2003)

Introduction

La question des chocs asymétriques est centrale lorsque l'on s'interroge sur la faisabilité d'une union monétaire, option qui aboutit à la disparition définitive du pouvoir monétaire national. Faute de compter sur l'autonomie de la politique monétaire et sur les modifications du taux de change les pays d'une telle union disposent-ils toujours des substituts nécessaires ?

I. Une zone monétaire « optimale » substitue différentes variables d'ajustement à la flexibilité du change

A. L'article fondateur de R. Mundell (1961)

a. Un choc asymétrique représente une perturbation qui touche une région ou un pays et non l'ensemble des pays faisant éventuellement partie d'une zone monétaire ou encore une modification brutale et non anticipée d'une variable économique (salaires, prix de l'énergie, demande) qui affecte différemment une ou plusieurs régions. Plusieurs régions soumises à une pluralité de chocs, chaque choc ne touchant qu'une région, ont intérêt à avoir chacune leur propre monnaie. Cependant, plus nombreuses sont les monnaies, et plus les coûts de transaction (coûts supportés pour passer d'une monnaie à une autre) s'élèvent.

b. À partir de l'exemple du Canada et des États-Unis, R. Mundell (1961) conclut que la mobilité du travail (des chômeurs de la région en dépression migrent vers la région en expansion), est un bon substitut à la flexibilité du taux de change. En effet, des chocs différents, inflation aux États-Unis et chômage au Canada, sont en mesure de se résorber grâce aux migrations des travailleurs canadiens vers les États-Unis. S'il en est ainsi les deux pays ont intérêt à former une zone monétaire (utiliser une seule monnaie) car ils suppriment les coûts de transaction liés au change tout en conservant la possibilité de faire face aux chocs asymétriques.

B. D'autres facteurs de l'optimalité d'une zone monétaire.

a. Pour R. Mundell, Mac Kinnon (1963) avance que trois objectifs finals de la politique économique (plein-emploi, équilibre des paiements courants et stabilité des prix) peuvent être obtenus par la monnaie unique. La seule condition à satisfaire est que les régions entretiennent d'importantes relations commerciales. Dans ce cas, on évite d'importer de l'inflation à travers les importations incompressibles.
b. Chez Kennen (1969), en revanche, les chocs seront mieux supportés lorsque les régions sont peu spécialisées et les échanges diversifiés. Dans ce cas, seule une faible partie des exportations serait touchée par un choc de demande d'où un impact limité sur l'emploi. Pour d'autres, les chocs sont d'autant mieux absorbés que le fédéralisme budgétaire et fiscal assure des transferts dont bénéficient les régions qui en sont victimes.

II. La contestation libérale : la résorption des chocs asymétriques nécessite la flexibilité du change

A. Les ajustements monétaires sont irremplaçables

a. Face à un choc asymétrique, les déséquilibres (inflation, chômage…) sont plus facilement résolus grâce au jeu des dépréciations ou des appréciations monétaires. En imaginant deux économies ou régions, A et B, A faisant face à de l'inflation et B subissant du chômage, la dépréciation de la monnaie de B améliore sa compétitivité ce qui facilite l'augmentation de la production tirée par la demande d'importation venue de A.
b. Pour M. Friedman, le choix de poursuivre la marche vers l'Europe monétaire malgré les difficultés évidentes relève d'un « entêtement suicidaire ». Le taux de change doit pouvoir s'adapter aux chocs d'où sa célèbre formule : « Pourquoi ne pas laisser le chien remuer la queue plutôt que de laisser la queue remuer le chien ».

B. Exemples de choix contraints dans des zones monétaires

a. Au début de la décennie 1990, la France doit s'aligner sur la politique monétaire allemande et accepter une forte croissance de son chômage afin de respecter l'étalon-mark et ne pas remettre en cause sa participation future à l'UEM. Les critères de Maastricht exigeant de maintenir les parités du SME depuis au moins deux ans s'opposent au recours à une solution moins coûteuse en termes de croissance : une dépréciation du franc ou une appréciation du mark.
b. De la même manière, le *peg* de certaines monnaies asiatiques sur le dollar empêche les pays concernés de faire face au choc de la détérioration des paiements courants et contribue à l'éclatement de la crise asiatique. Une dépréciation régulière vis-à-vis du $ à partir de 1995 aurait été préférable aux brusques alignements monétaires de 1997.

c. À l'inverse, la sortie de la lire et de la livre sterling du SME en 1992-1993 ouvre la possibilité de relâcher la politique monétaire de l'Italie et du Royaume-Uni. Ce dernier pays récidive en optant pour la même attitude que celle choisie en 1931, l'abandon des changes fixes et de l'étalon-or. La dépréciation qui s'ensuit montre que les marchés sont plus rationnels que les gouverneurs des banques centrales obéissant à des choix politiques erronés. Il s'ensuit une stimulation des exportations et de l'activité.

C. L'euro, une erreur majeure selon J.-J. Rosa

a. Le choix de l'euro représente « l'erreur européenne » (1998). « Choix rigide de l'intégrisme monétaire, version excessive et rejeton illégitime de la théorie monétariste » l'euro manifeste la volonté d'appliquer à l'Europe « l'ultra-conservatisme monétaire allemand » alors qu'elle se caractérise par la faible mobilité du facteur travail, la lenteur des ajustements sur ce marché et l'absence de véritable solidarité budgétaire.
b. Choisir la monnaie unique, c'est s'exposer à connaître à nouveau le drame économique des années 1930. Les pays du Bloc or constitué en 1933, impulsé par la France, en maintenant le plus longtemps possible l'orthodoxie monétaire, c'est-à-dire l'ancrage sur l'or, se sont interdits de mener une politique macroéconomique correspondant à leurs besoins du moment.

III. L'optimisme des théories les plus récentes démenti par les faits

A. Les nouvelles approches

a. Le modèle centre-périphérie de P. Krugman, issu des travaux qui relèvent de la nouvelle géographie économique, prend le contre-pied du modèle de R. Mundell. L'importance de la mobilité du facteur travail n'est pas une force mais une faiblesse pour une zone monétaire. En effet, plus cette mobilité est faible, plus la spécialisation régionale est limitée et moins l'occurrence des chocs asymétriques est grande. De ce point de vue, comparer l'UE et les États-Unis conduit à penser que les risques de chocs spécifiques sont moins fréquents dans l'UE car l'industrie y est plus dispersée : l'UE serait davantage une ZMO que les États-Unis !
b. Chez J. A. Frankel et A. K. Rose (1998), qui prennent en compte le degré d'intégration financière, plus cette intégration est forte et moins les chocs asymétriques ont des chances de survenir (forte corrélation des cycles conjoncturels).

B. L'Europe face aux chocs asymétriques

a. Si les études empiriques mettent en évidence une réduction des écarts d'inflation entre les pays de l'UEM, les différentiels restent importants ce qui pose des problèmes à la BCE pour mener sa politique monétaire. Dans des pays comme l'Espagne et l'Irlande, qui connaissent une croissance soutenue, les taux d'intérêt réels sont négatifs alors que là où la croissance est atone, en Allemagne en particulier, une détente monétaire pourrait être bénéfique.
b. Il apparait ainsi que l'Europe n'est pas devenue une zone monétaire optimale. L'hétérogénéité en matière de croissance ou d'inflation subsiste en partie parce que la mobilité des personnes au sein de la zone euro demeure faible et le budget européen reste sans commune mesure avec le poids des budgets des pays membres. Dans ces conditions, on comprend la réforme du PSC de mars 2005. La résorption des chocs asymétriques ne peut passer du rôle contracyclique des budgets nationaux.

Conclusion

La gestion de l'euro déçoit : cette zone connaît une faible croissance et les Européens sont loin d'avoir trouvé la recette pour faire face à des situations économiques nationales différentes. Depuis 1999 le fédéralisme ne progresse plus. Cependant n'oublions pas que la monnaie unique a atténué les effets de chocs symétriques comme l'envolée des prix du pétrole brut et permis aux pays à monnaie nationale faible avant l'euro de profiter de taux d'intérêt sensiblement réduits. Aussi faut-il bien discerner ce qui, dans les difficultés économiques des plus grands pays de la zone, relève de politiques conjoncturelles inappropriées, de ce qui a trait à des réformes structurelles inachevées.

Corrigé du sujet 6

À quoi sert le Pacte de stabilité et de croissance ? (ESCP 2003)

Introduction

Depuis l'approbation du Pacte de stabilité et de croissance (PSC) par le Conseil européen de Dublin (décembre 1996), l'idée illustre la volonté allemande de faire de l'euro un clone du mark : des finances publiques saines (absence de déficits et de dette publics excessifs) fondent la crédibilité de la politique monétaire. Quant à l'objectif de la croissance, il suppose de faibles besoins de financement publics afin de détendre les taux d'intérêt. La poursuite des deux objectifs n'est-elle pas contradictoire ? La recherche de la stabilité a-t-elle fait converger les économies de la zone tout en favorisant une croissance soutenue ?

I. Douze pays hétérogènes partageant la même monnaie doivent s'astreindre à respecter certaines règles de conduite

A. Le PSC contraint les politiques budgétaires nationales...

a. Le traité d'Amsterdam de 1997 pérennise deux critères importants du traité de Maastricht de 1992 : la limitation du déficit public à 3 % du PIB et celle de la dette publique à 60 %. À moins que le pays concerné soit affecté par une grave récession (une baisse du PIB de 2 % ou plus), des sanctions sont prévues. Il s'agit de l'obligation de déposer 0,2 % du PIB plus un dixième de dépassement de la valeur de 3 % plafonné à 0,5 % du PIB. Au-delà de deux ans ces sommes seront converties en amende si le déficit persiste.

b. Le PSC marque la volonté des Allemands d'ancrer la gestion des budgets nationaux dans la stabilité, volonté seulement tempérée par l'exigence française de ne pas oublier la croissance comme objectif final de la politique économique.

B. … pour éviter les pressions visant à la monétisation des déficits nationaux

a. Participer à une union monétaire exige par nature de s'imposer certains garde-fous en matière budgétaire, gages de viabilité de la zone. Les tensions inflationnistes induites par des déficits excessifs devraient être contrecarrées par une politique monétaire restrictive dont pâtiraient tous les pays de la zone euro.
b. Un pays fortement déficitaire profiterait de la rigueur budgétaire des autres pour ne pas se l'imposer (comportement de passager clandestin). Des déficits excessifs produisent des externalités négatives (effet d'éviction et augmentation des taux longs) et nuisent à l'investissement et à la croissance de l'ensemble de la région.

C. … alors que les déficits publics sont peu efficaces en matière de croissance

a. La limitation des déficits représente aussi un moyen pour tâcher d'atteindre des soldes à moyen terme « proches de l'équilibre ou en excédent ». Assainir les finances publiques permet de retrouver une certaine souplesse par le jeu des stabilisateurs automatiques durant les périodes de ralentissement économique.
b. La poursuite de politiques budgétaires saines suppose des réformes structurelles, seules en mesure de restaurer la confiance et de faire repartir la croissance et l'emploi. Le PSC se fonde sur la nouvelle macroéconomie classique et plus précisément sur l'équivalence ricardienne. Une diminution des déficits et de la dette est un préalable à une baisse de la pression fiscale, seule capable de relancer la croissance.

II. Un PSC mal pensé aux modalités d'application trop rigides ?

A. Un PSC remis en cause dès le retour de la croissance molle

a. Le Portugal (2001), puis l'Allemagne et la France (2002) et l'Italie (2004) ne parviennent pas à respecter la norme des 3 % de déficit public maximum. Absence d'application des sanctions prévues : la France et l'Allemagne refusent de s'astreindre à réduire leurs déficits publics. Suspension des procédures engagées contre l'Allemagne et la France.
b. Le second principe du PSC (endettement public maximum de 60 %) n'est pas davantage suivi : Belgique, Italie et Grèce dépassent toujours les 100 %. Alors que les pays ayant les ratios les plus élevés les ont réduits, de nouveaux pays de la zone (Allemagne, France) dérogent maintenant à la règle.
c. Les sanctions prévues n'ont jamais été appliquées. La France et l'Allemagne refusent de prendre des mesures pour réduire leurs déficits publics. Le Conseil Ecofin suspend en novembre 2003 les procédures pour déficits excessifs engagés contre les deux pays, ce qui achève de remettre en cause la crédibilité du PSC.

B. Un PSC procyclique et qui nuit à la démocratie

a. Le PSC se caractérise par un biais procyclique : rien n'obligeant les pays en haut du cycle à réduire leurs déficits (fonctionnement asymétrique du PSC), ils n'ont pas les moyens de mener des politiques expansionnistes en bas du cycle, les stabilisateurs automatiques ne fonctionnent plus lorsque la croissance est durablement ralentie. Respecter le critère des 3 % conduit soit à couper dans les dépenses d'infrastructures, d'éducation ou de recherche et développement, soit à grever les possibilités de croissance future.

b. La politique monétaire de la BCE ayant pour seul objectif d'assurer la stabilité des prix, la démocratie est affaiblie par l'application systématique de règles aux dépens de choix politiques effectués par les gouvernements et parlements nationaux. J.-P. Fitoussi dénonce le rêve libéral d'un « dictateur bienveillant », un gouvernement exercé par des agences indépendantes (du politique) et non coordonnées.

C. Un nouveau PSC plus efficace ?

a. Le caractère pro-cyclique du PSC est corrigé grâce à une attention accrue accordée au déficit structurel au lieu du déficit public global. Redéfinition des « circonstances exceptionnelles » : déduction de différentes dépenses comme celles de la réunification allemande, certaines dépenses militaires, les dépenses de recherche et développement liées à la stratégie de Lisbonne.

b. Le plafond de 60 % de dette publique prend désormais plus d'importance au moment où on marque un « retour du politique » (décision de confier au Conseil le soin de traiter au cas par cas la question de l'application des sanctions et du rythme du retour au respect des critères).

Conclusion

Le PSC, généralement considéré comme nécessaire, était mal pensé. Sans être seul en cause, il a participé à la faible croissance de la zone euro. Sa réforme s'imposait. Sera-t-elle suffisante ? La volonté d'instaurer toujours plus de solidarité européenne a certainement pâti de l'attitude très peu coopérative des concepteurs du PSC, qui se sont évertués à en modifier les règles dès qu'elles sont apparues difficiles à respecter. La multiplication des comportements de « passager clandestin » ne peut que nuire à l'approfondissement de la construction européenne.

Stratification et changement social

11

L'essentiel

Les faits

L'AVÈNEMENT DE LA SOCIÉTÉ INDUSTRIELLE (XIXe, DÉBUT DU XXe SIÈCLE)

La Révolution française a constitué une rupture politique et sociale : destruction des ordres, égalité juridique des citoyens. L'ordre social traditionnel perdure néanmoins durant la première moitié du XIXe siècle.

La révolution industrielle bouleverse la structure sociale sur le long terme. Elle est à l'origine de l'essor de deux classes : la bourgeoisie et le groupe ouvrier.

Malgré l'exode agricole, la **paysannerie** garde une place prépondérante dans l'économie et la société françaises jusqu'à la veille de la Première Guerre mondiale.

La **petite bourgeoisie indépendante** (l'atelier et « la boutique ») a accompagné la croissance avant de voir ses effectifs se stabiliser.

La **bourgeoisie** industrielle et commerciale devient la classe dominante au cours du XIXe siècle. Une bourgeoisie « à talents » (professions libérales, hauts fonctionnaires, ingénieurs) conforte également ses positions. Les familles vivant essentiellement de leurs rentes (les « rentiers ») ne sont pas rares.

Le **monde ouvrier** est l'autre figure montante de la société industrielle. Jusque dans les années 1870, la condition ouvrière renvoie à trois réalités distinctes : les « ouvriers de métier » héritiers de l'artisanat urbain, les travailleurs à domicile, surtout ruraux, le prolétariat de fabrique. Ce n'est que dans le dernier tiers du siècle que les ouvriers d'usine deviennent la figure dominante.

LES TRANSFORMATIONS SOCIALES CONTEMPORAINES DEPUIS LA SECONDE GUERRE MONDIALE

En l'espace d'un demi-siècle, le paysage social a été bouleversé : à l'effondrement de la population agricole et au déclin des indépendants de l'industrie et du commerce, s'oppose l'essor vigoureux des catégories salariées (employés, professions intermédiaires et cadres et assimilés).

Le processus de salarisation, expliqué par la croissance des entreprises et le développement des administrations et services publics, apparaît comme un fait majeur. Les organisations génèrent des hiérarchies fonctionnelles de salariés (du haut cadre à l'employé subalterne).

La société contemporaine se structure en trois pôles : les classes supérieures, les classes moyennes en fort développement et les classes populaires.

La bourgeoisie traditionnelle (le haut patronat familial) même si elle perdure, semble en recul. **Les classes supérieures** comprennent de plus en plus d'actifs salariés : cadres d'état-major, hauts fonctionnaires, bref des « managers » et des « décideurs ».

L'évolution des **classes moyennes** est semblable : les fractions indépendantes, autrefois prédominantes, sont largement minoritaires aujourd'hui. Les couches moyennes salariées sont en essor continu : elles comprennent les professions intermédiaires et une majorité de cadres employés dans les entreprises et dans les administrations publiques.

Les **employés** occupent une position charnière entre les classes moyennes et les classes populaires. La massification et la féminisation des effectifs, la rationalisation des tâches dans les services et la grande distribution réduisent la distance entre « cols blancs » et « cols bleus ».

Pendant les Trente Glorieuses, **la classe ouvrière** voit ses effectifs augmenter et occupe une place importante sur la scène sociale. La condition ouvrière s'améliore. Le ralentissement de la croissance et les processus de désindustrialisation entraînent à l'inverse une période de déclin et d'éclatement du groupe.

La précarisation des emplois, le chômage massif et l'exclusion génèrent de nouveaux clivages qui traversent les différents groupes sociaux (mais surtout les salariés subalternes). Ces nouvelles réalités alimentent le thème de la « **fracture sociale** » opposant les « insérés », partie prenante de la société postindustrielle et les « marginalisés », laissés pour compte de la compétition planétaire.

Les outils

SOCIOLOGIE. Science des phénomènes sociaux, des mécanismes qui président à leur déroulement. On peut distinguer une *sociologie du fait social* mettant l'accent sur les déterminismes structurels et les contraintes sociales (parti pris de Durkheim), et une *sociologie de l'acteur* qui, à l'inverse, entend montrer que la réalité sociale est le produit des interactions sociales (optique privilégiée par Max Weber). En réalité, nombre d'analyses sociologiques tentent de concilier ces deux approches.

STRATIFICATION SOCIALE. Ensemble des différenciations sociales dérivant des inégalités de richesses, de pouvoir, de savoir et de prestige déterminant la division de la société en groupes de droit (sociétés d'ordres ou de castes) ou de fait (sociétés modernes différenciées en classes).

CLASSES SOCIALES. Groupes sociaux de fait (et non de droit) constitués à partir de la position occupée dans le système productif (employeurs, salariés d'encadrement, salariés d'exécution), des inégalités de statut (dirigeants/dirigés) et de condition (revenus, patrimoine, mode de vie).

CATÉGORIES SOCIOPROFESSIONNELLES : CSP ou PCS. Regroupements d'individus ayant un statut socioprofessionnel similaire et « présentant une certaine homogénéité sociale » (Code des CSP, 1969). Deux codes ont été successivement élaborés : le premier en 1954 (code des CSP), le second en 1982 (code des PCS). Les différences entre l'un et l'autre sont limitées et le terme de CSP continue à être usité depuis 1982 La nomenclature de 1982 retient 8 grandes catégories ou groupes (dont 6 d'actifs) ventilées en 19 catégories : 1. Agriculteurs exploitants (non salariés) ; 2. Artisans, commerçants et chefs d'entreprise ; 3. Cadres et professions intellectuelles supérieures (dont Professions libérales) ; 4. Professions intermédiaires (cadres moyens dans le code de 1954) ; 5. Employés (incluant depuis 1982 les personnels de services) ; 6. Ouvriers (incluant depuis 1982 les ouvriers agricoles, ex. salariés agricoles) ; 7. Retraités ; 8. Autres personnes (de 15 ans et plus) sans activité professionnelle.

Les principes de la classification socioprofessionnelle des actifs sont les suivants : le métier ou la spécialité professionnelle, la nature de l'activité, le statut juridico-économique (opposition entre salariés et non salariés) ; pour les salariés : la qualification (correspondant souvent au nombre d'années d'études) et la position hiérarchique ; pour les non-salariés : la taille de l'entreprise. Le critère sectoriel n'est que très partiellement utilisé (par ex. l'isolement des exploitants agricoles parmi les indépendants).

Mobilité sociale. Changements de position sociale d'une génération à l'autre (mobilité intergénérationnelle) ou au cours d'une vie (mobilité intragénérationnelle). Au sens large l'étude de la mobilité sociale inclut les scénarios de reproduction des positions (immobilité sociale » ou encore « hérédité sociale »).

Mobilité structurelle/nette/brute. La mobilité structurelle est celle qui résulte de la transformation de la structure des emplois au cours d'une période donnée. La mobilité nette ou « fluidité sociale » correspond aux flux de mobilité indépendants de ces transformations « structurelles ». Dans la réalité concrète il est difficile de distinguer les deux phénomènes. La mobilité totale observée est dite « brute ».

Table de mobilité. Destinées et recrutements. Les enquêtes de mobilité débouchent sur la construction de tables de mobilité basées sur la comparaison entre position d'origine et position d'arrivée. Deux lectures sont possibles : destinées (ex. : devenir des enfants d'agriculteurs), soit en termes de recrutements (ex. : origines sociales des cadres).

Exclusion. Processus par lequel des individus ou des groupes sont rejetés hors d'un ensemble social donné : chômeurs ou sans emploi, sans domicile fixe, sans couverture médicale, etc. L'exclusion peut aboutir à la rupture des liens sociaux (désocialisation). Dans un sens plus large, catégories paupérisées, marginalisées, n'ayant pas accès à des biens ou des services considérés comme essentiels.

Seuil de pauvreté. Correspond au revenu par unité de consommation d'un ménage inférieur à la moitié du revenu médian (indicateur utilisé en France) ou du revenu moyen (indicateur de plusieurs pays européens). Les *ménages* classés comme *pauvres* (pauvreté monétaire) sont ceux dont le revenu est inférieur à ce seuil.

Les références théoriques

Théorie marxienne des classes. Marx développe une analyse relationnelle et conflictuelle des classes. Celles-ci ont pour fondement « les rapports sociaux de production » (relations que nouent les individus dans la sphère économique). Ces rapports sont dissymétriques (propriété et pouvoir versus « force de travail ») et sont caractérisés par « l'exploitation » et la domination. Cependant, les classes ne deviennent des groupes sociaux organisés qu'à travers les luttes sociales et politiques. – Schéma de la bipolarisation. Les sociétés européennes du XIXe siècle ne se réduisent pas aux entrepreneurs capitalistes et aux ouvriers de fabrique. D'autres groupes sociaux, y ont leur place : propriétaires fonciers, paysans, petite bourgeoisie... Cependant, le développement du capitalisme les voue au déclin. On s'achemine ainsi vers une « bipolarisation » croissante du système de classes opposant la bourgeoisie et le « prolétariat ».

Groupes de statut et distinction sociale chez Max Weber. Max Weber met l'accent sur la pluralité des dimensions de la stratification sociale. À une différenciation proprement économique (les classes), il superpose une différenciation basée sur le prestige et les attributs statutaires (instruction, style de vie) : ce sont les « groupes de statut ». La distinction sociale et la compétition statutaire, aboutissent à une hiérarchie sociale qui ne repose que partiellement sur les positions économiques.

Les analyses « stratificationnistes ». Elles privilégient une représentation de la société comme une hiérarchie continue et ordonnée du corps social. Les différentes strates ne sont séparées que par écarts gradués. Cette vision soutend l'absence d'antagonismes et la fluidité du système.

Le paradoxe d'Anderson. Les individus peuvent être plus diplômés que leurs pères sans occuper pour autant une position sociale plus élevée. Explication du paradoxe : le développement des emplois hautement qualifiés est moins fort que la croissance des diplômés de haut niveau. R. Boudon utilise ce schéma pour souligner l'effet pervers de la démocratisation scolaire : l'inflation des diplômes entraîne leur dévalorisation sur le marché du travail.

Théorie des capitaux ressources de P. Bourdieu. Les agents (individus ou familles) sont dotés inégalement de trois types de ressources : *le capital économique* (revenus et patrimoine), le *capital culturel* (savoir et savoirs faire, diplômes) *et le capital social* (ressources relationnelles, réseaux). Le volume et la structure de ces ressources rendent compte de la place des différentes catégories ou classes dans l'espace social. Le capital relationnel explique largement le rendement social inégal des diplômes.

Sujets d'écrit

1. Mobilité sociale et croissance en France depuis 1945 (ECRICOME, 2001)

2. Les transformations du salariat dans le second XXe siècle remettent-elles en cause l'analyse marxiste des classes sociales ?

3. Développement économique et inégalités sociales dans les pays occidentaux depuis la fin du XIXe siècle (HEC)

Corrigé du sujet 1

Mobilité sociale et croissance en France depuis 1945. (ÉCRICOME, 2001)

Introduction

Père : agriculteur, fils : ouvrier ou professeur. La mobilité sociale intergénérationnelle contredit l'adage « Tel père, tel fils ». Elle se définit comme un changement de position sociale entre deux générations. De fait, en l'espace de 60 ans (1945-2005) les flux de mobilité ont été importants même si l'hérédité ou « l'immobilité » sociale (reproduction de la position sociale de père en fils ou de père en fille) a été et reste non négligeable. On distingue classiquement deux séries de facteurs de la mobilité : 1) la plus ou moins grande **« fluidité sociale »** permise par des opportunités diverses et en premier lieu le système scolaire, dont on connaît l'importance dans une société marquée par l'accroissement du salariat et le développement des compétences requises dans de nombreux emplois ; 2) la **mobilité** dite **structurelle** induite par l'évolution de la structure des emplois.

C'est avec ce deuxième mécanisme que la mobilité sociale est liée à la croissance. Si celle-ci s'appréhende d'abord comme une augmentation à moyen et long terme de la production de biens et services (PIB), on sait qu'elle se réalise à travers des transformations des structures économiques. Cette règle vaut particulièrement pour les économies modernes à économie de marché. Schumpeter insistait sur l'importance périodique des grandes innovations à l'origine des processus de « destruction créatrice ». Après la Seconde Guerre mondiale, l'intensité des transformations est particulièrement marquée, aussi bien durant les Trente Glorieuses (mécanisation agricole, fordisme) que lors des trois décennies de croissance ralentie (tertiarisation accélérée, informatisation, restructurations).

La question posée invite à établir les liens entre les flux de mobilité et les déformations de la structure des emplois induites par le développement économique sans oublier le rôle essentiel de l'État et des administrations publiques. Mais elle amène aussi à questionner les limites de cette correspondance : la mobilité et l'hérédité sociales observées ne peuvent s'expliquer par la seule évolution de la structure sociale.

I. Les flux de mobilité observés s'expliquent largement par les transformations économiques et le développement des administrations publiques

A. Mobilité et hérédité sociales diffèrent largement selon les groupes sociaux

a. La mobilité sociale est périodiquement mesurée par les enquêtes FPQ (Formation Qualification Professionnelle) à travers la grille des catégories socioprofessionnelles : on croise la position des fils âgés de 40 ans et plus avec celle des pères dans des tables dites de mobilité. La table des destinées donne la répartition en % des positions acquises par les fils de même origine sociale. Celle des recrutements donne la répartition en % des origines sociales d'une catégorie socioprofessionnelle donnée.

b. Au fil des enquêtes, en termes de destinées, on peut distinguer :

– des groupes à plus ou moins forte mobilité : de moins en moins de fils d'agriculteurs (exploitants ou salariés) reprennent la profession de leurs père (beaucoup deviennent ouvriers) ; il en est de même, quoique dans une moindre mesure, des fils de petits indépendants non-agricoles (% non négligeable d'ouvriers), de chefs d'entreprise (de plus en plus deviennent cadres), de professions intermédiaires (*idem*) ;

– des groupes à forte « hérédité sociale » : il s'agit des cadres et professions intellectuelles supérieures (reproduction entre 41 et 46 %) et des ouvriers (51 %).

c. En termes de milieux d'origine on peut opposer :

– des catégories au recrutement extérieur fort limité (cas des agriculteurs) ou peu diversifié (les ouvriers sont fils d'ouvriers ou fils d'agriculteurs),

– à l'inverse, des catégories au recrutement relativement diversifié : cadres et professions intellectuelles supérieures, professions intermédiaires, employés.

B. Ces observations s'expliquent largement par l'évolution de la structure des emplois

a. En termes sectoriels on peut invoquer le jeu combiné de la croissance de la valeur ajoutée (VA) et des gains de productivité !

– La chute des emplois agricoles s'explique par l'intensité du progrès technique et une croissance du produit agricole forte mais inférieure aux gains de productivité. D'où la contrainte du départ pour nombre de fils d'agriculteurs (et spécialement pour les fils de salariés).

– L'expansion des CSP dont la majorité des membres travaillent dans les services : cadres et professions intellectuelles supérieures, professions intermédiaires, employés (pour les femmes), c'est le phénomène classique de la tertiarisation correspondant souvent à des activités en fort essor et à progression limitée de la productivité (du moins avant la généralisation – récente – de l'informatisation). Ces catégories en forte expansion doivent logiquement recruter à l'extérieur de leurs propres rangs.

b. Une analyse plus fine des destinées et des recrutements, CSP par CSP peut se rapporter à quelques faits majeurs du développement économique, social et « politique ».

– La concentration économique et le processus concomitant de « salarisation » sont défavorables aux petites voire aux moyennes entreprises. Les artisans et les petits commerçants (« révolution commerciale ») sont des catégories en déclin.

D'où la nécessité pour nombre de fils de trouver des emplois salariés.
– Parallèlement, l'augmentation de la taille des entreprises ainsi que la rationalisation de leur gestion est source de développement d'un encadrement supérieur et intermédiaire.
– Le développement des fonctions de l'État (au sens large) induit un essor des personnels publics salariés, toutes catégories confondues, des cadres aux employés.
Ces deux derniers constats expliquent en particulier les forts pourcentages de fils de chefs d'entreprise devenant cadres et de filles d'ouvriers devenant employés.

II. Cependant d'autres logiques, essentiellement sociales et culturelles, sont à l'œuvre dans les flux de mobilité et les scénarios d'hérédité sociale

Si le progrès technique accéléré implique le départ massif des fils d'agriculteurs vers d'autres horizons, il n'explique que le fait que la moitié des « partants » deviennent ouvriers. De même, la forte expansion du groupe cadres et professions intellectuelles supérieures ne peut à elle seule expliquer que plus de la moitié des fils issus de ce groupe gardent le même statut socioprofessionnel que leurs pères. En bref, les transformations structurelles ne rendent pas compte à elles seules des trajectoires – mobiles ou reproductives – observées.

A. Une fluidité sociale restreinte

a. Notion de fluidité. Il faut s'interroger sur la notion de fluidité sociale et sur le sens et l'amplitude des flux de mobilité. La fluidité sociale ou mobilité nette peut être présentée sommairement comme l'écart entre la mobilité totale observée et la mobilité structurelle ! Elle rend compte des opportunités de promotion sociale mais également de l'inégale distribution des chances. Plusieurs constats alimentent cette approche.
– La prédominance des trajets « courts » dans les flux de mobilité : les fils (ou les filles) mobiles rejoignent le plus souvent un groupe socioprofessionnel peu éloigné de leur groupe d'origine (exemples : ouvrier → technicien, employé → profession intermédiaire, profession intermédiaire → cadre ou profession intellectuelle supérieure).
– L'existence de flux de mobilité dite horizontale : le changement de statut socioprofessionnel n'est pas vraiment associé à une montée (ou une descente) dans la pyramide sociale. Ainsi en est-il des ouvriers fils d'agriculteurs ou des cadres fils de chefs d'entreprise.
– Et bien sûr les scénarios d'hérédité sociale sont plus prononcés que ne le voudrait la seule logique méritocratique.
b. Quels flux de mobilité ? Si les flux de mobilité induits par la croissance et les changements structurels connexes sont importants, l'amplitude de ces flux reste souvent modeste et la reproduction de positions sociales homologues ou équivalentes est somme toute répandue.

B. Une inégalité des chances persistante

a. La modestie de la « fluidité sociale » s'explique par plusieurs facteurs concomitants : leur point commun réside en l'inégalité des chances induite par l'inégalité des ressources (au sens large) des familles d'origine des individus, ce que P. Bourdieu résume par la trilogie : capital économique, capital culturel, capital social (ou capital relationnel).

b. Dans les sociétés contemporaines, caractérisées par la montée du salariat et l'importance croissante des savoirs scientifiques et techniques, le système scolaire joue un rôle crucial dans l'accès aux emplois et aux statuts sociaux correspondants. Le développement de la scolarisation a été considérable en France (et dans la plupart des PDEM) à partir des années 70 et 80. Mais s'il y a eu incontestablement une généralisation de l'accès aux études, il est plus difficile de parler de la d'une démocratisation de l'enseignement et de l'accès aux postes de haut niveau.

c. Deux schémas d'interprétation marquants ont été proposés

– Celui de P. Bourdieu ou de l'École « reproductrice » : la réussite scolaire est largement corrélée avec le capital culturel transmis des parents aux enfants ; or l'instance scolaire véhicule un langage et une culture en affinité avec l'univers culturel des catégories sociales à haut degré d'instruction. Au surplus, Bourdieu insiste sur l'inégal rendement social des diplômes en vertu de l'inégal capital social des agents ;

– Celui de R. Boudon ou des choix rationnels : les acteurs (les familles) comparent les coûts entraînés par la prolongation des études et les gains espérés en termes de récompenses (diplômes) et d'accès aux postes convoités. Ce calcul coûts/avantages favorise les catégories supérieures (les coûts sont relativement moindres en fonction des revenus) et freine les investissements scolaires des familles modestes (avantages plus aléatoires, coûts relativement plus importants).

Si les analyses de Bourdieu et de Boudon s'opposent sur des aspects cruciaux, on peut néanmoins remarquer une convergence : les effets limités du développement de la scolarisation sur la réduction des inégalités et des chances de promotion sociales.

Conclusion

Les liens entre mobilité sociale et croissance dans la France contemporaine sont incontestables. En effet, la croissance économique s'accompagne de transformations économiques et politico-administratives d'envergure générant un bouleversement de la structure des emplois au plan sectoriel (chute des actifs agricoles, vif essor des emplois tertiaires) et socioprofessionnel (forte hausse des statuts de cadres, de professions intermédiaires, d'employés) qui appelle à son tour des mobilités intergénérationnelles importantes.

En revanche, la caractérisation de ces flux (trajets courts, mobilités « horizontales ») et la pérennité d'hérédités de position relèvent d'un système social caractérisé par la persistance des inégalités **socio-économiques** et, en particulier, de l'inégalité des chances face au système scolaire. On retrouve ici l'imbrication étroite des dynamiques économiques et des logiques sociales et culturelles.

Corrigé du sujet 2

Les transformations du salariat dans le second XXe siècle remettent-elles en cause l'analyse marxiste des classes sociales ?

Introduction

La figure de Karl Marx est ambivalente : militant et « prophète » révolutionnaire, il est aussi un économiste et un théoricien du social reconnu comme majeur. Indépendamment de ses options politiques, nombre de sociologues éminents (dont Max Weber et R. Dahrendorf) reconnaissent l'importance de sa contribution à la théorie des classes sociales. Au centre de son analyse, trois éléments peuvent être évoqués : 1) la division en classes sociales résulte des « rapports sociaux de production » caractérisés le plus souvent par l'exploitation et des relations de domination ; 2) le mode de production capitaliste oppose des entrepreneurs propriétaires du capital et des salariés qui n'ont que leur force de travail comme ressource ; 3) Les relations entre classes sont potentiellement ou ouvertement conflictuelles.

L'analyse marxienne est centrée sur la société industrielle telle qu'elle émerge et se développe au XIXe siècle. Comme il le montre lui-même dans ses écrits sur la France, la configuration sociale de cette société est complexe (importance du monde rural et de la paysannerie, poids non négligeable des petits patrons de l'industrie et du commerce). Malgré tout, selon la logique du développement du capitalisme, elle tend à se structurer autour de deux classes fondamentales, la bourgeoisie d'entreprise et le « prolétariat » industriel.

Le paysage social contemporain en diffère largement : les transformations techno-économiques, l'essor des services marchands et non-marchands sont à l'origine du développement d'un salariat non-manuel différencié (des employés aux cadres). Plusieurs auteurs parlent en ce sens de « société salariale ».

On peut se demander ce faisant, dans quelle mesure les modélisations et les principes d'analyse forgés par Marx s'avèrent obsolètes. Ne sommes-nous pas en présence d'un type de société nettement différent de celui qu'il décrivait ? (1re partie). Reste, qu'au-delà des profondes transformations économiques et sociales, les pays développés comme la France restent des économies de marché caractérisées par une différenciation sociale ancrée dans le système productif. Ce constat invite à examiner si certaines de ses analyses ne gardent pas leur pertinence (2e partie).

I. Le développement du salariat qui s'accompagne de ruptures avec la « société bourgeoise » du XIXe siècle...

A. Des transformations d'envergure de la structure sociale

a. En un demi-siècle la structure socioprofessionnelle française a été bouleversée. Les faits majeurs peuvent être caractérisés comme suit :

– une chute spectaculaire des actifs agricoles, la « fin des paysans » (H. Mendras) ;

– un déclin, inégal, des indépendants non-agricoles (artisans, commerçants, patrons de petites entreprises) ;
– un groupe ouvrier dont l'expansion est limitée à la période des Trente Glorieuses ;
– et surtout : un essor impétueux des « cols blancs » : employés, professions intermédiaires, cadres.

b. Ce bouleversement du paysage social s'explique en particulier par l'accélération du progrès technique (cas éloquent du secteur agricole), la concentration et la montée des grandes firmes, l'essor des services aux entreprises et aux particuliers, la « révolution commerciale » (essor de la grande distribution), la montée en puissance de l'État et des administrations et services publics (Éducation, Santé en particulier).

B. Des changements systémiques de la configuration de classes

a. Une classe dirigeante métamorphosée. À la tête des grandes entreprises se trouvent le plus souvent des dirigeants salariés et des cadres d'état-major. Ce changement est issu du découplage propriété du capital/gestion directoriale et de la « révolution managériale » (Burnham, Galbraith) qui signerait le déclin des dynasties bourgeoises. Parallèlement, dans les administrations publiques, les hauts fonctionnaires renforcent leur influence.

b. Des classes moyennes en forte expansion essentiellement salariées (poids déclinant des indépendants). Cet ensemble est différencié : il rassemble des cadres, des prof. intermédiaires, des employés administratifs et « multipolarisé » : distinction entre techniciens (au sens large) et gestionnaires, catégories du « privé » et du « public ».

c. Un groupe ouvrier déclinant (depuis 1975) et à l'inverse des catégories d'employés subalternes en expansion. Le déclin du groupe ouvrier s'accompagne de son éclatement et d'un potentiel revendicatif affaibli. Les employés dans leur ensemble (englobant les personnels de services) sont désormais plus nombreux que les ouvriers.

C. Ces mutations remettent en cause des éléments essentiels de l'analyse de Marx

a. Le salariat ne se confond plus avec la figure du prolétariat. Le salariat évoque autant des conditions subalternes que des statuts élevés et prestigieux. Aglietta et Brender (*Les Métamorphoses de la société salariale*, 1984) définissent la « société salariale comme celle dans laquelle les différenciations principales se trouvent à l'intérieur du salariat ».

b. La classe dominante est d'abord une classe dirigeante composée de personnels recrutés sur la base de leurs compétences certifiées par des filières d'excellence (le top des Grandes Écoles). Le « capital culturel » (Bourdieu) joue un rôle décisif dans leur recrutement.

c. Loin d'assister à une bipolarisation croissante bourgeoisie et prolétariat, la configuration sociale est caractérisée par une *structuration tripolaire* de la configuration de classe. Les classes moyennes ne sont plus un tampon entre classes fondamentales mais bien un pôle à part entière.

d. Le jeu sociopolitique s'est parallèlement transformé : perte de centralité du mouvement ouvrier, luttes sociales et politiques initiées par des couches moyennes salariées (défense du service public, mobilisation autour de l'écologie et de la mondialisation, etc.).

II. ... n'invalide pas pour autant l'analyse de Marx

Plusieurs thématiques développées par Marx gardent leur pertinence quitte à être présentes sous des formes relativement nouvelles. Elles concernent en particulier la reproduction des positions dominantes, les rapports de sujétion dans la sphère productive et l'ampleur des clivages sociaux qui en découlent.

A. Dirigeants salariés et bourgeoisie possédante ne constituent pas deux mondes étanches

a. On observe une tendance à la reconversion et à la reproduction des catégories sociales supérieures. Celles-ci connaissent un recrutement social étroit. Des « stratégies de reconversion » (P. Bourdieu) permettent aux descendants des dynasties patronales d'accéder aux postes dirigeants « privés » ou « publics ».

b. Une haute bourgeoisie conjugue puissance patrimoniale et postes stratégiques (Pinçon et Pinçon-Charlot). On peut observer la persistance des dynasties voire leur « retour » (Bouygues, Lagardère) à la tête de plusieurs grands groupes économiques.

c. Par ailleurs, la proximité entre managers et capital est fréquente. Nombre de cadres d'état-major et de PDG sont des actionnaires importants de l'entreprise qui les emploie (R. Castel).

B. L'opposition capital/travail perdure sous des formes traditionnelles ou nouvelles

a. Une configuration classique : la pérennité d'un vaste monde de PME échappant au phénomène managérial.

b. Le salariat subalterne dépendant en voie de recomposition, est loin de décliner. Le groupe ouvrier décline... au profit d'un « prolétariat de services » (employés et personnels de services non qualifiés, en position de forte dépendance vis-à-vis de directions elles-mêmes sous tutelle des détenteurs du capital).

c. La baisse des conflits du travail dans le secteur privé ne signifie pas l'apaisement des relations professionnelles : L'intensification et la flexibilisation du travail, les remises en cause de certains acquis, etc. résultent d'un rapport de force défavorable aux salariés en raison du sous-emploi durable (*cf.* le thème marxien de « l'armée industrielle de réserve »).

C. Des inégalités de classe reproduites et/ou déplacées

a. Durant les Trente Glorieuses les classes populaires connaissent une forte hausse du pouvoir d'achat, qui entraîne une « déprolétarisation » notable d'une large partie du groupe ouvrier à défaut d'une baisse significative des inégalités (phénomène du déplacement des inégalités).

b. Depuis le milieu des années 1980, on observe une double tendance :

– la poursuite ou de nouvelles étapes de l'affaiblissement de certains clivages (*cf.* diffusion de nouveaux biens et services, démocratisation de l'accès à l'enseignement supérieur) ;

– mais également, un développement des « inégalités de situation » (chômage, emplois précaires, nouvelle pauvreté) et plus généralement la stabilité ou la remontée des inégalités de revenu.

Ces constats semblent infirmer les hypothèses de moyennisation et d'homogénéisation du corps social.

Conclusion

Il y a incontestablement des ruptures essentielles entre la vision marxienne des classes sociales et la société qui se dessine à partir des années 1960. Celles-ci sont de plusieurs ordres. En 1er lieu des changements systémiques sont intervenus : il s'agit en particulier de la large « salarisation » des catégories dirigeantes et intermédiaires et de la croissance des classes moyennes salariées. Le schéma marxien de bipolarisation est clairement démenti aujourd'hui. Il s'agit en second lieu de sa vision à long terme des « conflits de classe » : il voyait en la classe ouvrière l'acteur collectif essentiel œuvrant au renversement du système capitaliste. Là encore, on ne peut que constater que cette mission n'est plus à l'ordre du jour bien que le mouvement ouvrier ait joué un rôle non négligeable dans la genèse de l'État-providence. On ne saurait enterrer Marx pour autant. L'auteur du *Capital* reste « moderne » en ce sens qu'il a contribué à mettre l'accent sur le paradoxe des sociétés démocratiques contemporaines : une division sociale générée par les rapports sociaux de production dans une société qui postule l'égalité fondamentale des individus.

Sujets oral

1. Les cadres forment-ils un groupe social homogène ? (ESCP 2003)

2. Pauvreté et exclusion dans la France contemporaine (ESCP)

3. Les paysans et la politique en France aux XIXe et XXe siècles. (ESCP 2003)

4. Les transformations de la société rurale en France depuis 1945. (ESCP 2001)

5. Les ouvriers dans la société française au XIXe siècle. (ESCP 2002)

6. Place et transformations des classes moyennes en France depuis la fin du XIXe siècle.

7. Peut-on parler d'une homogénéisation croissante des ménages en France depuis 1945 ? (ESCP)

Corrigé du sujet 1

Les cadres forment-ils un groupe social homogène ? (ESCP 2003)

Introduction

On peut situer l'émergence en France de l'appellation cadres dans l'entre deux guerres, plus précisément dans les années 1930, à la suite des premières associations d'ingénieurs. Dans les années 1950, lors de l'élaboration de la nomenclature des catégories socioprofessionnelles (CSP) de l'INSEE, ils forment l'ossature du groupe « professions libérales et cadres supérieurs », puis lors du remodelage de 1982 (nomenclature dite des PCS), du groupe « cadres et professions intellectuelles supérieures ».

Parler de « groupe social homogène » suppose que ses membres ne constituent pas une simple catégorie d'individus construite par le statisticien à partir de quelques caractéristiques communes, mais qu'en outre ils forment une entité forte impliquant non seulement une convergence de positions sociales et de conditions d'existence, mais également des relations internes, un sentiment d'appartenance et, *in fine*, des convergences comportementales en termes d'orientations et d'actions sur la scène sociale.

Tout groupement social d'envergure est plus ou moins différencié (*cf.* cas des employés et des ouvriers). La question est donc la suivante : les éléments fédérateurs (objectifs et subjectifs) l'emportent-ils ou non sur les différenciations internes ? Cela semble avoir été le cas durant plusieurs décennies avec l'affirmation d'une identité « cadres » au sein des cols blanc (I). La forte progression des emplois cadres et les transformations du marché du travail paraissent remettre en cause cette identité (II).

I. Un ensemble diversifié mais regroupé statutairement et symboliquement

a. Sous l'appellation « cadres », une nébuleuse de statuts et de situations…

– des différenciations statutaires : cadres des entreprises, cadres de la Fonction publique ;

– des différenciations fonctionnelles : fonctions techniques, commerciales, administratives, de contrôle et de gestion des personnels, etc. ;

– des différenciations hiérarchiques en relation fréquente avec les formations (des Grandes Écoles aux autodidactes).

b. … mais des éléments fédérateurs dans la genèse du groupe

– Un « salariat de confiance » (P. Bouffartigue) : une position pivot dans les appareils privés et publics (notion large d'encadrement incluant conception, gestion, « initiative et responsabilité »), un rapport social mêlant dépendance (mise à la disposition de compétences pour l'employeur) et « relation de confiance » (échange disponibilité/promesse de carrière).

– Un profil culturel homogénéisant : un groupe moteur de la société de consommation, des aspirations plus ou moins affirmées à la modernité (hédonisme bien tempéré en opposition au rigorisme de la petite bourgeoisie indépendante).
– Un positionnement syndical et politique singulier : le rôle historiquement rassembleur des associations de cadres et de la CGC (Confédération générale des cadres), plus largement, un travail de construction sociale et institutionnelle (*cf.* L. Boltanski, *La Formation d'un groupe social*) et un positionnement éloigné des autres syndicats de salariés.

II. Des tendances récentes à l'éclatement

Des changements importants sont intervenus depuis la fin des Trente Glorieuses : une forte croissance des cadres (avec une montée notable de femmes) liée à l'évolution organisationnelle des entreprises ; des transformations du marché du travail et de la gestion des personnels qui touchent l'ensemble des salariés y compris les cadres.

a. La banalisation du statut de cadres s'accompagne d'une différenciation interne accrue. Les postes techniques et d'expertise l'emportent désormais sur les postes de direction et d'encadrement.
On observe ce faisant, une distance croissante entre cadres dirigeants, cadres confirmés et autres cadres.

b. Une perte relative des privilèges et un « déclassement » de position pour les cadres « ordinaires » : érosion de la sécurité d'emploi et de la garantie de carrière, déclin des fonctions d'encadrement, d'où « un modèle de confiance remis en cause » (Bouffartigue) ; parallèlement, la démarcation entre ces cadres ordinaires et les professions intermédiaires (plus diplômées qu'auparavant) apparaît moins nette qu'autrefois.

c. Une dissémination de la représentation et des positionnements politiques :
– fin de l'hégémonie CGC, montée de la CFDT, développement d'une « conscience salariale » ;
– une diversité politique accrue (montée de la gauche et des Verts dans les choix électoraux).

Conclusion

Un certain nombre d'éléments caractérisent toujours les cadres par rapport aux autres catégories de la population active : un niveau élevé de formation, l'appel à des compétences rares, des salaires à l'avenant, etc. mais il est difficile, aujourd'hui, de parler d'un groupe social homogène. Les cadres dirigeants sont, plus que par le passé, éloignés des autres cadres. Une part croissante de ces derniers tend à se considérer comme des salariés hautement qualifiés plutôt que comme des collaborateurs.

Corrigé du sujet 5

Les ouvriers dans la société française au XIXe siècle. (ESCP 2002)

Introduction

Le nouveau prolétariat moderne soumis au « machinisme » décrit par Marx est sans conteste, la figure de la modernité industrielle. Mais celle-ci ne s'impose que progressivement en Europe et particulièrement en France. Le maintien prolongé d'une nombreuse paysannerie explique en partie cette formation tardive.

I. Durant les deux premiers tiers du XIXe siècle, une réalité ouvrière multiforme

On peut distinguer trois ensembles de populations vouées à la production « manufacturière » qui renvoient à des situations de travail et des conditions sociales très différentes.

a. Les ouvriers de métier. Ce sont les travailleurs opérant en atelier, dans des très petites entreprises spécialisées depuis longtemps dans la production de petites séries. Elles sont localisées dans les quelques grands centres urbains (Paris en premier lieu) et dans de petites villes. Cette « petite industrie » est l'héritière de l'artisanat urbain et des corporations de l'Ancien Régime. Encore en 1847, le recensement regroupe ces activités sous la rubrique des « arts et métiers ». La pression des fabricants remet en cause la relative indépendance des « ouvriers-artisans » et suscite parfois de vives résistances (*cf.* le mouvement des canuts).

b. Les travailleurs de l'industrie rurale dispersée. Ils sont eux aussi les héritiers d'une longue histoire, celle du processus de « proto-industrialisation » (terme forgé par F. Mendels) qui s'est développé dès le XVIIIe siècle en Europe pour contourner l'obstacle du protectionnisme des corporations. En France, il continue à se diffuser et ce jusque dans les années 1870. Ces « ouvriers à domicile » sont le plus souvent des paysans qui s'adonnent en famille au travail industriel au service des « marchands-fabricants » et des fabriques urbaines. On observe au cours du temps des glissements progressifs au travail industriel exclusif par regroupement des travailleurs dans des manufactures.

c. Le prolétariat de manufacture et de fabrique enfin. Malgré sa forte croissance sous la Monarchie de Juillet, il reste minoritaire au milieu du siècle. Il se développe avec la multiplication des fabriques textiles et la mécanisation précoce de la filature, l'essor de l'extraction minière et de la sidérurgie. Peu qualifié, sous-alphabétisé, constitué d'une part substantielle d'enfants et de femmes, il n'offre guère de résistance à l'exploitation patronale. Ses conditions d'existence sont extrêmement précaires (*cf.* la grande enquête du docteur Villermé parue en 1840).

II. L'émergence tardive d'une classe ouvrière

a. Ce n'est qu'à partir des années 1880 que l'on assiste à une relative homogénéisation des populations ouvrières. Le travail à domicile décline avec l'accélération de l'exode rural et la prolétarisation des travailleurs « en chambre ». La « petite industrie » persiste (en 1896, 62 % des établissements regroupent moins de 10 salariés), l'atelier traditionnel continu à être une réalité prégnante mais la condition salariale ouvrière tend à l'emporter sur les particularismes de métier. Surtout, l'usine moderne se répand : elle domine dans les nouveaux secteurs capitalistiques (sidérurgie, métallurgie, construction électrique, chimie, automobile) mais concerne aussi des secteurs traditionnels qui se modernisent (accélération de la mécanisation).

b. Avec la diffusion de l'usine, la réalité ouvrière « moderne » se massifie. Sous l'effet des processus de rationalisation, de nouvelles configurations voient le jour, opposant des ouvriers qualifiés mais dépendants de la maîtrise et les travailleurs sans qualification en prise directe avec les machines. La localisation privilégiée des grands établissements autour de quelques centres urbains est à l'origine des cités, des quartiers et des banlieues ouvrières.

c. Cependant, la formation du groupe ouvrier en tant que classe forgeant son identité est tout autant le produit des luttes sociales qui se développent à partir des années 1870. Alors que de la Monarchie de Juillet au Second Empire, la contestation ouvrière était d'abord celle des métiers, les conflits du travail se cristallisent dorénavant sur la condition salariale et prolétarienne. La reconnaissance des syndicats en 1884, la création de la CGT en 1895, la vague de grèves de 1906 pour la journée de 8 heures balisent l'affirmation du groupe ouvrier comme classe mobilisée.

Conclusion

De façon plus marquée en France qu'en Grande-Bretagne, le travail industriel précède largement la « grande industrie ». Pendant une large partie du XIXe siècle, les ouvriers sont éparpillés entre plusieurs univers de travail et ont partie liée, d'autres mondes sociaux, l'artisanat, et la paysannerie qui reste fort importante. On ne peut parler d'un monde ouvrier au singulier qu'à partir du dernier quart du siècle.

DÉMOGRAPHIE ET ORGANISATION DU TRAVAIL

12

L'essentiel

Les faits

XIXe-MILIEU DU XXe SIÈCLE – PREMIER CYCLE DÉMOGRAPHIQUE EN OCCIDENT. Alors que le taux de croissance démographique annuel s'était stabilisé aux alentours de 0,3 % entre la Renaissance et le milieu du XVIIIe siècle, il dépasse les 1 % au milieu du XIXe siècle en Grande-Bretagne, Suède et Allemagne, sous la pression conjointe de la baisse de la mortalité et du maintien de la natalité. À partir de la décennie 1870, la chute des taux de fécondité et de natalité entraîne un ralentissement de l'accroissement naturel.

Ce cycle démographique correspond à ce qu'on appelle la **transition démographique** : au cours de leur développement, les pays passent d'un régime démographique traditionnel, à natalité et mortalité élevées, à un régime moderne, à natalité et mortalité réduites. La première phase de cette transition, marquée par la baisse de la mortalité avec une natalité toujours élevée, voit la population augmenter fortement. La deuxième phase, caractérisée par la chute de la natalité et de la fécondité, conduit à un ralentissement de la croissance démographique. Ce processus, visible en Europe dès la fin du XVIIIe siècle, se manifeste aujourd'hui dans la plupart des PED.

DEUXIÈME MOITIÉ DU XXe SIÈCLE JUSQU'À AUJOURD'HUI – DEUXIÈME CYCLE DÉMOGRAPHIQUE DES PDEM :

– 1945-1965 : le baby-boom se traduit dans certains pays par une spectaculaire remontée de la fécondité et de la natalité, qui se prolonge bien au-delà du simple rattrapage du creux démographique dû à la guerre ;

– depuis 1965 : la baisse progressive de la fécondité ou « baby krach » remet en cause le renouvellement des générations. De la sorte, tous les pays d'Europe occidentale sont progressivement devenus des pays d'immigration.

LA TRAJECTOIRE DÉMOGRAPHIQUE ATYPIQUE DE LA FRANCE :

– jusqu'au milieu du XXe siècle : fécondité basse, à l'origine de la faible croissance de sa population (contrairement à ses voisins, pays d'émigration notamment vers les pays neufs, elle est un pôle d'immigration) ;

– depuis 1945, croissance démographique parmi les plus dynamiques au sein des PDEM (baby-boom très marqué, « baby krach » relatif).

LE VIEILLISSEMENT DÉMOGRAPHIQUE DES PDEM : dû à la baisse des naissances et à la hausse de l'espérance de vie. L'espérance de vie à la naissance en France a doublé en deux siècles (39 ans en 1820, 52 ans en 1920, plus de 80 ans en 2004).

LE TRAVAIL EN FRANCE :

– population active (en millions) : 1896 : 19,5 ; 1946 : 19,4 ; 1969 : 20,8 ; 2004 : 27,4 ;

– répartition de la population active entre les trois secteurs d'activité : en 1820, 65 % dans le primaire, 20 % dans le secondaire, 15 % dans le tertiaire ; en 2004, respectivement 4, 23 et 73 % ;

– proportion des salariés dans l'emploi total : moins de 50 % en 1850, plus de 90 % en 2004 ;

– durée du travail (en heures annuelles) : 3 000 à la fin du XIXe siècle, 1 500 en 2004.

Les outils

TAUX DE NATALITÉ (nombre de naissances pour 1 000 habitants) et **taux de mortalité** (nombre de décès pour 1 000 habitants) : indicateurs les plus simples, leur différence constitue le **taux d'accroissement naturel**. Cependant, ne prenant pas en compte la structure par âge de la population, ils sont insuffisants pour apprécier le comportement de la population en termes de fécondité.

INDICATEUR DE DESCENDANCE FINALE (approche longitudinale) : nombre d'enfants mis au monde par une génération de femmes au cours de leur vie : elle ne peut être connue que rétrospectivement, aussi calcule-t-on un **indicateur conjoncturel** (ou **synthétique) de fécondité** (approche transversale), qui correspond au nombre d'enfants que mettrait au monde une génération (fictive) de femmes qui auraient au cours de leur vie les taux de fécondité du moment (aux différents âges). Un taux d'environ 2,1 dans les pays développés assure le remplacement des générations.

ESPÉRANCE DE VIE (à la naissance) : nombre d'années que vivra une génération si la mortalité du moment (aux différents âges) se maintient.

POPULATION ACTIVE : personnes qui ont un emploi ou en recherchent un (les chômeurs) ; **taux d'activité** : rapport de la population active à la population totale en âge de travailler (15-65 ans) ; **taux d'emploi** : rapport entre les personnes exerçant effectivement un emploi et l'ensemble des 15-65 ans.

RÉPARTITION DE LA POPULATION ACTIVE : s'effectue entre les trois secteurs d'activité : primaire, secondaire, tertiaire. Un individu est classé dans le secteur d'activité principal de son entreprise, même si sa profession n'y correspond pas (par exemple les ouvriers employés dans des entreprises tertiaires). Ainsi la répartition entre les trois secteurs peut varier en fonction de l'organisation des entreprises (cf. les stratégies d'externalisation).

TAYLORISME : mis au point aux États-Unis à la fin du XIXe siècle, il repose sur la stricte séparation des tâches de conception et d'exécution (division verticale), un chronométrage et une parcellisation des tâches (division horizontale), et permet de minimiser les coûts de production en intensifiant le travail.

Fordisme : prolonge le taylorisme en ajoutant le travail à la chaîne (convoyeurs) ; l'**OST** (organisation scientifique du travail) désigne la combinaison des deux, elle dominera l'organisation du travail dans les PDEM dans les années 1950-1960 (dès l'entre-deux-guerres aux États-Unis).

Néotaylorisme et **toyotisme :** réagissent à la « crise du taylorisme » qui éclate à la fin des années 1960, et introduisent davantage de flexibilité organisationnelle.

Les références théoriques

Théorie malthusienne : la « loi de population » présentée par Malthus postule qu'une population livrée à elle-même a tendance à croître selon une progression géométrique, tandis que ses moyens de subsistance ne connaissent qu'une progression arithmétique. La croissance démographique s'inverse nécessairement à brève échéance.

Théorie populationniste ou **antimalthusienne :** les ressources s'ajustent à la population et non l'inverse. Selon Ester Boserup, la pression démographique pousse notamment à la modernisation agricole (**effet Boserup**).

Cycle d'Easterlin : les PDEM d'aujourd'hui connaîtraient des cycles démographiques longs, la fécondité fluctuant autour du seuil de remplacement des générations. Ces fluctuations seraient liées aux plus ou moins grandes facilités d'insertion des générations sur le marché du travail.

Organisation du travail :

– A. Chandler (*La Main visible des managers*, 1977), théorie des coûts de transaction (R. Coase, O. Williamson), théorie de l'agence (M. Jensen, W. Meckling), approche régulationniste (R. Boyer, M. Aglietta) : cf. chapitre 8 « Capitalisme et firmes ».

– Fayol (*Administration industrielle et générale*, 1916) : unité de commandement, hiérarchie claire et organigramme sont indispensables à l'entreprise, qui est soumise à cinq impératifs génériques de gestion : prévoir, organiser, commander, coordonner, contrôler.

– Masahiko Aoki : l'entreprise **A** (américaine), de type tayloro-fordiste, est adaptée aux situations stables, tandis que la **J** (japonaise), de type toyotiste, plus flexible et mieux coordonnée, se révèle pour cela plus efficace dans le contexte d'incertitude économique croissante de la fin du XXe siècle.

Les questions micro/macro

- Fonction de consommation et théorie du cycle de vie.
- Équilibre sur le marché du travail.

Sujets d'écrit

1. Causes et conséquences de la tertiarisation dans les économies avancées. (HEC 2004)

2. Les changements démographiques conditionnent-ils le changement social ? [*Vous appuierez principalement vos idées sur des exemples tirés de l'histoire économique et sociale de la France depuis 1945*]. (ESCP 2002)

3. Organisation du travail et transformation du capitalisme au XXᵉ siècle.

Corrigé du sujet 2

Les changements démographiques conditionnent-ils le changement social ? [*Vous appuierez principalement vos idées sur des exemples tirés de l'histoire économique et sociale de la France depuis 1945.*] (ESCP 2002)

Introduction

Le changement démographique, autrement dit les transformations quantitatives et/ou qualitatives des structures de la population, induit des conséquences économiques, mais aussi des transformations sociales, moins étudiées par les économistes mais néanmoins primordiales. Ainsi, les bouleversements démographiques connus par la France depuis un demi-siècle ont assurément eu un impact sur le changement social du pays. Jusqu'à quel point ce dernier, que l'on peut définir comme la modification structurelle des institutions, de la stratification sociale et des normes culturelles, est-il déterminé par les évolutions démographiques ?
Si l'on peut penser que le changement démographique modifie incontestablement le paysage social, ne peut-on pas supposer que le changement social, à son tour, puisse jouer un rôle sur l'évolution démographique, sans exclure pour autant la relative indépendance des deux phénomènes ?

I. Les changements démographiques, facteurs déterminants du changement social

A. La modification du rythme de la croissance démographique et celle de la structure par âge ont un impact sur le changement social

Alors qu'entre 1800 et 1945 la population française ne s'était accrue que de 15 millions d'habitants, son accroissement depuis un demi-siècle atteint les 20 millions. Une telle accélération de la croissance démographique de long terme n'est pas sans modifier la société (augmentation drastique des besoins alimentaires ou encore en infrastructures, qui accélère la redistribution des emplois – ainsi la rationalisation de l'agriculture – et accroît ainsi la mobilité sociale). Le rajeunissement de la population consécutif au baby-boom incite sans doute à plus de consommation (développement de besoins nouveaux, d'infrastructures adaptées, comportements davantage tournés vers l'innovation). En revanche, en théorie du moins, le vieillissement consécutif au baby krach devrait pousser vers plus d'épargne et des valeurs plus conservatrices. L'allongement de l'espérance de vie conduit à un désir de formation accrue. La durée d'amortissement d'un tel investissement s'accroît, et l'apparition de classes creuses conduit à exiger davantage de qualité que de quantité. Ainsi le désir de voir le système scolaire délaisser la simple gestion des flux au profit d'un suivi plus qualitatif et personnalisé, avec une école plus « citoyenne » et plus engagée dans la vie sociale, augmente. Mais cela entraîne une redistribution de ressources par élève *a priori* plus importante.

B. Les migrations, internes et externes, et les modifications de la répartition de la population dans l'espace ne manquent pas non plus de modifier le social

Les migrations ont généralement un impact sur la répartition en catégories sociales (augmentation du poids des PCS populaires, éventuelle stimulation de l'ascension sociale des populations déjà présentes) mais aussi sur la perception des problèmes sociaux et sur l'ampleur des politiques sociales (construction d'infrastructures, telles que logements, transports ou écoles ; renforcement de l'État providence, notamment dans son volet d'aide aux populations pauvres). L'urbanisation croissante, alimentée par ces flux (principaux facteurs de l'essor démographique des villes), transforme le social (nouveaux besoins et nouveaux métiers, stimulation de l'innovation – « effet Boserup » au sens large – nouvelles valeurs et pratiques de sociabilité). La plupart des auteurs du XIXe siècle se sont méfiés d'un tel processus d'urbanisation (Malthus et la ville comme lieu « de vice et de misère » ; Marx et la ville comme lieu de creusement de la logique de classe, de l'industrialisation capitaliste et de l'aliénation du travailleur ; Durkheim et la ville comme facteur d'anomie, avec moins de solidarité familiale et plus de suicides). Il n'empêche que, selon Durkheim, le nombre d'individus, la densité de population (« densité matérielle ») et l'intensité des communications et des échanges, visibles notamment à travers la division du travail (« densité morale »), déterminent un approfondissement de l'individualisme, au sens positif de développement d'une personnalité autonome.

II. Les relations entre changement démographique et changement social apparaissent plus ambiguës, voire hypothétiques

A. Les changements démographiques ne font qu'accompagner les transformations sociales

Qu'il s'agisse des transformations familiales (investissement par enfant plus important, fragilisations et recompositions du noyau familial, tradition malthusienne française), urbaines (davantage de désir d'ascension sociale, d'autonomie féminine, d'instruction, d'un niveau de vie plus élevé) ou en termes de mobilité sociale (processus d'ascension sociale), les changements sociaux peuvent se traduire par une moindre fécondité (mais pas toujours : un enrichissement important est souvent synonyme de davantage d'enfants). À l'inverse, certains changements sociaux augmentent plutôt la fécondité moyenne (ainsi l'augmentation du poids de certaines minorités conservant les comportements de fécondité spécifiques de leur pays d'origine, du moins à court terme). Les transformations sociales, par leurs retombées culturelles, peuvent modifier la vision que la société a de la ville ou de la campagne, des migrations, et se répercuter dans les comportements ou politiques démographiques.

B. Les deux phénomènes peuvent aussi apparaître comme peu corrélés voire relativement indépendants

Les liens de la démographie vers le social apparaissent ténus : les relations entre vieillissement et épargne, consommation, attitude face à l'innovation et au changement, comportement politique, sont relativement peu clairs : les sociétés occidentales vieillissent et les rythmes de diffusion de l'innovation n'ont jamais été aussi rapides, tandis que la poussée tendancielle des idées conservatrices sur l'échiquier politique reste à démontrer. La relativement forte croissance démographique française aurait pu permettre au pays de jouer avec plus de fermeté la carte de la réduction du temps de travail et de la distribution extensive de l'emploi, au profit des loisirs : or la réduction du temps de travail a plutôt incité aux gains de productivité, à l'utilisation encore plus intensive du facteur travail, sans induire un changement social significatif. Quant aux liens du social vers la démographie, même constat d'incertitude : ainsi, la transformation des structures familiales (plus de cohabitation et d'unions libres, plus de divorces et de familles monoparentales) n'a pas eu forcément d'impact sur la fécondité (acceptation en France des naissances hors mariage). Autrement dit, d'autres dimensions, dont l'économique, viennent se glisser entre démographie et social, des dimensions qui, suivant les cas, orienteront les relations dans un sens ou dans l'autre (fécondité au moins aussi déterminée par les conditions économiques que par les caractéristiques familiales).

Conclusion

Selon le célèbre historien Pirenne, « la démographie est la plus importante des sciences sociales ». Assurément, les interrelations entre changement démographique et social sont, à cet égard, indiscutables. Elles n'en demeurent pas moins fort complexes, de sorte qu'il est difficile de mesurer précisément leur réelle importance, dans un sens comme dans l'autre, et d'estimer le rôle de filtre que peuvent jouer d'autres dimensions, telles que politique ou économique.

Corrigé du sujet 3

Organisation du travail et transformation du capitalisme au XXe siècle.

Introduction

Si le XIXe siècle a été dominé par un capitalisme de petites unités, le capitalisme du siècle suivant est synonyme de grandes structures, où le problème de l'organisation du travail acquiert une place centrale. C'est ainsi que dès la fin du XIXe on voit apparaître des méthodes d'organisation rationnelle du travail, d'abord aux États-Unis avec le taylorisme, qui se perfectionnera et se généralisera au XXe siècle dans le cadre de ce que l'on nommera l'OST (organisation scientifique du travail). Mais depuis la fin des années 1960 cette forme d'organisation est en crise, sous la poussée d'une nouvelle vague de mutations du capitalisme. Ainsi, les interrelations entre organisation du travail et transformation du capitalisme au XXe siècle permettent de distinguer deux périodes opposées : celle de la montée et du triomphe de l'OST, qui transforme l'organisation des entreprises et contribue à l'accélération de la croissance dans le cadre du fordisme, et celle de la remise en cause de cette OST par l'apparition d'un nouveau contexte économique, qui se traduit par la recherche, encore inachevée, de nouvelles formes d'organisation du travail.

I. L'OST a transformé le capitalisme en le faisant entrer dans une logique de croissance intensive

A. La montée et le triomphe de l'OST ont transformé l'organisation productive des entreprises dans les pays les plus avancés

Le système défini par Taylor vise à corriger le contrôle insuffisant de l'organisation du travail typique du XIXe siècle, qui ne permet pas aux grandes entreprises d'utiliser au mieux leur force de travail et le progrès technique. Il est fondé sur quelques grands principes : connaissance par la direction des méthodes de travail dans les moindres détails, séparation des tâches de conception et d'exécution, chronométrage dans le cadre de la *one best way*, parcellisation extrême des tâches. Cette méthode, mise en place aux États-Unis dès le début du XXe siècle et qui se diffuse après la guerre de 1914 non seulement aux États-Unis mais aussi en Europe, est complétée par le travail à la chaîne, réalisé par Ford. Le tayloro-fordisme dominera l'organisation du travail entre 1945 et la fin des années 1960. Né des impératifs de la grande firme, il transformera profondément l'organisation des entreprises : développement des emplois directs peu qualifiés, attribution à une minorité de travailleurs qualifiés des tâches de réglage et d'entretien, division stricte des différentes fonctions, le tout aboutissant à une organisation pyramidale et fortement hiérarchisée.

B. L'OST a ainsi contribué à installer un régime de croissance intensive et plus rapide

Le tayloro-fordisme a permis la mise en place d'une production de masse avec des gains de productivité abaissant les coûts de production et donc les prix de nombreux biens durables. Si l'on ajoute un partage de ces gains de productivité qui ne sacrifie plus le facteur travail, donc des hausses de salaire substantielles, il se révèle un élément central de la société de consommation de masse et au total de la forte croissance de l'après-guerre.

II. Les mutations du capitalisme de la fin du siècle remettent en cause l'OST

A. Les mutations du capitalisme ont conduit à la crise de l'OST

La crise de l'OST peut être reliée à plusieurs dynamiques. Les transformations sociales, dès la fin des années 1960, conduisent une main-d'œuvre mieux formée et qui a toujours connu la société de consommation à mal supporter les contraintes de cette organisation du travail (travail en miettes, cadences dures). Les mutations techniques, depuis la fin des années 1970, court-circuitent la machine-outil traditionnelle, sur laquelle repose l'organisation taylorienne, au profit des machines-outils à commande numérique et plus généralement aux différentes formes d'automatisation. De plus, les mutations du marché et des désirs du consommateur remettent en question la production en grande série de biens semblables au profit de petites séries renouvelées fréquemment. Le taylorisme n'est donc plus le système de production le plus efficace.

B. Les mutations du capitalisme conduisent à rechercher de nouvelles formes d'organisation du travail

L'affirmation d'un capitalisme plus ouvert à la concurrence internationale et à la contrainte de compétitivité extérieure, davantage confronté à la demande de différenciation de la part du consommateur ainsi qu'à l'exigence accrue de rentabilité dans le cadre du renforcement d'une logique patrimoniale (laquelle, dans un contexte de mondialisation du marché des capitaux, concurrence l'ancien modèle managérial), accroît l'exigence de flexibilité, conjointe avec le respect de la qualité. Celles-ci se traduisent par la remise en cause de toute l'organisation tayloro-fordienne des entreprises (hiérarchie rigide, cloisonnement entre les fonctions, faible autonomie de la main-d'œuvre, chaîne traditionnelle), au profit d'ateliers flexibles, d'organisations en flux tendu (afin de limiter les coûts indirects), tandis que l'externalisation et les petites structures où domine l'implication des acteurs retrouvent toute leur légitimité face aux grandes organisations jugées bureaucratiques. De telles transformations sont cependant encore incertaines et ne vont pas toutes dans le même sens, certaines se contentant en fait d'aménager le taylorisme (néo-taylorisme).

Conclusion

Le XXe siècle montre bien les interrelations entre les formes d'organisation du travail et les mutations du capitalisme. L'OST, héritée du taylorisme et qui a marqué la plus grande partie de la période, était bien adaptée à un capitalisme de grandes unités utilisant une main-d'œuvre peu qualifiée. Elle débouchait sur une organisation des entreprises hiérarchisée, et a permis la production et la consommation de masse au cœur du modèle de la forte croissance de l'après-guerre. Les mutations économiques de la fin du siècle, bousculant le cadre de la régulation monopoliste, remettent en cause ce système, sans que pour autant l'on assiste déjà à la mise en place d'un nouveau mode d'organisation du travail cohérent, source de gains de productivité et permettant une reprise durable de la croissance.

Sujets d'oral

1. Les pays développés doivent-ils recourir à l'immigration pour compenser la baisse de leur fécondité ? (ESCP 2004)

2. Les déterminants des taux de fécondité dans les pays développés depuis la fin des années 1960. (ESCP 2003)

3. L'évolution de la natalité et de la fécondité en France depuis le milieu des années 1960 : tendances et interprétations. (ESCP 2002)

4. Le vieillissement démographique est-il un handicap pour la croissance économique des pays européens ? (ESCP 2001)

5. L'organisation du travail dans l'entreprise du XIXe siècle jusqu'à la Seconde Guerre mondiale. (ESCP 2001)

6. Le rôle des migrations internationales dans le développement économique. (ESCP 2001)

7. Les femmes et le marché du travail depuis 1945 en France. (ESCP 2001)

8. Les thèses démographiques de Malthus sont-elles encore d'actualité ? (ESCP 2000)

9. L'impact de la tertiarisation sur la croissance dans les PDEM au XXe siècle. (ESCP 2000)

Corrigé du sujet 4

Le vieillissement démographique est-il un handicap pour la croissance économique des pays européens ? (ESCP)

Introduction

À l'issue de la Seconde Guerre mondiale, les pays de l'Union européenne ont connu à des degrés divers un baby-boom, qui a entraîné un rajeunissement de la population. Le phénomène s'est inversé à partir du milieu de la décennie 1960, avec une fécondité qui a progressivement décru à des niveaux inférieurs au seuil de renouvellement des générations. Cette baisse, en réduisant le nombre des naissances, conduit à un vieillissement de la population, d'autant plus qu'entre-temps l'espérance de vie aux âges élevés augmente. Un tel processus, qui s'accélère au début du XXIe siècle avec l'arrivée à 65 ans des classes d'âge pleines du baby-boom, est considéré comme un défi majeur pour les pays de l'Union européenne. Si l'augmentation du poids des inactifs qui résulte du vieillissement pèse sur les actifs, les pays de l'Union ne sont pas totalement dépourvus de moyens pour y faire face. Le vieillissement peut aussi entraîner des comportements en terme de productivité et de consommation défavorables à la croissance mais rien n'est certain dans ces domaines.

I. L'augmentation des inactifs, une charge financière insupportable à terme pour les actifs ?

A. L'augmentation du poids des inactifs qui résulte du vieillissement pèse sur les actifs

Le vieillissement démographique dégrade le rapport actifs/inactifs. Les personnes âgées sont des inactifs à la charge des actifs qui doivent les entretenir, quelles que soient les modalités retenues (que les retraites soient par répartition ou par capitalisation, sauf si dans ce dernier cas les revenus proviennent de placements à l'étranger). L'augmentation tendancielle dans la population de la part de ces personnes âgées – et notamment des très âgées, souvent fortement dépendantes – aboutira donc à des transferts croissants en leur faveur, qui pourraient se révéler vite insupportables. Ce poids supplémentaire n'est que partiellement compensé par la diminution de celui des jeunes, autre catégorie d'inactifs, dans la mesure où l'on constate une prolongation de la jeunesse (effet « Tanguy », d'après le titre d'un célèbre film d'Étienne Chatiliez).

B. Mais les pays européens ne sont pas totalement démunis face à un tel défi

Le nombre d'actifs occupés ne dépend pas que de la démographie. De fait, il existe des réserves considérables d'individus employables : de larges proportions de chômeurs (à condition de mener des politiques adaptées de retour à l'emploi), mais aussi les personnes âgées elles-mêmes (les « jeunes vieux »), un allongement de la durée de vie active se justifiant à l'heure actuelle par l'accroissement de l'espérance de vie, le report dans le temps du processus biologique de vieillissement, la moindre pénibilité physique des emplois à maints égards. À ces réserves domestiques déjà présentes peut s'ajouter l'éventualité de politiques favorisant la reprise de la natalité ou l'appel à l'immigration. Enfin, le prélèvement des inactifs sur les actifs peut être adouci, par le recours à des mécanismes de retraite par capitalisation, transfert moins direct, et surtout par les gains de productivité, susceptibles de dégager des marges supplémentaires de prélèvements sans diminuer le niveau de vie des actifs.

II. Un moindre dynamisme en termes de production et de consommation ?

A. Des aptitudes et des attitudes préjudiciables à la croissance

Vu sous l'angle de la production, le vieillissement de la population active, issu du vieillissement démographique, risque de se traduire par une chute de la productivité (plus grande fatigue, moindre flexibilité). Du point de vue de la dépense, une population vieillissante peut préférer des placements de rentier à des placements plus risqués et plus favorables à la croissance ; elle se caractérisera aussi par une consommation moins dynamique (nombre de besoins déjà satisfaits, notamment dans les biens durables, refus des nouveaux produits qui remettent en cause ses habitudes, alors que ces derniers sont un moteur essentiel de la croissance, consommation de services moins générateurs de gains de productivité). Le vieillissement risque donc de peser sur la croissance à la fois de l'offre et de la demande. De façon générale, il pourrait se traduire par une plus grande hostilité à l'inflation (qui est préjudiciable a priori aux rentes, notamment aux retraites la plupart du temps mal indexées ou aux titres à revenus fixes qui constituent souvent le fond de portefeuille des ménages de retraités).

B. Des perspectives moins sombres qu'on pourrait le penser

Les raisonnements précédents extrapolent les profils futurs des personnes âgées à partir des comportements actuels, or ces derniers peuvent évoluer (et ont d'ailleurs déjà changé par rapport à la génération précédente, en vertu, justement, d'un « effet de génération »). Les futures personnes âgées auront eu des vies différentes et n'auront pas la même vieillesse (plus grande assimilation de l'innovation, pouvoir d'achat souvent plus élevé que celui des actifs incitant à une consommation dynamique). De plus, l'âge de la vieillesse varie en fonction des transformations de la société et tout particulièrement des progrès de la médecine, et des personnes qui autrefois auraient été du fait de leur date de naissance considérées comme âgées ne le sont plus aujourd'hui. Déjà l'employabilité et l'âge de la retraite varient selon les pays. Nombre de chercheurs et de professeurs d'Université français partent travailler aux États-Unis après soixante-cinq ans.

Conclusion

Le vieillissement de la population européenne est sans aucun doute un défi important pour le XXIe siècle. Il imposera des adaptations dont certaines risquent d'être douloureuses. Mais une reprise de la croissance et une accélération des gains de productivité, que les mutations techniques en cours devraient permettre, sont susceptibles de rendre ce défi moins redoutable, et cela d'autant plus que les personnes âgées le seront en fait de plus en plus tard. Il n'en reste pas moins qu'une poursuite de la baisse de la fécondité et de la natalité, et donc du vieillissement, n'est pas à long terme un facteur favorable au rayonnement et à la puissance du Vieux Continent.

Corrigé du sujet 6

Le rôle des migrations internationales dans le développement économique. (ESCP)

Introduction

Les migrations internationales n'ont sans doute jamais été aussi intenses qu'actuellement, du moins en termes absolus : la persistance des inégalités de richesse entre – notamment mais pas seulement – pays du Nord et du Sud et des opportunités de trouver un travail conforme à ses aspirations, le développement des moyens de transport alimentent ces flux, qui de fait sont parties prenantes et contribuent à la mondialisation de l'économie. Fort visible, mais au chiffrage délicat, ce phénomène n'en comporte pas moins ses parts d'ombre, notamment quant à ses relations avec la croissance économique, sujet éminemment sensible et polémique s'il en est, tant en ce qui concerne les pays de départ que les pays d'accueil.

I. Pour les pays d'origine des migrations, les conséquences sur la croissance sont très ambivalentes

A. Le développement économique des pays émetteurs s'en trouve favorisé

L'émigration permet de diminuer la pression démographique, et de soulager par exemple des campagnes surpeuplées, ce qui favorisera la modernisation de l'agriculture et, a priori, enclenchera le processus du déversement sectoriel dans l'industrie ou les services, tel qu'il a été décrit par Sauvy. Les envois de fonds de la part des expatriés sont souvent supérieurs à l'aide internationale reçue et jouent un rôle essentiel dans certains pays. Parfois, les émigrés reviennent, apportant un réel surplus en termes de capital non seulement financier mais aussi humain.

B. Mais l'émigration risque aussi d'alimenter un cercle vicieux du sous-développement

Les individus qui émigrent des pays du Sud, souvent parmi les plus entreprenants, sont (ou seront) parfois qualifiés, et feront défaut à leur pays (*brain drain*) – les retours au pays sont largement minoritaires –, ravalé ainsi à demeurer longtemps pourvoyeur de travailleurs bon marché et de productions peu complexes et pauvres en innovation. Certains pays du Nord pâtissent aussi d'un *brain drain*, notamment l'Europe au profit des États-Unis.

II. L'impact est, de même, contrasté sur la croissance économique des pays d'accueil

A. Les migrations internationales soutiennent le développement économique des PDEM qui les accueillent

Elles fournissent un facteur travail abondant, bon marché, disponible pour effectuer les tâches peu qualifiées ou pénibles – ou réputées telles – que les nationaux ne désirent pas remplir et peuvent alimenter la mobilité sociale. Dans certains cas, les migrants détiennent (ou détiendront, dans le cas des étudiants) des compétences et des qualifications poussées, précieuses pour les pays d'accueil. Cet apport de population ou de main-d'œuvre, en général jeune, est aussi un élément stimulant pour la demande nationale. On peut évoquer les cas de la France des Trente Glorieuses ou celui des États-Unis actuellement.

B. Mais ces migrations peuvent aussi se révéler un handicap pour la croissance des pays récepteurs

L'afflux massif de main-d'œuvre non ou peu qualifiée peut ralentir la substitution du capital au travail, préjudiciable aux gains de productivité et à la diffusion du progrès technique ; il peut aussi peser sur le niveau moyen des salaires et entraîner des tensions déflationnistes ; accepter des flux massifs, à l'image des Latinos aux États-Unis, suppose accepter une vision de la société très inégalitaire en termes de revenus, dans la mesure où seule la présence d'une vaste couche très aisée est à même de fournir du travail à un nombre considérable d'employés de services à la personne à faible valeur ajoutée, généralement immigrés (« néodomesticité »). L'hypothèse d'un chômage d'origine démographique que les flux migratoires contribueraient à alimenter n'est pas non plus à écarter (les immigrants ne répondent pas toujours *a priori* à une demande de travail précise). Quant au lien entre rajeunissement de la population et dynamisme économique, il reste à démontrer. Du coup, la répercussion positive sur la croissance n'est pas toujours évidente (cas de l'Allemagne dans les années 1990 ou des États-Unis au cours des Trente Glorieuses).

Conclusion

Complexes, les relations entre migrations internationales et développement économique sont sans doute à analyser en fonction de l'ampleur et de la nature des flux migratoires concernés, du contexte historique, économique et social des pays de provenance et d'accueil. Plus largement, elles reflètent les incertitudes des économistes sur le lien entre croissance démographique et développement économique. Certains PDEM s'orientent actuellement vers une immigration plus ciblée, davantage « choisie », mais il n'est pas certain que, quelle que soit la solution qui l'emporte, les deux parties en tirent également profit.

ENJEUX ET STRATÉGIES DE DÉVELOPPEMENT

13

L'essentiel

Les faits

1952 : A. Sauvy utilise pour la première fois l'expression « tiers-monde ».

1955 : conférence de Bandoeng où un certain nombre de pays du tiers-monde se déclarent « non alignés », différents des pays capitalistes et des pays socialistes.

1960 : décolonisation de l'Afrique noire française. Création de l'OPEP

1964 : première CNUCED (Conférence des Nations unies pour le commerce et le développement) à l'initiative du « Groupe des 77 ». La Communauté européenne met en place un système généralisé de préférence (SGP) en faveur des PED.

1972 : rapport Meadows du MIT pour le Club de Rome, *Halte à la croissance.* Conférence de l'ONU à Stockholm sur l'environnement et le développement et introduction de la notion d'écodéveloppement.

1973 : premier choc pétrolier.

1974 : lancement de l'idée d'un nouvel ordre économique international par H. Boumédienne, président algérien.

1975 : signature de la première convention de Lomé entre la Communauté européenne et 46 pays ACP (Afrique - Caraïbes - Pacifique).

1976 : 4e CNUCED à Nairobi.

1979 : second choc pétrolier, première conférence de l'ONU sur le climat (Genève) et 2e convention de Lomé (62 pays ACP).

1982 : éclatement de la crise de la dette avec la cessation de paiements du Mexique, de l'Argentine, du Brésil et du Pérou. Retour en force du FMI qui accepte de prêter sous la condition de restaurer les équilibres macroéconomiques.

1983 : Création de la Commission mondiale sur l'environnement et le développement (CMED) par les Nations unies.

1984 : apparition du marché secondaire de la dette des PED, signature de la troisième convention de Lomé (66 pays), plan Baker.

1986 : contre-choc pétrolier. La dette des PED dépasse 1 000 milliards de dollars.

1987 : rapport Brundtland, *Notre avenir à tous,* sur le développement durable ; début de la constitution de provisions bancaires sur la dette des PED.

1988 : sommet de Toronto. Le Club de Paris décide d'alléger la dette des PMA.

1989 : plan Brady, 4e convention de Lomé et deuxième conférence de l'ONU sur le climat (La Haye).

1992 : premier Sommet de la Terre organisé par la CNUCED à Rio de Janeiro, programme de développement durable pour le XXIe siècle.

1994 : dévaluation du franc CFA. Admission du Mexique au sein de l'OCDE et début de la crise monétaire et financière.

1995 : conférence des Nations unies sur le changement climatique à Berlin

1996 : admission de la Corée du Sud à l'OCDE.

1997 : retour de Hong Kong à la Chine, début de la crise monétaire et financière asiatique, second Sommet de la Terre à New York et protocole de Kyoto sur la réduction des gaz à effet de serre.

2000 : déclaration du Millénaire (Nations unies, New York, septembre) au cours de laquelle les chefs d'État de la planète définissent des objectifs de développement à l'horizon 2015, entre autres, la baisse de moitié de la pauvreté grâce en particulier à un doublement de l'APD.

2001 : la Chine et Taïwan rejoignent l'OMC à l'occasion de la conférence ministérielle de Doha. Cette conférence lance le « cycle du développement ». Rejet du protocole de Kyoto par les États-Unis

2002 : conférence de Monterrey (Mexique). Accord sur les problèmes de financement du développement et engagement collectif des 15 de l'UE pour augmenter considérablement leur APD afin d'atteindre l'objectif de 0,7 % du PIB. Troisième Sommet de la Terre à Johannesburg

2005 : décision du G8 (juin) d'annuler la quasi-totalité de la dette des pays pauvres auprès des IFI ; conférence de l'ONU sur le changement climatique à Montréal.

Les outils

BALANCE DES PAIEMENTS, TERMES DE L'ÉCHANGE, PAS : voir chapitre 7.

DÉVELOPPEMENT : « combinaison des changements mentaux et sociaux d'une population qui la rendent apte à faire croître son produit réel global de façon cumulative et durable » (F. Perroux, *L'Économie du XXe siècle*, PUF, 1969).

DÉVELOPPEMENT DURABLE : « un développement qui répond aux besoins des générations présentes sans compromettre les capacités des générations futures à répondre à leurs propres besoins. » (rapport Brundtland)

INSTITUTIONS : des organismes, procédures ou réglementations spécifiques (sens étroit). À un niveau intermédiaire, on englobe la protection des droits de propriété, l'application équitable des lois et des règlements ainsi que la lutte contre la corruption. Ensemble des règles formelles et informelles qui régissent les interactions humaines (D. North).

Économies émergentes : pays de l'ancien Tiers-Monde où la croissance dépasse 5 % par an grâce à une insertion accrue dans le commerce mondial et à l'afflux de capitaux étrangers.

Financement extérieur des PED : dons et prêts des États et organismes multilatéraux, investissements directs, prêts des banques, investissements de portefeuille.

Indicateur du développement humain (IDH) : mesure du niveau de développement d'un pays à l'aide d'un indicateur composite (espérance de vie à la naissance, taux d'alphabétisation des adultes et PIB par habitant en PPA).

Les références théoriques

L'économie du développement comme branche particulière de la science économique. De la fin des années 1940 au début des années 1970, alors que les clivages idéologiques sont très marqués, les analyses libérales (cf. Rostow, *Les étapes de la croissance économique, Manifeste non communiste*) sont rapidement confrontées à la contestation des analyses qui voient le sous-développement comme un phénomène original et prônent une rupture avec le commerce international (analyses structuralistes, dépendantistes et marxistes). **La première génération de modèles de l'économie du développement** est illustrée par les travaux de R. Nurkse (modèle de croissance équilibrée, 1953), Rosenstein-Rodan (modèle du « *big push* »), A. Lewis (modèle à deux secteurs avec offre de travail illimitée, 1954), R. Prebisch, G. Myrdal et H. Singer (détérioration des termes de l'échange et plaidoyer en faveur des politiques d'industrialisation par substitution aux importations), A. O. Hirschman (modèle de croissance déséquilibrée, 1958). Quant aux dépendantistes (A. G. Frank), ils sont favorables à une « déconnexion » avec le capitalisme (S. Amin).

Dans un second temps (années 1970 et 1980), **l'économie du développement s'efface devant l'économie internationale (A. Krueger, J. Bhagwati)**. L'échec des programmes inspirés des modèles précédents et la crise de la dette sont l'occasion d'un retour en force des idées libérales et des PAS qu'elles inspirent. Le nouveau credo affirme que l'intégration mondiale (commerciale, technologique, grâce aux transferts des multinationales, et financière, en s'adressant au marché des capitaux) est bénéfique au développement du tiers-monde comme à celui des PDEM. L'État est considéré comme le problème et non plus comme la solution. Domination du « **consensus de Washington** » (J. Williamson).

Dans un troisième temps (depuis la deuxième moitié des années 1980 et surtout depuis la décennie 1990), les nuances paraissent de mise. D'une part l'**État** a été **réhabilité par les théories de la croissance endogène** car son action (en faveur de l'accumulation de connaissances, de la recherche-développement, de la mise en place d'infrastructures...) favorise l'obtention de rendements croissants. D'autre part, les **néokeynésiens** (cf. J. Stiglitz) utilisent les modèles d'information asymétrique et, par exemple, la relation principal-agent pour renouveler les analyses microéconomiques et les appliquer aux PED. Les crises sur les marchés émergents (années 1990) sont venues conforter ce courant. Outre la dénonciation d'importantes imperfections sur les marchés financiers, on insiste sur le caractère vital de la présence de « **bonnes institutions** » pour améliorer les résultats économiques. Par ailleurs l'attribution du prix Nobel à A. Sen en 1998 montre le nouvel intérêt manifesté pour les analyses qui lient développement, justice et liberté. L'économie doit être orientée de manière à assurer à tout être humain la possibilité de déployer toutes ses capacités. Enfin, la question du **développement durable** revêt une importance croissante du fait de la **mondialisation** à tel point que certains prônent la **décroissance** et/ou annoncent la fin du développement.

Sujets d'écrit

1. Les phénomènes de pauvreté peuvent-ils s'expliquer par le développement du libre-échange ? (ESCP 2005)

2. La croissance des pays en développement nuit-elle à la prospérité des pays industrialisés ? (ESSEC 2004)

3. Ouverture commerciale et développement économique. (ESCP 2004)

4. Le financement des économies émergentes depuis le début du XIXe siècle. (ÉCRICOME 2003)

5. Les déséquilibres démographiques mondiaux et leurs conséquences sur le développement. (ÉCRICOME 2002)

6. Pour favoriser le développement, faut-il plus ou moins d'État ? (ESCP 2001)

Corrigé du sujet 2

La croissance des pays en développement nuit-elle à la prospérité des pays industrialisés ? (ESSEC 2004)

Début 2005, la fin des Accords multifibres vieux de plus de trente ans n'a pas tardé à déclencher une tempête de protestations tant la croissance exponentielle des PED dans le domaine textile, de la Chine en particulier, suscite la peur des travailleurs et des entreprises des pays avancés. Les échanges internationaux seraient-ils redevenus un jeu à somme nulle, les PED qui bénéficient de l'ouverture des marchés et d'IDE qui ont retrouvé le chemin du Sud seraient-ils en train d'asseoir leur croissance aux dépens des pays riches en pratiquant une concurrence toujours plus déloyale ?

I. Les PED font peur

A. Les pays industrialisés sont concurrencés par « le bas » mais aussi, de plus en plus, par « le haut »

a. Remontée de la part des PED dans la production et l'exportation de produits manufacturés depuis 40 ans. Le mouvement, initié par les « dragons » (Corée du Sud, Taïwan, Singapour, Hong Kong) au milieu des années 1960, est suivi par un certain nombre de « tigres » asiatiques dans la décennie 1980 mais aussi et surtout par le géant chinois qui connaît une croissance annuelle de près de 10 % depuis un quart de siècle. Plus généralement, la puissance démographique des « pays à bas salaires et à capacité technologique » (P-N. Giraud) comme la Chine, la Russie, l'Inde, le Brésil… n'a rien à voir avec les quelques dizaines de millions d'habitants des NPIA.

b. Montée en gamme et en qualité de leur production industrielle : après le textile, biens d'équipement, automobile, électronique, matériel de télécommunication… sont aujourd'hui concernés. Multiplication par 160 de la production de nouvelles technologies en Chine en dix ans. En outre, les NTIC ouvrent de nouvelles possibilités d'étendre la DIT à des secteurs qui, jusqu'ici, échappaient aux échanges : centres d'appel (Dell), activités bancaires, médicales, fonctions d'ingénierie… en Inde (population qualifiée et parlant l'anglais). Principal centre de recherche et de traitement informatique dans la région de Bangalore et non dans la Silicon Valley. Les sociétés françaises StMicroelectronics ou Alcatel font travailler un nombre croissant d'ingénieurs à Delhi.

c. De nombreux facteurs à l'œuvre : boom des investissements domestiques et étrangers, investissements en capital humain, faiblesse des coûts salariaux (les coûts horaires vont de 1 à 14,5 entre l'Argentine et les États-Unis…). Jusqu'en 2005, *peg* du yuan chinois sur le dollar (dumping monétaire lié à la dépréciation réelle du yuan). Forte croissance de la demande domestique (téléphones mobiles, ordinateurs…) d'où réalisation d'économies d'échelle.

B. Les conséquences négatives sur les pays industrialisés

a. Régression de près de 6 points de la zone euro dans la production mondiale entre 1991 et 2001, la Chine ayant doublé l'Allemagne. Déséquilibre abyssal des échanges extérieurs américains (déficit d'environ 700 milliards de dollars en 2005, dont le quart enregistré avec la seule Chine). Taux de couverture des importations par les exportations ne se monte plus qu'à 63 % en France. Dans la zone euro, les pays émergents d'Asie représentent 15 % des importations, les PECO 10 % et le déficit commercial de la zone vis-à-vis de la Chine et des pays émergents d'Asie ne fait que croître.

b. Entreprises et travailleurs des pays industrialisées dénoncent les écarts de salaires et l'absence de véritables normes sociales dans la plupart des pays émergents. Les firmes multinationales des pays riches sont soupçonnées de participer aux exportations d'emplois dans les PED aux dépens des pays industrialisés. Dès 1992, dénonciation par R. Perot des conséquences négatives de l'ALENA sur l'emploi américain. En Europe, on s'inquiète des délocalisations dans les PECO.

c. Remontée des pratiques protectionnistes ou de négociations bilatérales. Remise en cause par les États-Unis et l'Europe de la fin de l'AMF. Vives oppositions entre l'Europe et les PED exportateurs de produits agricoles.

II. Pourtant les pays industrialisés ne manquent pas d'atouts pour bénéficier de la prospérité des PED

A. Un impact à nuancer

a. Croissance de 3,5 points de la part des États-Unis dans la valeur ajoutée manufacturière mondiale entre 1991 et 2001 tandis qu'au total les pays développés représentent encore les trois quarts de la production. États-Unis et Japon pèsent encore respectivement trois et deux fois l'industrie manufacturière chinoise.
b. Baisse sensible (plus de 10 millions) de l'emploi industriel dans la plupart des pays développés due essentiellement aux différentiels de gains de productivité entre l'industrie et le tertiaire. Large compensation par les créations d'emploi dans le tertiaire, par exemple, comme au Royaume-Uni, dans les services financiers. « La mondialisation n'est pas coupable » (P. Krugman), elle joue un faible rôle par rapport à l'impact du progrès technique et l'évolution de la demande.

B. Les conséquences positives de la prospérité

a. Spectaculaire développement des importations des PED (excédent américain de plusieurs dizaines de milliards de dollars dans les services). La prospérité des PED ouvre de nouveaux marchés aux pays industrialisés.
b. La majorité des IDE dans les PED servent à accéder aux marchés en forte croissance de certains de ces pays ce qui crée des emplois dans les pays d'origine. Délocalisations favorables à l'emploi des pays de départ des IDE (rapport Ribicoff) car elles favorisent les exportations de biens d'équipement et qu'elles poussent à la montée en gamme des produits et des qualifications. Ainsi, le groupe franco-italien STMicroelectronics, présent sur quatre continents a vu ses effectifs en France progresser de 3 400 en 1992 à 10 500 au milieu de 2004 malgré une expansion internationale le conduisant à employer près de 50 000 personnes dans le monde (contre 17 000 lors de sa création en 1987).
c. Augmentations attendues des salaires en Asie et dans les PECO en raison de l'affectation partielle des gains de productivité en faveur des salariés. Effet Balassa-Samuelson.

III. Des situations disparates des deux côtés de l'Atlantique

A. Les erreurs de l'Europe

a. Accumulation des erreurs par l'UE : accroissement du handicap en matière de R & D de la France (dans les nanotechnologies ou la biotechnologie) et de l'Allemagne par rapport aux États-Unis et au Japon.
b. Absence de politique de change de l'UE d'où une chute de la demande et l'effondrement des investissements et de la R & D chez les équipementiers (Ericsson, Alcatel, Nokia…), liés à la surévaluation de l'euro, et la baisse de l'emploi dans le secteur technologique. Délocalisations et déséquilibre du commerce extérieur de pays comme la France s'ensuivent.
c. Rigidité du PSC et faible ambition des budgets publics dans les secteurs à fortes retombées technologiques par rapport aux dépenses colossales des budgets publics américains.

B. L'importance de la spécialisation

a. Importance particulière de la spécialisation sectorielle. De hauts salaires reflètent généralement la qualité du travail et les capacités à produire des biens et services sophistiqués. Avantage particulier des États-Unis où les qualifications élevées concernent environ le quart des actifs contre 9,3 % et 7,5 % pour la France et l'Italie. Industrie française toujours prise en tenailles (cf. C. Stoffaes, *La Grande Menace industrielle*), du fait d'une spécialisation largement intermédiaire, coincée entre les pays à bas salaires qui comblent leur gap technologique et les pays les plus innovants (États-Unis et Japon) qui nous distancient à nouveau.
b. Importance de la spécialisation géographique. France, 14e fournisseur de la Chine ; Japon 1er.

C. Ne pas subir

a. Nécessité pour l'OMC de revenir à ses missions essentielles et d'établir des règles afin d'éviter un retour en force toujours possible du protectionnisme.
b. Nécessité pour l'UE de valoriser la politique industrielle au lieu de focaliser sur la seule politique de la concurrence. Intensifier le changement d'attitude qui paraît se faire jour depuis 2003 et agir en faveur du renforcement de l'attractivité industrielle de l'Europe à travers la mise en œuvre d'actions horizontales en mesure d'améliorer l'environnement entrepreneurial. Pour l'instant, les réussites découlant de la stratégie de Lisbonne restent bien timides.
c. La France met en place des « pôles de compétitivité » (2005). De bon augure : les infrastructures donnent un avantage comparatif aux pays industrialisés.

Conclusion

Les pays industrialisés s'étaient habitués à une croissance relativement autocentrée tandis que les PED stagnaient ou s'intéressaient à leur marché intérieur. La croissance asiatique et le réveil du géant chinois changent la donne. Pourtant les pays industrialisés conservent de sérieux atouts. Encore faut-il savoir les exploiter.

Corrigé du sujet 6

Pour favoriser le développement, faut-il plus ou moins d'État ? (ESCP 2001)

Introduction

Pour favoriser le développement faut-il plus ou moins d'État ? Voilà, posée en 1988 par l'économiste Amartya Sen, une question qui, dès le XVIIIe siècle, préoccupait W. Petty, F. Quesnay ou A. Smith, les « pères du libéralisme ».

Depuis plus d'un demi-siècle maintenant, l'expérience des PED et l'éclatement du Tiers-Monde nous aident à comprendre ce que sont les effets du plus ou moins d'État sur le développement. Ce concept peut être défini à la suite de F. Perroux comme « la combinaison des changements mentaux et sociaux d'une population qui la rendent apte à faire croître, cumulativement et durablement, son produit réel global. » Quels sont les effets du pouvoir politique institutionnalisé exercé dans les limites des territoires autres que ceux des PDEM sur la croissance et les changements structurels ? Si l'hétérogénéité des PED semble renvoyer à des interventions publiques diverses, ne peut-on pas discerner une réelle homologie entre les stratégies de développement successivement mises en œuvre et l'évolution de la pensée économique ?

I. Le temps de l'économie du développement et du « plus d'État »

A. Une place essentielle voire écrasante de l'État

a. Les économistes du développement, en étudiant **le sous-développement comme un processus original**, le produit d'une histoire spécifique, recherchent des solutions qui s'écartent du schéma censé rendre compte de la croissance des PDEM (thèse des « substituts » de A. Gerschenkron, 1962).
b. L'**État** constitue un de ces **substituts**. Seul capable de rationalité à long terme, il doit mener les réformes agraires et, surtout, à une époque où industrialisation et développement sont confondus, impulser le secteur industriel. Un État fort nationalise, planifie, protège les industries naissantes… sans vraiment privilégier les libertés individuelles.

B. Des stratégies qui laissent peu de place aux marchés

a. En Algérie, comme dans de nombreux pays rentiers, l'État nationalise les ressources pétrolières et investit massivement dans les sociétés nationales, en particulier dans les secteurs d'amont, à fort coefficient de capital (stratégie des industries industrialisantes). La croissance rapide va de pair avec de réels progrès économiques et sociaux (éducation, santé, urbanisation…).
b. En Amérique latine, et pendant un temps dans certains pays asiatiques, l'État mène des stratégies d'industrialisation par substitution d'importation. Pour cela, il protège par des droits de douane ou des quotas les producteurs locaux, surévalue la monnaie nationale, négocie parfois des TRIMs (*Trade Related Investment Measures*) avec les multinationales… Il impose des réformes agraires dans plusieurs pays asiatiques mais échoue le plus souvent en Amérique latine.

C. De nombreux échecs dus aux défaillances de l'État

a. Le thème des défaillances de l'État se substitue à celui des défaillances des marchés : la planification est dénoncée pour ses erreurs, son incapacité à aller dans les détails, ses rigidités, sa manipulation par des groupes d'intérêt puissants…
b. Les contrôles tatillons génèrent des pressions et de la corruption (recherche de rentes qui mobilisent des ressources). L'aide et les prêts privés aboutissent trop souvent sur les comptes à l'étranger des dirigeants corrompus. Plus généralement, ce sont les dérives bureaucratiques, l'inefficacité de l'administration et la progression des dépenses des APU/PIB qui sont dénoncées.

II. Le temps des experts et du « moins d'État »

A. Le consensus de Washington

a. L'éclatement de la crise de la dette en août 1982 ainsi que la déliquescence économique des pays du socialisme réel achèvent de déconsidérer les stratégies réservant une place essentielle à l'intervention étatique. Le FMI et la Banque mondiale sont à nouveau appelés au secours des économies en faillite.

b. Ces IFI sises à Washington dénient à l'État son rôle d'acteur majeur du développement et adossent leurs PAS à des réformes structurelles (libéralisation des marchés, ouverture sur l'extérieur, déréglementation, privatisations, baisse des dépenses publiques, des subventions en particulier…) qui sont autant de recul de l'influence étatique. Les déficits extérieurs expliquant l'endettement sont dus aux déficits du secteur public.

B. Un désengagement de l'État

a. D'abord, les politiques de stabilisation (rétablissement des équilibres commercial et budgétaire) passent par les baisses des déficits publics, la baisse des subventions afin de comprimer la demande interne et dégager des surplus exportables. Libéralisation des prix, instauration de la concurrence et limitation de la masse monétaire sont censées réduire l'inflation.

b. Ensuite, les politiques d'ajustement exigent le retrait de l'État : dans les grands pays latino-américains, de vastes programmes de privatisations d'entreprises industrielles ou de services d'infrastructures vont de pair avec l'encouragement aux entrées de capitaux et l'ouverture des marchés des pays émergents (IDE et investissements de portefeuille). Déréglementation également des marchés du travail.

C. Le retour des crises

a. La plupart des économies émergentes d'Asie (à l'exception notable de la Chine) connaissent une violente crise (financière, des changes, économique et sociale) à partir de 1997, malgré de bons fondamentaux macroéconomiques (forte croissance, équilibre budgétaire, inflation raisonnable) du fait d'une brutale inversion des flux financiers.

b. La déréglementation des marchés financiers associée à l'absence de règles prudentielles alors que les États soutiennent à l'aide de *peg* ou *crawling peg* des taux de change réels trop élevés sont porteurs de déséquilibres potentiels. L'extension des mécanismes marchands à la finance et aux produits dérivés paraît de nature à déstabiliser des modes de développement très dynamiques.

III. « Une nouvelle synthèse pour le XXIe siècle » (R. Boyer)

A. Une reconsidération des « miracles asiatiques »

a. À partir de 1997, les courants néokeynésien et institutionnaliste l'emportent à la Banque mondiale et rompent le consensus. J. Stiglitz (dès 1988) applique la théorie de l'asymétrie d'information au développement. Face à l'aléa moral et à la sélection adverse, l'État doit, sans se substituer aux agents privés et investir directement, les inciter à produire en leur fournissant de la certitude. Quant aux institutionnalistes, ils rappellent que, comme le montre l'expérience des pays asiatiques, les marchés ne peuvent pas fonctionner sans « règles formelles et informelles qui régissent les interactions humaines » (Douglass North).

b. Les difficultés chiliennes de 1973 à 1985, suite à la destruction de la plupart des interventions publiques antérieures, constituent une expérience annonciatrice des limites du néolibéralisme. On affirme désormais que la libéralisation financière, exigée par le FMI, a été trop précoce en Asie comme en Amérique latine.
c. De leur côté, les théories de la croissance endogène réhabilitent les externalités, les rendements croissants et le capital humain, éléments déjà envisagés par l'économie du développement. Il s'ensuit que l'intervention de l'État est justifiée : en Asie, il a accompagné les activités d'exportation et préparé les reconversions, fourni les infrastructures, démarré la production des industries lourdes et les activités de haute technologie

B. La question de la démocratie

a. L'État doit être démocratique pour être fort. La démocratie n'apparaît plus comme un luxe pour les PED mais comme nécessaire au développement, surtout si on l'aborde en termes d'IDH. C'est ce que montre A. Sen à propos de la prévention des famines : ces catastrophes seront davantage évitées si des contre-pouvoirs (respect des partis d'opposition, liberté de la presse...) existent.
b. La démocratisation est essentielle pour le développement des « capabilités », la reconnaissance des traditions... L'État doit lutter contre la pauvreté, qui ne se réduit pas à la question du revenu monétaire. Mais en pratique, la redistribution des richesses et l'équité sont loin d'être satisfaisantes (comme dans les PDEM d'ailleurs).

C. Un nécessaire équilibre entre État et marché

a. Les échecs des expériences fondées sur le « tout État » ou, à l'inverse, sur le « tout marché » confirment la nécessité de se méfier des dogmatismes opposant l'interventionnisme au libéralisme.
b. Ils invitent à utiliser les **deux mécanismes de coordination** afin de compenser les failles du marché par l'intervention publique et les failles de l'État par le recours à la régulation marchande.
c. La démocratie demeure le meilleur régime politique capable de concilier l'efficacité économique obtenue par la combinaison de l'action des marchés, des associations, des administrations... et les impératifs de justice, essentielle pour assurer la cohésion sociale.

Conclusion

Si la question du plus ou moins d'État n'est pas nouvelle, le recul de plus d'un demi-siècle d'expériences de développement originales et les avancées théoriques induites par les échecs économiques patents, conduisent à fournir des réponses plus nuancées que par le passé. Si les réussites sont toujours difficilement transposables, les échecs ont le mérite de montrer ce qu'il faut éviter : le recours à un mode de coordination unique, le point commun entre le « tout État » et le « tout marché » résidant dans l'absence de démocratie véritable.

Sujets d'oral

1. L'ouverture commerciale permet-elle toujours le développement économique ? (ESCP 2004)

2. Peut-on parler d'un modèle de développement asiatique ? (ESCP 2004)

3. Place respective des interventions publiques et du marché dans le développement des PED. (ESCP 2004)

4. Pertinence et limites d'une libéralisation des marchés des capitaux dans les pays émergents. (ESCP 2004)

5. La notion de retard économique est-elle pertinente ? (HEC 2003)

6. L'endettement dans les pays en développement. (HEC 2005)

Corrigé du sujet 6

L'endettement dans les pays en développement. (HEC 2005)

Introduction

Le recours à l'endettement international représente un des moyens (à côté des dons et du recours aux entrées d'IDE en particulier) d'équilibrer la balance des paiements et de faire face à un excès des investissements sur l'épargne domestique. Dans le cas des PED, voilà un quart de siècle que se succèdent des crises de la dette qui nécessitent la mobilisation de ressources toujours plus considérables d'organisations internationales comme le FMI. Pourtant, après l'intermédiation bancaire qui occupe une place dominante à partir de la décennie 1970, les marchés des pays émergents se sont partiellement substitués à ce premier mode d'allocation de l'épargne mondiale. Dans ces conditions, l'endettement représente-t-il un problème ou peut-il constituer une solution aux difficultés de développement économique ?

I. La montée de la dette comme solution aux problèmes des PED

a. La théorie économique enseigne que le recours à l'épargne extérieure peut être un moyen de financer l'excès d'investissement sur l'épargne domestique lorsque la productivité marginale des investissements excède le taux d'intérêt réel. Les nouveaux emprunteurs (Cairnes et Cairncross) stimulent ainsi leur développement.
b. Dans les années 1970, leur endettement progresse de 15 à 35 % par an et assure un recyclage des pétrodollars de l'OPEP par le système financier international. Les flux bancaires privés se substituent aux flux publics dans un contexte marqué par une forte inflation et des taux d'intérêt réels souvent négatifs.

c. Les taux d'investissement de certains PED atteignent des niveaux records. Croissance et progression des exportations sont alors supérieures aux taux d'intérêt. Les pays développés exportent des biens d'équipement vers le Sud (atténuation des effets de la crise industrielle pour les économies du Nord).

II. L'endettement comme problème majeur

a. Les mutations majeures de l'environnement international (très forte remontée des taux d'intérêt et du dollar, chute du commerce international, détérioration des termes de l'échange des produits primaires…) associées à la gabegie d'investissements et à la corruption dans certains PED transforment la dette en fardeau insupportable au moment où les banques créancières se désengagent.
b. Dans un premier temps, le FMI impose des mesures d'urgence (plans de stabilisation). Les PED subissent des transferts nets négatifs de 1983 à 1988. Décennie perdue pour leur développement (sauf pour plusieurs pays asiatiques).
c. Les PAS, puis le plan Brady (réduction et/ou titrisation de la dette), sont suivis par un regain de flux massifs de capitaux et un réel dynamisme économique d'un nombre croissant de pays émergents dans la première moitié de la décennie 1990. La question de la crise de la dette paraît alors être résolue.

III. Le retour des crises et une forte hétérogénéité des PED

a. L'échec de la libéralisation financière (crise mexicaine de 1994, crise asiatique de 1997, crise russe, crise turque, crise argentine) nourrit la critique de la mondialisation financière (cf. J. Stiglitz, *La Grande Désillusion*) et conduit à revaloriser le contrôle des capitaux courts (cf. leur maintien en Chine, l'*encaje* au Chili…)
b. Les PED les plus endettés (Brésil, Russie, Argentine, Turquie, Mexique…) sont souvent parmi les plus « riches », des pays qui ont accès aux marchés internationaux des capitaux. Les trois quarts de leurs créanciers sont privés (banques et institutions non bancaires) et les problèmes gérés dans le cadre du Club de Londres. À l'inverse, les plus endettés en % du PIB sont des pays à faible revenu dépendants de l'APD et les annulations de dette relèvent du Club de Paris.
c. L'Asie en développement, tirée par la Chine, connaît à nouveau une vigoureuse croissance alors qu'une bonne partie de l'Amérique latine renoue avec les entrées de capitaux et un certain dynamisme.

Conclusion

L'endettement est loin d'avoir justifié les espoirs mis en lui par la mondialisation d'inspiration libérale, ce qui ne met pourtant pas radicalement en cause la pertinence du recours à ce mode de financement. Il n'en demeure pas moins que la finance mondiale a besoin d'être encadrée si on veut en finir avec les crises récurrentes. Ne serait-ce que parce que les marchés s'avèrent souvent myopes.

Corrigé du sujet 2

Peut-on parler d'un modèle de développement asiatique ? (ESCP 2004)

La presse évoque régulièrement l'apparition d'un nouveau modèle si bien que l'on peut croire que la mode est aux modèles. Parler de « modèle asiatique » renvoie à une publication de la Banque mondiale sur le « miracle de l'Asie de l'Est » (1993). De manière plus rigoureuse, on doit envisager le concept selon deux angles différents : y a-t-il, au-delà de différences secondaires, des caractéristiques communes suffisamment nombreuses ; d'un point de vue normatif, y a-t-il une expérience asiatique susceptible d'être imitée ?

I. Un développement exemplaire...

A. Une croissance exceptionnelle liée à l'insertion internationale...

a. Du Japon de l'ère Meiji aux « tigres asiatiques » et à la Chine en passant par les « dragons », du milieu des années 1960 à aujourd'hui, les économies pauvres et peuplées de l'Asie du Sud-Est et du Sud ont connu une croissance exceptionnelle, souvent plus de 7 % par an, qui n'a pas d'équivalent en Europe et aux États-Unis au cours du XIXe siècle. On assisterait à une réédition du « miracle japonais » caractérisé par une croissance annuelle moyenne de 8 % de 1953 à 1973.
b. Un grand nombre de petites entreprises asiatiques s'insèrent dans l'économie mondiale, en utilisant d'abord leurs fortes dotations en main-d'œuvre et peu de capital, afin d'exporter des produits manufacturés. Après avoir utilisé cet avantage comparatif, elles procèdent à une remontée des filières en développant des productions à plus forte valeur ajoutée.

B. ... fondée sur une mobilisation efficace de ressources et la formation

a. Une croissance obtenue par des taux d'investissement (cf. théorie de la croissance de R. Solow) et un taux d'épargne particulièrement élevés, qu'il s'agisse du Japon, de la Corée du Sud ou de la Chine aujourd'hui. Cette épargne domestique se substitue rapidement à l'aide extérieure (Corée du Sud, Taiwan).
b. Elle s'explique aussi à partir des théories de la croissance endogène (R. Lucas en particulier) : efforts considérables en matière d'éducation et de formation.

C. Une forme particulière de capitalisme

a. L'État-entrepreneur. Depuis l'ère Meiji, relations originales entre les marchés et l'État qui tournent le dos aux prescriptions du consensus de Washington. Une intervention efficace de l'État au service de l'économie que vantent certains économistes de la Banque mondiale à partir de 1993, qu'il s'agisse des néokeynésiens comme J. Stiglitz (théorie des incitations) ou des institutionnalistes s'inspirant de D. North.
b. Les **« valeurs asiatiques »**. Vertus spécifiques du confucianisme dominant en Chine, en Corée, au Japon, à Singapour... Développement d'un discours identitaire qui s'oppose aux sociétés occidentales. Les valeurs asiatiques sont faites de discipline, du primat du groupe sur l'individu, du respect dû aux Anciens, du goût du travail et de l'épargne...

II. … mais qui ne peut être érigé en modèle

A. Une forte hétérogénéité

a. Culturelle. Le confucianisme est absent d'Indonésie, de Malaisie, des Philippines. L'islam domine en Indonésie et le bouddhisme en Thaïlande. Absence de « valeurs asiatiques » communes, alors que la récente croissance de l'Inde contredit les interprétations passées insistant sur l'apathie liée à l'hindouisme.
b. Démographique. Des territoires comme Hong Kong ou Singapour aux populations colossales de la Chine, de l'Inde ou de l'Indonésie.
c. Économique. Les niveaux de développement des « tigres » ou de la Chine sont encore très loin de ceux du Japon ou des « dragons »

B. Une croissance peu originale : « l'Asie croît par transpiration et non par innovation » (P. Krugman)

a. La forte croissance asiatique est fondée sur un « mythe ». Au Japon comme dans les NPIA elle a été obtenue grâce à la mobilisation de davantage de capital, de ressources naturelles, de forces de travail et à une durée du travail très élevée (ce qu'A. Lipietz appelait déjà la « taylorisation sanguinaire ») et non du fait de gains de productivité liés à l'intégration du progrès technique.
b. On devrait assister à une normalisation de la croissance des « dragons » et des « tigres », à l'image du Japon qui ne connaît plus depuis un quart de siècle des taux de croissance annuels à deux chiffres. L'augmentation du coefficient de capital illustre l'entrée dans la phase des rendements décroissants du capital.

C. Un déficit de démocratie

a. La crise asiatique a été l'occasion de la dénonciation du « capitalisme de connivence » ou « des copains » avec, à l'exception de Hong Kong, une forte intervention de l'État, l'absence de conversion à l'économie de marché et, dans de nombreux cas, des carences de la démocratie.
b. La pauvreté et les inégalités restent importantes. Elles explosent en Chine où les libertés individuelles sont bafouées. La poursuite de la croissance suppose d'accorder plus de poids à la demande interne et aux consommations collectives, donc d'augmenter les prélèvements obligatoires.

Conclusion

L'essor asiatique interpelle les analystes face à l'atonie africaine et à l'irrégularité de la croissance sud-américaine. Le sous-développement n'est donc pas une fatalité. Mais les écueils de la croissance, l'hétérogénéité de la région comme les difficultés à en définir les contours empêchent de véritablement parler de « modèle ».

L'ACTUALITÉ DES GRANDS AUTEURS

Émile Durkheim (1858-1917)

Les œuvres principales
De la division du travail social (1893)
Les Règles de la méthode sociologique (1895)
Le Suicide (1897)
Les Formes élémentaires de la vie religieuse (1912)

La question centrale Le double problème de la société

Le XIXe siècle découvre les problèmes de la société après le choc de la Révolution française : la suppression des distinctions d'ordre juridique qui rend les individus égaux en droits, et la poussée de la révolution industrielle qui bouleverse les modes de vie et de production rendent visibles les inégalités sociales. Comment expliquer les différences sociales, mais aussi les grandes régularités statistiques, notamment de comportement, qui commencent à être repérées ? Ces régularités dévoilent aussi les contraintes que subissent les individus : le fait social se manifeste par la statistique mais il s'impose aussi aux individus selon leur âge, leur sexe, leur religion, leur classe, etc.

• La sociologie naît de cette prise de conscience de la société et de l'« Homme probable ». Émile Durkheim, le bâtisseur de cette nouvelle science, veut en fixer les méthodes et les concepts propres en les distinguant d'autres disciplines (la psychologie, la biologie).

• Mais d'autre part, l'objet même, la société, paraît menacé dans sa cohésion. Il y a une différenciation et une individualisation de plus en plus fortes du fait de la division du travail social. D'où des problèmes de cohésion et d'intégration, d'anomie.

• L'étude du suicide permet ainsi à Durkheim de tester ses méthodes et de diagnostiquer le mal qui guette les sociétés modernes : l'anomie. Le sociologue doit donc trouver des solutions qui fourniront les cadres de la stabilité et de l'intégration, comme le faisaient les anciennes corporations ou la Religion, tout en préservant l'autonomie et la liberté des individus.

L'actualité La remise en cause de l'État-nation signifie-t-elle la fin du concept de société ?

1. Les Trente Glorieuses ont-elles été la solution au problème durkheimien ? En partie et de manière temporaire…

• L'État-providence, grâce à un fonctionnement adéquat des grandes institutions de socialisation (école, églises, associations, partis politiques, syndicats), a assuré la cohésion sociale et permis l'institutionnalisation des conflits.

• Cependant, le processus de modernisation même affaiblit cette forme d'intégration. La « modernisation économique et sociale » s'inscrit aussi dans les statistiques : montée des divorces, baisse des naissances et des mariages, etc., insatisfactions et frustrations relatives, liées à la croissance, que Durkheim aurait considéré comme des symptômes d'anomie. Il y a un retour des interrogations traditionnelles de Durkheim au tournant des années 1970.

2. Mais ces modèles et ces interrogations s'inscrivent dans des sociétés confondues ou proche de l'État-nation, et la remise en cause de celui-ci remet en cause le concept de société lui-même ou, pour reprendre l'expression de Z. Bauman, la société est-elle « assiégée » ?

• Au niveau « global », l'État-nation régulateur est remis en cause par les nouveaux problèmes transnationaux (nouveaux risques) : les règles anciennes et les structures ne sont plus adaptées.

• Au niveau plus restreint, de nouveaux défis apparaissent : régionalisation et régionalisme, multiculturalisme, communautarisme qui traduisent dans les sociétés occidentales l'apparition de nouvelles interrogations. En France (questions du « voile », de la « laïcité », de la « discrimination positive »), au Royaume-Uni et au Pays-Bas (interrogations sur les limites de « communautarisation et du multiculturalisme », en Espagne, Italie, Belgique et d'autres (nationalismes régionaux, questions linguistiques). L'universalisme de l'État-nation moderne est à nouveau confronté aux particularismes.

École de Chicago

Les œuvres principales

W. Thomas et F. Znaniecki, *Le Paysan polonais en Europe et aux États-Unis* (1927)
R. Park et E. Burgess, *The City* (1925)
H. Becker, *Outsiders* (1963)

La question centrale La désorganisation, interaction et assimilation dans la ville moderne

L'École de Chicago désigne un ensemble de travaux et de recherches menées principalement entre 1915 et 1940, puis dans une deuxième vague jusqu'à nos jours autour de thèmes comme **l'interactionnisme symbolique.**

• **Le contexte de sa naissance** – la création de l'Université de Chicago en 1892 avec son département de sociologie, **dans une ville** dont la croissance de la population est très importante et où se côtoient de nombreuses nationalités issues de l'immigration – vont influencer à la fois les méthodes et les thèmes. Il ne s'agit pas d'étudier une société globale de type État-nation européen (France, Allemagne), déjà constitué par l'Histoire pour en dégager le principe fondamental (division du travail, rationalisation), mais d'étudier des cas particuliers spatialisés d'une société en train de se construire.

• **L'écologie urbaine** va privilégier l'étude la ville, les vagues d'immigration, les relations interethniques, les phénomènes de déviance, etc., bref le problème de l'intégration et de la cohabitation. La ville est étudiée comme un milieu naturel qui transforme les individus et les communautés en même temps que ceux agissent sur elle.

• **La méthodologie** est originale et liée à la conception théorique. Rompant avec le principe de l'extériorité à la Durkheim, le « sociologue au-dessus de la société », la sociologie de Chicago s'intéresse à la définition des **situations concrètes** qui sont à la fois des données pour les individus, et une production de leurs interactions avec les autres (d'où l'expression *situationnisme méthodologique*), aux **représentations** que se font les acteurs de cette situation, et la mise en œuvre d'une **sociologie qualitative** (documents personnels, autobiographe, observation participante). Cette sociologie qualitative n'est pas exclusive et prend en compte également des études quantitatives, la connaissance de la législation, des rapports officiels, etc.

L'actualité | La spatialisation de la question sociale

1. L'analyse traditionnelle des questions sociales (inégalités, pauvreté, phénomène de redistribution) est souvent menée « hors sol » par des outils statistiques. Un des aspects de la tradition de Chicago, l'écologie urbaine, est que la ville de Chicago spatialise les groupes sociaux et ethniques, les confronte, produit de l'intégration sans abolir la différenciation. Comment la réflexion sur la spatialisation sociale se présente-t-elle aujourd'hui en France dans d'autres filiations théoriques que celle de l'École de Chicago ?

2. Une première forme de réflexion est due à J. Donzelot, qui distingue plusieurs types de spatialisation sociale : « La ville à trois vitesses » **: relégation, périurbanisation et gentryfication,** chacune marquée par « l'entre soi »

• **La relégation** concerne les grands ensemble, les villes nouvelles qui concentrent l'essentiel des populations à problèmes. L'une des caractéristiques du modèle social français est d'avoir regroupé dans des espaces précis toutes les populations à problème économique et social et immigrées. Faiblesse de l'emploi, faiblesse des équipements collectifs, signal défavorable

• **La périurbanisation** correspond à l'habitat pavillonnaire des classes moyennes qui se caractérisent par un rejet et une peur des précédents.

• **La gentryfication** est le propre des classes moyennes supérieures, cadres, professions intellectuelles et artistiques qui colonisent des quartiers urbains d'origine populaire et les transforment progressivement : hausse des loyers et du prix des logements, multiplication des activités liées à ces groupes (restaurants, galeries d'art, etc.) et en contrepartie éviction des anciens résidents populaires.

3. É. Maurin, dans *Le Ghetto français*, a voulu lui aussi remettre en cause une vision trop dichotomique de la société française, entre d'un côté une immense classe moyenne et de l'autre quelques centaines de quartiers difficiles. On assiste plutôt à la multiplication de ghettos à l'échelle de *toutes* les classes sociales, où l'on choisit plus ses voisins que son immeuble (recherche de la qualité du voisinage, des bonnes écoles, etc.). D'un côté il y a l'idéal proclamé de la mixité sociale, de l'autre la recherche effrénée de l'entre-soi, où chacun essaie d'éviter ou de fuir le groupe immédiatement inférieur.

Milton Friedman (1912-)

Les œuvres principales
Théorie de la fonction de consommation (1957)
La Demande de monnaie (1956)
Histoire monétaire des États-Unis (1963)

La question centrale | Peut-on neutraliser la monnaie ?

Dans une économie de marché, l'inflation est une source de perturbation, car elle brouille le système des prix relatifs et donne des calculs sous-optimaux. Cette perturbation est d'autant plus forte que le taux d'inflation est élevé. Un taux d'inflation le plus bas possible est donc une condition nécessaire à la croissance économique Mais d'où vient cette inflation ? Elle est alimentée par l'excès d'émission monétaire par rapport aux besoins réels de l'économie (fonction de transaction).

Cet excès d'émission est lié aux politiques de relance qui veulent faire diminuer le chômage de manière artificielle. Le résultat est la stagflation. Pour revenir à une situation saine, il faut neutraliser l'émission de monnaie par un contrôle de sa quantité de manière à fournir à l'économie la quantité optimale de monnaie dont elle a besoin. Par l'équilibre budgétaire, les taux de change flottants, mais surtout une règle d'émission monétaire : le taux de croissance de la masse monétaire doit être calculé de façon à assurer les besoins de l'économie et ce taux doit être affiché de manière à briser les anticipations inflationnistes des agents et asseoir la réputation et la crédibilité des autorités grâce la cohérence temporelle de la politique. La monnaie n'est donc pas neutre. Il faut la neutraliser.

L'actualité | L'alternative règle/discrétion est-elle valable ?

1. Le monétarisme friedmanien, qui sembla triompher entre 1975 et 1986, proposait une règle quantitative de croissance monétaire. Mais très rapidement cette règle fut caduque. On prétendait contrôler la quantité de monnaie, mais on ne savait plus ce qu'était la monnaie du fait des innovations financières. Selon Robert Lucas : si les autorités monétaires fixent une règle quantitative, les agents innovent pour la contourner. Les politiques reviennent au taux d'intérêt et semblent suivre une formule souple dite règle de Taylor.

2. À partir de 1986 les politiques strictes quantitatives de contrôle des agrégats sont abandonnées, mais pas les politiques de règles. L'indépendance des banques centrales devient un gage de leur crédibilité vis-à-vis des marchés financiers. L'Union européenne va aller très loin dans cette optique : les missions de la BCE sont strictement limitées à la stabilité monétaire, elle fixe une cible d'inflation basse à 2 %, et le dispositif est complété par le Pacte de stabilité et de croissance qui limite les déficits publics excessifs.

3. Ces politiques de règles sont soumises à nouveau à des critiques. L'expression est un oxymore car aucune politique ne peut se définir par une application mécanique : la règle s'interprète plus qu'elle ne s'applique, le contexte doit être pris en compte. Bref l'opposition n'est pas entre règle et discrétion, mais entre règles rigides et règles souples : trop de règle tue la règle, et celle-ci devient inapplicable en situation exceptionnelle.

Friedrich Hayek (1899-1992)

Les œuvres principales
Prix et production (1931)
La Route de la servitude (1944)
Droit, Législation et liberté (1975)

La question centrale L'ordre spontané des sociétés contre le constructivisme

Selon Hayek et la tradition de l'École autrichienne (Menger, Böhm-Bawerk, Mises), l'ignorance et le temps sont les invariants fondamentaux.

L'économie et la société sont trop complexes pour que la totalité de l'information puisse être centralisée et maîtrisée par un pouvoir central. C'est au contraire à une division de la connaissance qui s'observe, comme il y a une division du travail : chacun possède une fraction de l'information disponible.

Plus encore, le caractère créateur des actions humaines, appelé Subjectivisme, fait que l'avenir est indéterminé. Face à cette question du temps et de l'Ignorance, les modèles néoclassiques de calcul rationnel intertemporel sont inopérants et faux. La solution passe par le marché qui grâce au système des prix guide l'action et les décisions des individus. Le producteur d'étain n'aura nul besoin de savoir la complexité des raisons de la hausse du prix du produit. Celle-ci, lui indiquera que la demande est supérieure à l'offre et l'incitera à produire plus. Ainsi l'ordre spontané du marché est supérieur aux tentatives constructivistes et étatistes de bâtir un ordre social, comme l'architecte une maison (la cathalaxie).

L'actualité Économie de marché ou société de marché ? L'Ordo-libéralisme

1. Les penseurs dans la mouvance de Hayek sont regroupés sous l'appellation Ordo-libéralisme. Le nom vient du titre de la revue *Ordo* qui fut celle de l'École de Fribourg.

2. Ce modèle se distingue du libéralisme classique du XIXe siècle pour lequel s'il faut une économie de marché, celle-ci doit être encadrée et régulée par la puissance publique. Au contraire avec l'Ordo-libéralisme, c'est une société de marché qui est proposée. L'ensemble des institutions économiques et sociales doivent fonctionner sur le modèle du marché ou de l'entreprise.

3. Un second champ de bataille fut la question de la planification socialiste en URSS. Les premières polémiques datent des années 1930 et les « Autrichiens » s'opposent aux walrasiens qui pensent qu'une théorie de la planification est possible, et des marxistes comme O. Lange qui pensent que c'est possible également en pratique. Hayek soutient qu'il est impossible au planificateur (ou au commissaire-priseur) de centraliser la totalité de l'information économique et aussi, que le socialisme est « irrationnel » car son système de prix n'est pas un système de « vrais prix de marché ». Le calcul économique est donc impossible.

4. Un nouveau champ de bataille se dessine avec la crise des États-providence et la crise du keynésianisme. La justice sociale apparaît aux yeux de Hayek comme un « mirage » : la société est trop complexe pour déterminer d'où vient la situation d'un individu et le terme « justice » n'a pas de sens car, pour parler de juste et d'injuste, il faudrait faire de la situation défavorisée d'un individu la conséquence d'une action volontaire.

5. Enfin, l'État et d'autres institutions sociales doivent être considérées en tant qu'entreprises, soumis à la loi du marché. La monnaie, par exemple, doit être dénationalisée et les banques centrales disparaître. La concurrence entre monnaies fera jouer la loi de Gresham à l'envers : la bonne monnaie chassera la mauvaise.

John Maynard Keynes (1883-1946)

L'œuvre principale

Théorie générale de l'emploi, de l'intérêt et de la monnaie (1936)

La question centrale La nocivité du laisser-faire

Keynes s'oppose à la pensée dite « classique » qui regroupe depuis l'origine ceux qui ont cru à la validité de la loi de Say.

- Keynes montre que le monde de Jean-Baptiste Say n'est qu'un cas particulier de la *Théorie générale* mais aussi que si l'économie fonctionnait selon ses prescriptions, la situation serait pire et fortement instable, car le marché livré à lui-même est sous-optimal. Personne ne peut prendre en charge l'intérêt commun. Le capitalisme est donc traversé par « deux vices fondamentaux » : sous-emploi et chômage involontaire d'un côté, fortes inégalités de revenu, de patrimoine, de chances, de pouvoir de l'autre.

• L'État régulateur peut et fait jouer sur les deux tableaux simultanément, tout en limitant les degrés de liberté des marchés financiers, porteurs de spéculation et d'instabilité. Ainsi et de manière paradoxale, en limitant les vices du capitalisme, l'État lui permet de se perpétuer sous une autre forme.

L'actualité Les politiques keynésiennes sont-elles (définitivement) condamnées ?

1. Sur le plan théorique, le débat historique entre la loi de Say et le principe de la demande effective a été réactivé à partir de 1975. En 1979, le sommet du G7 a consacré l'abandon des politiques keynésiennes et le retour des politiques « classiques ». Comme au début des années 1930, on estime que si la situation économique est mauvaise, c'est dû à un excès d'organisation.

2. Le chômage ou le faible taux d'activité sont interprétés à nouveau comme le résultat de l'imperfection du marché du travail, alors que la pensée keynésienne du chômage involontaire récuse cette vision.

3. La montée de la stagflation et l'échec des politiques de relance en 1975 et 1982 en France, ou au niveau global de l'OCDE (« La politique des locomotives » 1978) ont ancré l'idée que « cela ne marche plus » : le keynésianisme ne répondrait plus au critère d'efficacité.

4. Cependant, sur le plan empirique l'échec est relatif. Pour la France il correspond à des circonstances particulières. Mais le multiplicateur lui-même n'est pas réellement en cause, mieux, les États-Unis ont été l'exemple même de politiques de relance réussies, comme la relance « involontaire » de Ronald Reagan en 1984.

5. Au niveau de l'Union européenne, les politiques de relance dans un cadre de marché et de monnaie unique ne peuvent être exclues par *nature*. Le taux d'ouverture de l'Union est faible et la monnaie unique élimine les problèmes de balance des paiements entre pays de la zone euro. Un gouvernement économique européen, avec un budget substantiel (20 % du PIB européen au lieu de 1 %) capable de financer des grands projets d'intérêt commun (recherche, éducation, infrastructures de transport, etc.) et de mettre en place une politique de stabilisation macroéconomique moins asymétrique (ne pas lutter seulement contre l'inflation), pourrait figurer ce nouveau keynésianisme.

Thomas Malthus (1766-1834)

Les œuvres principales
Essai sur le principe de population (1788, 1803)
Principes d'économie politique (1820)

La question centrale Population, pauvres, pauvreté et paupérisation

Pour Thomas Malthus, dans son *Essai*, la croissance de la population menace la croissance économique. La solution passe par la croissance économique et non par l'aide aux pauvres qui entretient et aggrave le phénomène (c'est la discussion sur la loi sur pauvres à la fin du XVIIIe siècle).

Non soumise à des limites ou des contraintes (absence de freins préventifs – âge au mariage, régulation par les mœurs – et de freins destructifs – mortalité, maladies), la population croît selon une progression géométrique, tandis que les ressources alimentaires croissent selon une progression arithmétique. Il faut donc favoriser la croissance économique, par l'investissement et l'épargne et freiner la croissance démographique, sinon la trappe de la surpopulation absolue menace.

Malthus ouvre un débat qui n'est pas clos aujourd'hui. Y a-t-il des pauvres dont la situation s'explique par leurs caractéristiques individuelles, ou une pauvreté résultant de mécanismes sociaux : la paupérisation est-elle notamment la contrepartie de l'enrichissement dû aux *enclosures* et celle d'aujourd'hui le résultat d'autres formes d'enrichissement ? Marx par la Loi de la Surpopulation choisit cette explication.

L'actualité De la bombe « P » à la dépression « V » ?

1. La transition démographique des pays du Tiers-Monde a remis en selle un néomalthusianisme, défendu notamment par Paul Bairoch : la croissance de la population très rapide des pays du Tiers-Monde constitue un obstacle à la croissance économique en raison de l'importance des investissements démographiques nécessaires pour maintenir *par tête* : le capital, le taux de scolarisation, le niveau de vie. Si la croissance des pays occidentaux montre qu'à long terme la fécondité et l'accroissement naturel baissent, les rythmes de croissance de la population font que la maîtrise de la population est une condition préalable à la croissance.

2. Les arguments néomalthusiens ont été combattus par J.-Cl. Chesnais, E. Boserup et d'autres. Sur un plan empirique, le PIB par habitant a augmenté dans de nombreuses régions du Tiers-Monde (Asie, Amérique latine), les cas de décroissance n'étant pas liée aux phénomènes de population mais à d'autres causes notamment politiques. De plus, la croissance de la population est source d'innovation, d'externalités positives. La trappe de la sous-population est plus à craindre

3. L'apparition de l'écologie et des préoccupations d'environnement et de ressources naturelles a fait apparaître le mythe de la bombe « P », la population mondiale croissant de manière exponentielle : P. Ehrlich (1968) et le rapport Meadows (1972).

4. Mais rapidement, c'est le mode de vie d'une population toujours croissante qui apparaît comme une menace par ses effets sur l'environnement, les ressources naturelles, la biodiversité : peut-on imaginer que les Chinois ou les Indiens puissent vivre comme les Américains d'aujourd'hui ou même les Européens ?

5. Parallèlement à ces craintes, celle du vieillissement des sociétés en Europe, mais bientôt en Chine, au Japon, la dépression « V » est un cas de figure nouveau ; l'allongement de l'espérance de vie fait douter de la viabilité des systèmes de retraites et de santé et repose la question migratoire.

Alfred Marshall (1842-1924)

L'œuvre principale
Principes d'économie politique (1890-1920)

La question centrale La concurrence est-elle compatible avec l'évolution économique et les rendements croissants ?

Alfred Marshall est au sens propre le véritable auteur néoclassique. Il veut compléter la théorie classique du côté de la demande et fournir à l'analyse économique un cadre analytique plus rigoureux grâce aux mathématiques. Pour le court terme, il fonde la théorie de l'offre et de la demande en équilibre partiel grâce aux courbes d'offre et de demande, les « lames de ciseau » (chaque lame représentant l'offre et la demande symétriques). Mais pour le long terme (quand les capacités de production augmentent), il apparaît que la courbe d'offre croissante est insoutenable, mais nécessaire à la théorie. Insoutenable car l'expérience industrielle nous montre que les coûts moyens et marginaux sont décroissants avec le temps et les progrès de production. La courbe d'offre est soit horizontale, soit décroissante. Mais l'équilibre concurrentiel est incompatible avec les rendements croissants, car ceux-ci peuvent conduire au monopole.

D'où le dilemme de Marshall : comment concilier l'existence de rendements croissants dans la lignée d'Adam Smith et l'existence de la concurrence, même si celle-ci est loin de correspondre au modèle de la concurrence parfaite. Alfred Marshall va proposer des outils décisifs pour penser ces problèmes : les effets externes, la différenciation des produits (ou future concurrence monopolistique) les modèles biologiques de différenciation des firmes.

L'actualité Quel modèle de concurrence pour le capitalisme contemporain ?

1. Le modèle standard de concurrence parfaite avec ses cinq hypothèses s'avère incompatible avec le capitalisme. Celui-ci est fondé sur l'innovation, la concurrence des produits et des modes d'organisation de la production. Le capitalisme a besoin de concurrence imparfaite, mais régulées.

2. Les hypothèses d'information parfaite, de libre entrée et d'absence de réglementation rendent l'entrepreneur et l'innovation impossibles : si chacun connaît le futur, et chacun peut imiter sans contrainte, l'innovation et la différenciation sont menacées. L'innovation repose au contraire sur des paris quant à la nature des besoins futurs et sur le respect des droits de propriété (voir le monopole temporaire des brevets).

3. L'hypothèse d'atomicité est également incompatible avec les besoins des firmes qui recherchent une « taille critique » pour être présentes sur les marchés et passent des alliances. De même, la recherche de la taille optimale les conduit à des diversifications, alliances, recomposition des activités.

4. L'hypothèse d'homogénéité est la plus contestable. Non seulement il n'y a pas homogénéité des consommateurs (mais des demandes segmentées ou régionalisés), mais si les produits sont homogènes et les coûts fixes importants, il n'y aurait nécessairement qu'un seul producteur. C'est sur cette base que s'est construite la théorie de la concurrence monopolistique.

5. Dans le capitalisme contemporain, le marché est organisé par les firmes et les autorités. Mais les firmes peuvent aussi rechercher à éviter les risques du marché et internaliser une partie des activités, ou au contraire choisir de les externaliser sans toutefois tomber dans le modèle simple du marché (sous-traitance par exemple).

Karl Marx (1817-1883)

Les œuvres principales

L'Idéologie allemande (1846)
Le Manifeste du Parti communiste (1848)
Le Capital (livre 1, 1867)

La question centrale | La critique de l'économie politique

Marx est dans une filiation qu'il situe lui-même : Petty, Quesnay, Smith, Ricardo. De ce point de vue il y a un Marx économiste qui reprend les thèmes classiques et les radicalise. D'un autre côté, il y a un Marx critique de l'économie politique qui veut montrer la part de vérité scientifique et le grand mérite de ces économistes classiques (à distinguer selon lui des économistes « vulgaires » comme Say et Malthus). Ceux-ci expliquent bien les lois scientifiques du fonctionnement du capitalisme, mais leur erreur est, selon Marx, d'y voir des lois intemporelles, ou de penser que le capitalisme représente « la fin de l'Histoire » où s'exercent enfin lesdites « lois naturelles ». Ce ne sont que des lois historiques liées au mode de production capitaliste. Sous celui-ci la « lutte des classes », le moteur de l'Histoire, continue.

L'actualité Capitalisme globalisé ou capitalisme total ?

1. Le capitalisme se résumait selon la formule de Marx à l'expression A-M-A', où le capital avancé A (dépenses productives) doit générer un montant A' supérieur, un profit (ou une plus-value) A'–A > 0, dont la plus forte partie doit être à nouveau dépensée de manière productive. La recherche du profit conduit à élargir les champs concernés

2. De ce fait, le statut de marchandise s'étend progressivement à toutes les activités humaines : la santé, l'éducation, l'environnement, les corps, le vivant, etc. C'est la « mercantilisation » ou « marchandisation ».

3. Parallèlement, le capitalisme qui est né en Angleterre et en France s'étend à l'échelle de la planète entière, au départ sous la forme de la colonisation, d'impérialisme.

- Dans la configuration multinationale, les États et les firmes multinationales sont étroitement liés : recherche de la compétitivité nationale, des parts de marchés, ces formes de mercantilisme contemporain se basent sur un contrôle des mouvements de capitaux.
- Dans la configuration financière ou globale actuelle, les firmes capitalistes ont des stratégies qui dépassent le cadre national. Elles tissent des réseaux d'alliance, de coopération, de « nœuds de contrats » à l'échelle planétaire. Le capitalisme devient global, d'où la recherche de nouvelles régulations ou gouvernances à cette échelle.

4. Dans cette nouvelle configuration, la fraction financière du capital, organise l'ensemble des activités, tandis que les indicateurs financiers s'imposent comme contrainte de gestion pour l'ensemble du système productif. L'**armée de réserve industrielle** est constituée par la main-d'œuvre abondante et bon marché qui peut concurrencer celle des pays développés ; le chômage massif et le travail précarisé font pression sur les salaires et les conditions de travail. La mobilité du capital est à la fois géographique, mais aussi sectorielle grâce aux restructurations, accords, fusions-acquisitions permises par le développement des marchés de capitaux. Le capital possède un avantage décisif sur le travail, la mobilité.

Vilfredo Pareto (1848-1923)

Les œuvres principales
Cours d'économie politique (1896)
Manuel d'économie politique (1906)
Traité de sociologie générale (1916)

La question centrale Optimum, efficacité et équité d'une économie concurrentielle

Léon Walras (1834-1910) a lancé le programme de recherche sur le modèle d'équilibre général des marchés dans ses *Éléments d'économie politique pure* (1874-1900). Celui-ci sera « achevé » par Kenneth Arrow et Gérard Debreu en 1960.

Entre-temps, Vilfredo Pareto, successeur de Léon Walras, à l'université de Lausanne, établit plusieurs concepts fondamentaux d'une économie concurrentielle dans le cadre de l'équilibre général notamment l'optimum de Pareto.

• Tout équilibre de marché est un optimum de Pareto si on ne peut améliorer la situation d'un individu sans détériorer celle d'un autre.

• De plus, Pareto privilégie le terme d'ophélimité pour l'individu et d'utilité pour la société. Si une réforme est utile pour la société (par exemple l'abolition des *Corn Laws*), le perdant doit recevoir une compensation.

• Enfin la question de la répartition, centrale chez Ricardo, devient une question technique : la fonction de production détermine la part de chacun. Si l'économie est concurrentielle, l'équité et l'efficacité sont réunies : c'est la rémunération à la productivité marginale.

L'actualité Peut-on concilier l'efficacité économique et la justice sociale (ou l'équité) ?

L'histoire économique et sociale a montré une succession de rapports entre les préoccupations de croissance et d'efficacité économique et les préoccupations de justice sociale ou d'équité entre les classes sociales. Trois approches peuvent résumer ces préoccupations contemporaines.

1. L'École régulationniste a décrit l'évolution du capitalisme par trois formules :

• priorité à l'efficacité, le social viendra plus tard (XIXe siècle) : le capitalisme concurrentiel ;

• conjuguer l'économique et le social (les Trente Glorieuses) : le capitalisme administré ou fordisme ;

• la désocialisation pour retrouver les voies de l'efficacité : le capitalisme globalisé d'aujourd'hui.

2. John Rawls dans la *Théorie de la Justice* (1971) présente trois cas.

• Le premier, issu de Pareto : « La liberté naturelle », qui correspond au modèle de la productivité marginale. Chacun reçoit en fonction de ce qu'il a apporté et le système de marché concurrentiel est ce qui donne le niveau de richesse par tête à l'avantage de tous. C'est le thème de la méritocratie : l'égalité essentielle est une égalité (juridique) de droits personnels... Ce premier modèle butte cependant sur deux objections : d'où viennent les dotations en capital dont bénéficient les individus ? Toute situation d'un individu vient-elle uniquement de ses efforts et de ses seuls talents ?

• Le deuxième modèle, plus lié à la régulation étatique, qu'il appelle aussi « l'égalité libérale » (libéral = progressiste). La réduction des inégalités est souhaitable car elle est un gage d'efficacité et de croissance : elle stimule la demande, assure la cohésion sociale. La réduction des inégalités et les transferts sont plus un moyen qu'une fin. Ce modèle connaît les limites de l'État providence (financier, efficacité, légitimité), mais remet peu en cause les mécanismes de domination. Agissant plus *expost*, il ne touche pas vraiment aux inégalités de pouvoir et de distribution initiale du capital.

• Le troisième modèle est celui de John Rawls lui-même : « l'égalité démocratique ». L'équité est prioritaire et il ne faut pas la sacrifier (premier modèle) ou la soumettre (deuxième modèle) à l'efficacité économique. Les inégalités économiques et sociales dans la répartition des biens premiers, doivent obéir au principe de différence : elles sont à l'avantage des plus défavorisés, sous réserve d'une véritable égalité des chances, ce qui suppose que les dotations initiales en capitaux soient plus égalitaires.

3. Le développement durable reprend les problèmes d'optimum et d'équité. Peut-on accroître le bien-être des générations d'aujourd'hui sans diminuer celui des générations de demain ?

David Ricardo (1772-1823)

L'œuvre principale
Des principes de l'économie politique et de l'impôt (1re édition 1817)

La question centrale | Répartition, profits et impôts

David Ricardo, s'intéresse à l'évolution du capitalisme à long terme. Celle-ci dépend de l'accumulation du capital, et le taux de profit en est la variable explicative fondamentale. Cette évolution selon l'École classique conduit vers l'état stationnaire Mais alors que ses prédécesseurs comme Adam Smith, mettaient l'accent sur les difficultés de la circulation et les limites de l'extension des marchés, pour Ricardo il s'agit de difficultés de la production, liées aux conflits de répartition du revenu entre classes sociales et à l'accroissement de la population. Dans son contexte historique, Ricardo montre que la classe des propriétaires fonciers, grâce à la rente que lui procurent la propriété du sol et sa fertilité différentielle, capte une part croissante du revenu national et lamine les profits. L'impôt sur le revenu en contrepartie de l'abolition des *Corn Laws* est le moyen de lutter contre la classe foncière. La théorie des avantages comparatifs en sera la justification théorique. L'abolition des *Corn Laws* en 1846 sera la victoire posthume de Ricardo.

L'actualité | L'euthanasie ou le retour des rentiers ?

1. Keynes reprend le thème des rentiers pour désigner ceux qui perçoivent l'intérêt. Ils sont prospères quand les taux d'intérêt réels sont très élevés. Mais cela signifie aussi que l'investissement et faible, le taux de chômage fort. Comme chez Ricardo, la situation des rentiers est prospère quand les autres classes sont en difficultés. La solution passe selon Keynes par leur euthanasie grâce à une politique volontariste de plein-emploi. L'inflation de croissance fournit la « taxe inflationniste » qui favorise les emprunteurs au détriment des prêteurs. Aujourd'hui, la faible croissance, les taux d'inflation bas, la part croissante des revenus financiers dans la valeur ajoutée est interprétée par certains comme le « retour des rentiers ».

2. T. Piketty, dans *Les Hauts Revenus en France*, a repris ce thème des rentiers. Il récuse les politiques qui, s'appuyant sur la courbe de Laffer, baissent les impôts pour les hauts revenus. Au contraire selon lui, la baisse des impôts sur les très hauts revenus reconstitue la classe des rentiers que les évolutions (impôts sur les revenus et le patrimoine, politiques volontaristes d'inflation, destruction matérielle due aux conflits) du XXe siècle avaient réduite.

3. Dans une optique très opposée, les théoriciens du *Public choice* comme Gordon Tullock, James Buchanan, Robert Niskanen parlent d'une société de chercheurs de rentes (*Rent seeking Society*). Sont particulièrement visés les groupes bénéficiant d'avantages liés aux processus électoraux : bureaucrates publics, groupes organisés. Ceci se traduit par une hausse de la dépense publique pour les premiers et par des avantages concentrés pour de petits groupes de pression pour les seconds (par exemple les agriculteurs bénéficiant de la PAC). La privatisation ou la mise en concurrence des services publics en sont les solutions.

Joseph Schumpeter (1883-1950)

Les œuvres principales

Théorie de l'évolution économique (1911)
Business Cycles (1939)
Capitalisme, socialisme et démocratie (1942)

La question centrale Le capitalisme entrepreneurial, stade suprême de l'évolution

Durant la plus grande partie de l'histoire économique, le système économique se présente comme un processus circulaire autoreproductif : l'évolution est lente, le surplus de production faible. Qu'est-ce qui peut briser cette circularité ? Quel est l'agent principal ? Comment se présente cette évolution ? Y a-t-il une fin à ce processus ?

À la première question Schumpeter répond par le choc exogène que constitue l'innovation comme destruction créatrice qui bouleverse le système, et à la seconde par l'entrepreneur-innovateur, personnage de type charismatique qui s'épanouit dans le cadre du capitalisme : entreprise, entreprendre, entrepreneur ont la même racine : celui de commencement, de rupture. À la troisième, Schumpeter répond par une théorie des cycles longs ou cycles Kondratiev. La réponse à la quatrième, le capitalisme comme système d'innovation maximal est menacé de dégénérescence par excès : de calcul rationnel, de régulation politique, d'hostilité des intellectuels et des masses, d'embourgeoisement des héritiers.

L'actualité Le retour des cycles longs est-il conforme aux analyses de Schumpeter ?

1. La rupture de la croissance après 1975 a revitalisé les thèses des cycles Kondratiev ainsi que celles de Schumpeter. Si l'on admet l'existence du cycle long, l'interprétation schumpétérienne est partiellement satisfaisante.

2. Du point de vue du cycle, l'observation statistique semble se confirmer dans un premier temps. Un cycle se serait déroulé de 1950 au début 2000 correspondant au modèle d'économie administrée reposant sur la consommation de masse. Le suivant émerge dans le milieu des années 1990, basé sur la connaissance, les Nouvelles technologies de la communication et de l'information.

3. Le cycle est cependant atypique par rapport à ses prédécesseurs. En termes de prix, il n'y a pas baisse en valeur absolue, mais ralentissement de la hausse des prix (la désinflation). Les cycles des affaires ou cycles Juglar qui scandaient le cycle de longue durée ont disparu, remplacés par des cycles de croissance. Mais que peut-on penser de l'explication donnée par Schumpeter lui-même ?

4. Schumpeter exagère le rôle de l'entrepreneur, il ignore les institutions sociales, la transformation interne de la gestion des firmes. Sa vision est celle d'une élite qui bouleverse le monde par volonté de puissance, joie de créer un empire. Elle est une transposition du modèle charismatique de Max Weber dans le domaine de l'économie. L'expérience même avant 1945, a montré que cette vision est trop restreinte et largement idéologique. Les fondements économiques et endogènes du cycle ne sont pas absents.

5. Schumpeter néglige la dimension internationale, notamment le rôle du pays leader qui fournit la frontière technologique pour les autres.

Adam Smith (1723-1790)

Les œuvres principales

Théorie des sentiments moraux (1759)

Recherche sur la nature et les causes de la richesse des nations (1776)

La question centrale La division du travail, d'un marché limité à la mondialisation

En cette fin de XVIIIe siècle, dans son ouvrage central de 1776, A. Smith prône, contre les mercantilistes, un libre-échange (mesuré), un « laisser-faire » tout en reconnaissant que l'État doit intervenir dans des domaines tels que la sécurité intérieure et extérieure, la justice, le respect de la concurrence, la mise en place d'infrastructures, la production de biens que le secteur privé ne prend pas en charge, faute de rentabilité.

Cet ouvrage a pour trame l'analyse de la croissance économique dont la division du travail est un outil central mais dont le rôle est alors limité par la taille du marché tant intérieur qu'extérieur. En fait A. Smith est un précurseur, un visionnaire ; il commence le récit d'une histoire universelle du développement économique qui se continue aux siècles suivants. Partant d'une société primitive ou l'on produit des arcs et des flèches on aboutit à l'économie mondialisée d'aujourd'hui. La division croissante du travail, la spécialisation des tâches, se situe à la fois à l'intérieur des entreprises (la manufacture d'épingles, le taylorisme, le toyotisme) et entre entreprises, branches, nations. Chacun en développant ses avantages absolus, peut « commander le travail d'autrui » et il s'en suit des progrès de productivité et des rendements croissants pour tous. L'économie suit un processus de division cellulaire, chaque cellule est de plus en plus spécialisée. Le cadre du marché national ne suffit plus, il faut qu'il s'étende par nécessité à l'échelle du monde. Ce faisant, la réalité des nations en tant qu'entité économique s'estompe, on passe de l'international au global. Mais même au niveau des entreprises, les frontières s'estompent et deviennent flouent, et des logiques de réseaux (réseaux de firmes, firmes réseaux) prennent le dessus sur le marché. La libre circulation des produits, des facteurs de production est complète. L'ensemble des flux est déterritorialisé.

L'actualité L'Union européenne est-elle (trop) smithienne ?

1. La construction européenne est un emboîtement de plusieurs modes d'organisation ; l'Union douanière (tarif extérieur commun + disparition des droits internes), le Marché commun (Union douanière + libertés de circulation et d'établissement + politiques communes), le Marché unique (Marché commun + harmonisation des normes fiscales, juridiques et techniques), la zone monétaire optimale (Marché unique + monnaie unique + la mobilité des facteurs comme substitut à la politique de régulation conjoncturelle).

2. L'aboutissement à la zone monétaire optimale est basé sur les « Coûts de la non-Europe » (Rapport Padoa-Schippoa 1986) : la séparation des marchés et la faiblesse des échanges expliquent, selon ses promoteurs, la faiblesse des performances européennes en termes de croissance et de progrès de productivité.

3. Inversement, la réalisation d'un grand marché unique avec une spécialisation des « zones » et une libre circulation des marchandises et des facteurs de production doit faire fructifier les avantages absolus de chacun au profit de tous.

4. Cependant des économistes comme Jean-Paul Fitoussi ont opposé les États-Unis, caractérisés comme un modèle schumpétérien, à l'Union européenne, modèle smithien. Chez l'un, les États-Unis, la recherche du profit et de l'innovation sont dominants et la stabilité monétaire n'est pas une priorité. Chez l'autre, l'effet de taille de l'Union européenne, la focalisation sur la stabilité monétaire, le respect des « grands équilibres » et la croyance qu'une simple mise en place d'institutions régulatrices du marché (la concurrence régulée) suffit à assurer la croissance.

Max Weber (1864-1920)

Les œuvres principales
L'Éthique protestante et l'esprit du capitalisme (1905)
Le Savant et le Politique (1916)
Économie et société (1922)

La question centrale La rationalisation du monde

Les sociétés modernes selon Max Weber sont caractérisées par une tendance à la rationalisation.

• Cette rationalisation se caractérise dans les types d'activités des individus dont les deux formes de rationalité s'exercent par rapport à des buts, comme dans le calcul économique, mais aussi par rapport à des valeurs, les autres types d'activité étant l'affective et la traditionnelle. La sociologie compréhensive doit rendre compte de ces activités *du point de vue de l'acteur.*

• Ce processus de la modernité se manifeste par l'importance croissante du Calcul dans tous les domaines : l'économie, mais aussi le droit, la recherche, la santé, la gestion etc. On peut dire que pour Max weber, ce processus de rationalisation joue le même rôle que la « mercantilisation » chez Marx : elle est universelle et touche progressivement toutes les activités sociales. Cette rationalisation, cette emprise du calcul s'accompagnent de phénomène de bureaucratisation, de domination et de désenchantement du monde.

• Les grandes religions participent à la rationalisation du monde à travers le contenu économique de leur éthique. Le protestantisme présente une homologie structurale avec l'esprit du capitalisme, ce qui fournit un terrain favorable. Mais plus fondamentalement, c'est le problème de la théologie naturelle qui va conduire à une rationalisation différente selon les religions : comment la toute puissance de Dieu se concilie telle avec l'imperfection du monde ?

• La rationalisation n'est pas émancipatrice et n'exclut pas le conflit des valeurs ou « guerre des dieux ». Elle est aussi une nouvelle forme de domination.

L'actualité Calcul, risques et incertitude

1. L'extension du règne de calcul et de la recherche rationnelle du profit décrite par Max Weber se développe dans tous les domaines de l'activité humaine.

2. Les firmes d'abord sont les plus concernées *a priori* par le problème. Les formes modernes de bureaucratisation et de division des tâches ne consistent pas seulement à mettre en place une division fonctionnelle et impersonnelle du travail, mais à subdiviser à évaluer aussi les échanges internes à l'organisation. Des quasi-firmes apparaissent à l'intérieur des firmes elles-mêmes, chaque activité, au plus petit niveau possible, devant faire l'objet d'une évaluation coût avantage.

3. D'autres activités : les ménages eux-mêmes entrent de plus en plus dans cette logique de la quasi-firme et du calcul comme l'ont montré les travaux de J. Gershuny ou de G. Becker ; l'État lui-même qui est soumis de plus en plus aux logiques du calcul est incité à se comporter comme une firme.

4. Parallèlement, dans un contexte généralisé de rationalisation par le calcul, de nouveaux risques plus globaux apparaissent : alimentaires, sécuritaires, environnementaux, industriels qui sont transnationaux et moins faciles à traiter que par le modèle assurantiel des risques individualisables (maladie, vieillesse, accidents) : d'où la mise en place du principe de précaution, des politiques sécuritaires dans de nombreux pays (*Patriot Act*, constitutions de fichiers, écoutes téléphoniques, traçabilité).

Principaux auteurs cités dans l'ouvrage

A

Aglietta, Michel : 52, 72, 81, 95, 123, 136, 170, 179
Akerlof, Georges : 75
Amin, Samir : 98, 193
André, Christine : 75, 80
Andreff, Wassili : 102
Aoki, Masahiko : 179
Aristote : 71
Arrow, Kenneth : 45, 215

B

Barro, Robert : 75, 148, 149
Bastiat, Frederic : 75, 78
Baumol, William : 78, 119
Becker, Gary : 222
Berger, Susan : 96
Berle, Adolph : 120, 122
Beveridge, William : 86
Bhagwati, Joseph : 102, 193
Blanchard, Olivier : 75, 132, 139
Bodin, Jean : 62
Böhm-Bawerk, E. Von : 75
Boltanski, Luc : 174
Boserup, Ester : 179, 181
Boudon, Raymond : 164, 168
Bouffartigue, P. : 173, 174
Bourdieu, Pierre : 164, 168, 170, 171
Boyer, Robert : 33, 36, 52, 53, 57, 81, 179, 199
Brander, J. Anton : 91, 98, 102
Braudel, Fernand : 15, 94, 120
Brender, Anton : 170
Buchanan, James : 75, 84, 149, 218
Burnham, James : 120, 170

C

Caron, François : 23
Castel, Robert : 39, 87, 171
Chamberlin, E. : 91
Chandler, Alfred : 118, 120, 125, 179
Chesnais, Jean-Claude : 212
Clower, Robert : 46
Coase, Ronald : 41, 119, 179
Combe, Emmanuel : 76
Cournot, Augustin : 91

D

Dahrendorf, Ralf : 169
Debreu, Gérard : 45, 215
Delorme, Robert : 75, 80
Dornbush, Rudiger : 106
Durkheim, Émile : 162, 181, 205, 207

E

Easterlin : 179
Ehrlich, Paul : 212
Engels, Ernst : 64
Emmanuel, Arghiri : 98
Esping-Andersen, Gosta : 84, 86

F

Fayol, Henry : 127, 179
Fisher, Irving : 47, 137
Fitoussi, Jean-Paul : 82, 152, 153, 160
Frank, A. Gunter : 193
Freeman, Christopher : 51
Friedman, Milton : 62, 71, 72, 82, 105, 133, 134, 142, 143, 148, 149, 153, 156, 208

G

Galbraith, John K. : 120, 125, 127, 170
Garello, Jacques : 75
Georgescu-Roegen, Nicolas : 29
Gerschenkron, Alexander : 15, 17, 32, 70, 198
Gilder, Georges : 81
Godwin, Richard : 44

H

Hansen, Alvin : 29
Harrod, Roy F. : 47
Hayek, Friedrich von : 46, 64, 72, 75, 78, 81, 209
Heckscher, Elie : 91, 93, 96, 101
Helpman, Elhanan : 91
Hicks, John R. : 43, 66
Hirschman, Albert O. : 193

I-J

Ingelhart, Ronald : 53
Jensen, Michael : 120, 179
Jevons, Stanley : 43
Juglar, Clement : 43, 49, 55, 56

K

Kaldor, Nicholas : 35, 49, 97
Keynes, John Maynard : 29, 35, 44, 62, 63, 65, 67, 71, 72, 75, 80, 94, 139, 217
Kindleberger, Charles : 106
Kitchin : 43
Kondratiev, Nicholas : 36, 44, 46, 50, 55, 129, 218
Krueger, Alan : 193
Krugman, Paul : 91, 93, 95, 157, 204
Kuznets, Simon : 15, 39
Kydland, F. : 148

L

Laffer, Arthur : 75, 81, 87
Landes, David : 36
Lange, Oskar : 210
Lassudrie-Duchêne, Bernard : 97, 102
Laville, Bernard : 87
Leihonhujvud : 46
Lewis, Artur : 193
Linder, B. : 91, 102
List, Frederic : 91
Lucas, Robert : 45, 75, 203, 208

M

Malinvaud, Edmond : 46, 133
Malthus, Robert : 23, 24, 29, 80, 179, 181, 212, 214
Mandeville, B. de : 77
Mankiw, Gregory : 46, 47
Marshall, Alfred : 75, 77, 91, 105, 213
Marx, Karl : 35, 44, 49, 57, 65, 80, 94, 122, 125, 164, 169, 170, 171, 172, 181, 214
Means, Gordimer : 120, 122
Meckling, William : 119, 120, 179
Mendras, Henri : 81, 169
Mill, John Stuart : 20, 28, 35, 91
Minsky, Hyman : 47
Mises, L. Von : 75
Modigliani, Francesco : 63, 66
Mundell, Robert : 35, 106, 108, 110, 111, 151, 155, 156
Myrdal, Gustav : 193

N

Nash, John : 37
Nelson, Richard : 119
Niskanen, W. : 87, 218
Nordhaus, W. : 150
North, Douglass C. : 15, 21, 28, 30, 36, 40, 41, 192, 199
Nurkse, Ragnar : 193

O-P

Ohlin, Bertil : 91, 93, 96, 101
Orlean, André : 72
Ollivier, Emile : 86
Pareto, Vilfredo : 39, 40, 41, 75, 77, 80, 215, 216
Perez, Carlotta : 51
Perroux, François : 192
Petty, William : 197, 214
Phillips, A. W. : 133, 134, 135, 141
Pigou, Arthur C. : 40, 75
Piketty, Thomas : 81, 218
Pinçon, Michel : 171
Pinçon-Charlot, Monique : 171
Polanyi, Karl : 15, 120
Porter, Michael : 91
Posner, Michael : 91
Prebisch, Raul : 94, 98, 193
Prescott, E. : 148

Q-R

Quesnay, François : 197, 214
Rawls, John : 30, 31, 39, 51, 82, 216
Ricardo, David : 20, 23, 24, 25, 28, 80, 93, 96, 101, 102, 125, 214, 217
Romer, Paul : 30, 33
Rosa, Jean-Jacques : 157
Rosanvallon, Pierre : 81
Rosenstein-Rodan, Paul : 193
Rostow, Walt : 14, 17, 32, 193

S

Salin, Pascal : 75
Samuelson, Paul : 29, 47, 75, 91, 93, 96, 101
Sauvy, Alfred : 188
Say, Jean-Baptiste : 45, 71, 75, 84, 125, 210, 211, 214
Schmoller, Gustav von : 86
Schumpeter, Joseph : 14, 19, 21, 28, 29, 36, 44, 50, 52, 53, 55, 56, 57, 65, 77, 84, 120, 122, 123, 125, 130, 165, 218, 219
Sen, Amartya : 31, 194, 197, 200
Simonnot, Philippe : 75
Singer, H. : 193
Smith, Adam : 20, 25, 26, 28, 35, 36, 40, 75, 77, 93, 96, 101, 127, 197, 213, 214, 217, 219, 220
Solow, Robert : 28, 31, 32, 34, 203
Sorman, Guy : 84
Spencer, B. J. : 91, 98, 102
Stiglitz, Joseph : 46, 95, 193, 202
Stolper, William : 96, 101

T

Taylor, Frederic W. : 183
Todd, Emmanuel : 21
Triffin, Robert : 111, 114
Tullock, Gordon : 75, 84, 149, 218
Turgot, Anne Robert : 75

V-W

Vernon, Raymond : 91
Viner, Jacob : 91
Wagner, Adolph : 76, 86
Walras, Léon : 26, 45, 75, 215, 216
Weber, Max : 15, 21, 120, 125, 162, 164, 169, 219, 221
Williamson, J. : 193
Williamson, Oliver : 119, 179
Winter, Sidney : 119

Imprimé en France par Hérissey à Évreux - N° d'éditeur : 10125841-CGI - Dépôt légal : mars 2006 - N° d'imprimeur : 101560